高等院校小学教育专业系列教材

GAODENG YUANXIAO XIAOXUE JIAOYU
ZHUANYE XILIE JIAOCAI

U0646640

XIAOXUE ZONGHE SHIJIAN HUODONG

小学综合实践活动

余 娟 主 编

北京师范大学出版集团
BEIJING NORMAL UNIVERSITY PUBLISHING GROUP
北京师范大学出版社

图书在版编目(CIP)数据

小学综合实践活动/余娟主编．—北京：北京师范大学出版
社，2013.8(2023.8重印)
（高等院校小学教育专业系列教材）
ISBN 978-7-303-16627-5

Ⅰ．①小… Ⅱ．①余… Ⅲ．①小学－活动课程－教学研究－
高等学校－教材 Ⅳ．①G622.3

中国版本图书馆 CIP 数据核字（2013）第 116226 号

教 材 意 见 反 馈　gaozhifk@bnupg.com　010-58805079
营 销 中 心 电 话　010-58802755　58800035
北师大出版社教师教育分社微信公众号　京师教师教育

出版发行：北京师范大学出版社　www.bnup.com
　　　　　北京市西城区新街口外大街 12-3 号
　　　　　邮政编码：100088
印　　刷：北京虎彩文化传播有限公司
经　　销：全国新华书店
开　　本：730 mm×980 mm 1/16
印　　张：16.75
字　　数：300 千字
版　　次：2013 年 8 月第 1 版
印　　次：2023 年 8 月第 14 次印刷
定　　价：35.00 元

策划编辑：陈红艳　王剑虹　　责任编辑：陈红艳
美术编辑：纪　潇　　　　　　装帧设计：纪　潇
责任校对：李　菡　　　　　　责任印制：赵　龙

前　言

　　《小学综合实践活动》是高等院校小学教育专业学生一门重要的必修课程，本书主要为就读小学教育专业的学生而写。同时，本书可以作为中小学教师继续教育的教材或参考用书，以及作为一般读者了解综合实践活动的理念与实施的读物来使用。

　　本书由来自地方师范大学、中小学校从事小学综合实践活动课程教学的教师组成编写组。主编为湖北第二师范学院余娟博士，副主编为重庆师范大学蒋萍老师与何群明副教授，编写成员还有信阳师范学院张茂林副教授，华中师范大学博士研究生曾素林与王乐，咸宁市温泉中学阮平老师。各章节执笔作者分别是：第一章、第四章由何群明撰写；第二章由曾素林撰写；第三章由王乐撰写；第五章由张茂林撰写；第六章、第七章、第八章、第九章由蒋萍撰写；第十章由余娟、阮平撰写。全书整体框架设计和统稿工作由主编余娟负责。

　　本书作为一本新编教材，顺应基础教育课程改革和新教师培养的现实需求，以高等院校小学教育专业人才培养方案为依据，有着新的理念、目标、内容和价值追求，同时有着新的实施策略。但它也是一门处在探索中的课程，它需要我们不断学习、不断实践，在发展中去完善。

　　本书编写过程中参考了国内外学者相关论著和教材，吸纳了部分专家学者的大量研究成果，在书中具体作了注明，在此一并致以深深的敬意和衷心感谢！本书的编写和出版，要特别感谢北京师范大学出版社陈红艳女士，她作为本书的策划与责任编辑，为全书的出版做了大量无微不至的工作！感谢我攻读博士学位期间的导师——华中师范大学郭元祥教授对本书的支持与指导，尤其感谢他在综合实践活动课程的研究领域为我创造了诸多机会！谨此一一致谢！

　　综合实践活动作为一门开放性极强的课程，具有创造性、个性化特点，教师指导方式也可以是多种多样的。真诚希望本书能对广大中小学教师有所帮助，期望成为大家学业进步的阶梯。最后，衷心祝愿大家学业有成、事业成功！

余　娟

2013 年 4 月

目　录

第一章 小学综合实践活动的基本理念与独有价值

本章重点
- 小学综合实践活动的四个基本理念
- 小学综合实践活动的独有价值

第一节 小学综合实践活动的基本理念

一、坚持学生的自主选择和主动参与，发展学生的创新精神和实践能力

基础教育阶段是人生观教育、价值观教育和思想品德教育的关键阶段，对中小学生社会责任感、创新意识和个性养成至关重要。在基础教育阶段，由于中小学生已经具有了一定的抽象思维能力，思维活跃，具有强烈的探究欲望，在知识和能力方面具有了一定的研究基础，他们不满足于对书本知识进行简单的死记硬背。同时，随着中小学生们生活空间不断扩大和知识、阅历的不断丰富，他们的人生观、世界观逐步形成，对人生、对社会、对自我形成了初步的认识，初步形成了对个体和社会生活方式的思考能力、判断能力。因此，拓展学校教学活动空间和活动内容，引导他们在生活中学习、在实践中学习、在应用中学习，主动地参与社会生活，并服务于社会，加强培养学生的综合素质，便成为学生身心发展的客观要求。

综合实践活动作为基础教育阶段开设的综合性课程，强调以学生的直接经验和体验为基础，将学生的需要、动机和兴趣置于核心地位，充分发挥学生的主动性和积极性，鼓励学生自主选择活动主题，积极开展活动，在活动中发展创新精神和实践能力。

倡导学生对课题的自主选择和主动实践是实施综合实践活动的关键。处理好学生的自主选择、主动实践与教师的有效指导的关系，是综合实践活动实施

过程中的一个基本要求。具体来说,学生的自主选择和主动参与主要体现在:学生要形成问题意识,善于从日常生活中发现自己感兴趣的问题;学生要善于选择自己感兴趣的课题,自主制定学习活动方案。在课题的开展阶段,可以采取个人独立探究、小组合作探究、班级合作探究、跨班级与跨年级合作探究、学校合作探究等多种多样的组织方式进行自主学习、研究性学习;在课题的探究过程中引导学生对自己感兴趣的课题持续、深入地探究,避免浅尝辄止。

教师对学生活动的有效指导是实施综合实践活动的主要保障。老师的有效指导主要体现在以下几个方面:在指导内容上,综合实践活动的指导在根本上是创设学生发现问题的情境,引导学生从问题情境中选择适合自己的探究课题,帮助学生找到适合自己的学习方式和探究方式。在指导方式上,综合实践活动倡导团体指导与协同教学。换言之,就是不能把综合实践活动的指导权只赋予某一学科的教师或班主任以及专门从事综合实践活动指导的教师,而应通过有效的方式将所有教师的智慧集中起来,对综合实践活动进行协同指导。

二、面向学生完整的生活领域,为学生提供开放的个性发展空间

密切关注学生与生活、与社会的联系,满足学生多方面的发展需要是综合实践活动的基本出发点。综合实践活动课程致力于超越书本,超越体系化的教材,超越封闭的课堂,面向自然、面向社会、面向学生的生活和已有经验,在开放的空间中引领学生走向现实的社会生活,促进学生与生活的联系,增长学生对自然、对社会的实际体验,促进学生的个性发展,提高综合实践能力。为此,教师要关注学生现实和未来的需要,为学生的发展提供开放的空间。

具体来说,就是在活动内容的选择和设计上,综合实践活动要面向学生完整的生活领域,从学生与自然、学生与社会、学生与自我发展三个纬度,整体上把握活动的内容。要引导学生从学生个体的学习生活、家庭生活、社会生活或自然生活中提炼出具有生命力的鲜活的活动主题、项目或课题。研究性学习的主题或课题要尽可能由学生从他们自己的生活经验出发,自主提出,社区服务和社会实践的活动项目要贴近社区和社会现实,劳动与技术教育以及信息技术教育的主题或项目要克服以往以"课文"的形式呈现的方式,从实际生活中提出活动项目。同时还要将学生的生活世界和科学世界融合起来,既关注学生现实需要,尊重学生的兴趣和爱好,又兼顾学生长远发展,满足未来知识经济社会对人才全方位发展的要求,提倡多元价值标准,因地制宜开发各类活动资源。提倡学科渗透,鼓励文理交融,体现个人、自然和社会的内在整合,既坚持整体规划、周密设计,又鼓励另辟蹊径、开放生成,在活动不断深化的过程中实现学生个性的张扬和健康发展。

三、注重学生的亲身体验和积极实践，坚持实践性学习，促进学习方式的变革

长期以来，中小学生的学习方式较为单一，严重阻碍了学生终身学习的愿望和能力的形成与发展。具体表现在重视知识结果获得的接受性学习、偏重认知领域的认知性学习，以及受教材左右的机械性学习等方面。在学习方式上的局限性，极大地制约了学生的自主学习，不利于发展学生终身学习的愿望，难以发展学生的创新精神和探究能力以及综合的实践能力。

有鉴于此，综合实践活动立足于变革学生在教育情景乃至在一般的生活情境中的学习方式和生活方式。通过综合实践活动，为学生打开一个开放的时空，让学生自主地、创新性地展开学习活动。通过综合性的实践学习，改变学生单一的知识接受性的学习活动方式或生活方式，强调学生通过研究与实践，构建一种积极的、生动的、自主探究合作的学习方式，逐步掌握科学方法。

综合实践活动注重学生的亲身体验和积极实践，坚持实践性学习的具体体现是：综合实践活动强调让学生乐于探究、勤于动手和勇于实践，注重学生在实践性学习活动过程中的感受和体验；强调超越单一的课堂知识教学，把直接经验学习和间接经验学习相结合。书本知识的学习不是学生获得知识的唯一有效途径，大力倡导探究发现、大胆质疑、调查研究、实验论证、合作交流、社会参与、社区服务能力以及劳动和技术教育等作为重要的发展性教学活动，通过操作、考察、实验、探究等活动解决问题，感受生活，感受探究过程带来的乐趣。

四、着眼"问题"解决，重在方法过程体验

综合实践活动的开展以问题解决为基点，主张在问题的解决过程中实现其教育功能。发现和确定研究的问题是活动实施的前提，关注学生在活动过程中的积极体验和科学方法习得是活动成功的关键。

综合实践活动让学生发现问题、解决问题，为学生认识世界和感受生活创造了良好的条件，为学生编织了一条与他们所处的现实世界发生联系和相互作用的纽带。为了让学生在问题解决过程中切实认识世界和感受生活，活动组织者要努力创设情境，循循善诱地引导学生对自己感兴趣的问题"亲历实践，深度探究"，以培养学生对问题的敏感，形成问题意识和提高发现问题的能力，从而获得对自我、社会和自然之间内在联系的整体认识和深刻感受。同时，还要着眼于对学生科学方法的训练，使学生了解获得科学结论必须遵循的一般程序和方法。

第二节　小学综合实践活动的独有价值

综合实践活动课程的价值追求是改变学生的学习方式，培养学生的创新精神与实践能力；培养学生关心国家命运、社会问题、环境问题，关注社会需要并积极参与社会生活、服务于社会；培养学生爱国主义精神，形成社会责任感。加强学校教育与社会发展需要、科技进步、学生生活以及社会生活的联系，加强德育的针对性和实效性。这样的价值追求决定了综合实践活动课程具有基础教育课程体系中其他课程所不具有的独特价值。

具体地说，综合实践活动课程的价值体现在以下几个方面。

一、促进学生成长、满足学生发展需要

21世纪首先是人的世纪，是谋求人的个性全面和谐发展的世纪。新的世纪赋予了教育新的功能和神圣使命：打造一个个有鲜明个性的活生生的人，追求每个学生的生动、活泼、主动地发展，让教师与学生共度生命历程、共创人生体验等。

"一切为了孩子，为了一切孩子，为了孩子的一切。"当基础教育改革的核心理念，即"一切为了学生的发展"深入人心并内化为广大教育工作者的基本信念时，综合实践活动课程在促进学生成长、满足学生发展上的价值也越来越充分地彰显出来。

（一）满足了学生成长的客观要求

经过了幼儿教育阶段的中小学生，已经具有一定的抽象思维能力，思维活跃，具有强烈的探究欲望，他们的人生观、世界观逐渐形成，对人生、对社会、对自我形成了初步的认识，初步具备了对个体和社会生活方式的思考能力、判断能力。他们具有一定的社会实践能力，具有参与社会生活的愿望，向往成人的社会生活。因此，拓展学校教学活动空间和活动内容，引导学生在生活中、实践中、应用中学习，主动地参与社会生活并服务于社会，便成为基础教育适应学生身心发展需要的必然取向。

为适应学生身心发展对基础教育提出的客观要求，综合实践活动从培养学生的综合实践能力、探究能力、创新精神以及社会责任感的根本需要出发，设计和实施课程。通过引导学生开展各类综合实践活动，带领学生走进生活、走进社区、走进社会。在当今社会科学技术不断进步，社会生活方式变革不断加

剧的社会背景下，为学生适应学习化时代、信息社会和新时期社会，满足每个学生成长的需要提供广阔的空间和舞台。

（二）转变学生的学习方式，发展学生的创新精神和综合实践能力

从教育心理学角度讲，学生的学习方式有接受学习和发现学习两种。两种学习方式相辅相成，都有其存在的价值。但是传统学习方式过分突出、强调接受和掌握，冷落、贬低发现和探究，使学生学习成了纯粹被动地接受、记忆书本知识的过程。在我国，中小学生学习方式单一的现象更是普遍存在，表现为重视知识结果获得的接受性学习、偏重认知领域的认知性学习，以及受教材左右的机械性学习等。这种学习方式极大地遏制了学生的思维和智力发展，消磨了学生的学习兴趣和热情，阻碍了学生的发展。转变学习方式就是要改变这种状态，把学生学习过程之中的发现、探究、研究等认识活动凸显出来，使学习过程更多地成为学生发现问题、提出问题、分析问题、解决问题的过程。转变学生的学习方式就是改变传统学习方式中的他主性、被动性学习状态，把学习变成人的主体性、能动性、独立性不断生成、张扬、发展、提升的过程，一种发自内在的精神解放运动，从而改变学生的学习态度，培养学生的学习责任感，并使学生养成终身学习的愿望和能力。

目前，正在中小学大力实施的综合实践活动课程，针对传统学习方式存在的弊端，立足于变革学生在教育情境乃至在一般的生活情境中的学习方式和生活方式，积极倡导和推动学生把直接经验学习和间接经验学习相结合，在教师引导下开展探究发现、大胆质疑、调查研究、实验论证、合作交流、社会参与、社区服务以及劳动和技术等学习活动，这样便为学生综合地、自主地和创新性地开展实践学习活动提供一个开放的时空，有效地改变了学生单一的接受性学习活动方式，有助于学生积极的、生动的、自主探究合作的学习方式的建构。有助于培养学生终身学习的愿望和习惯，培养他们发现、研究和解决问题的兴趣与能力和收集、交流、处理使用信息的意识与技巧，为他们日后走向社会、融入社会、服务社会，打下宽厚扎实的基础。

（三）面向学生的"生活世界"，密切学生与生活、学生与社会的联系

心理学的有关研究成果表明：听和看虽然可以帮助学生获得一定的信息和学识，但远远不如动手操作给人的印象那样深刻，不如动手操作掌握得那样牢固，不如动手操作更能将有关知识转化为实践行为和能力。

我国传统教育长期存在着忽视实践体验的弊端，让学生只动脑而不动手单纯进行知识学习，导致学生没有了自己的感悟，难以产生心灵震撼并对学习内容和过程刻骨铭心。因此，让学生参与更多的社会实践，给学生提供实际参

与、切身体验和感悟的时空和舞台，是学生自身成长的内在要求，也是社会发展对人才提出的基本要求。听来的忘得快，看到的记得住，动手做学得会。学生只有把在课堂上、书本里所学到的理论知识与丰富的社会实践相结合，理论知识才能变得鲜活；学生只有经过亲力亲为，感受和体会才能变得丰满、深刻；也只有通过"学"的实践，才能学会学习。同时，教材、教室、学校也并不是知识的唯一源泉，变"教科书是学生的世界"为"世界是学生的教科书"的观念已经被人们普遍接受。学校教育应当使学生广泛了解有关自然、社会和人类自身的丰富知识，比较全面地理解人与自然、人与社会和人与人之间的关系，从而使学生形成科学的世界观、人生观。

综合实践活动课程超越书本知识学习的局限，要求学生基于自身生活和学习兴趣，围绕人与自然、人与社会、人与他人或自我、人与文化等方面的内容自主提出活动主题，并深入自然情境、社会背景或社会活动领域，开展探究、社会参与性的体验、实验等学习活动，以形成对自然、对社会、对自我的整体认识，发展良好的情感、态度和价值观，这无疑有利于学生开展体验性学习，有助于加强学生对自然、对社会的了解与参与，密切学生与社会生活的联系，建立新的学习方式；也无疑有助于培养学生的创新精神和实践能力，发展学生多方面的情感、态度和价值观等。

二、对教育的价值

作为基础教育课程改革的结构性突破，综合实践活动以崭新的操作理念重塑了课程、教学与学习的内涵，在超越传统的教育模式、构建体现时代精神的教育理念方面彰显出巨大的价值。

（一）重建课程观

综合实践活动课程的确立带来了课程理念的转变。传统的课程理念主要包括四个方面的内涵，即课程作为学科，课程作为目标或计划，课程作为经验或体验，课程作为复杂的会话。随着课程理论与实践的发展，课程理念的内涵发生了重要变化，出现了新的趋势，主要包括：从强调学科内容到强调学习者的经验和体验进而强调课程的会话本质，从强调目标、计划到强调过程本身的价值，从强调教材的单因素到强调教师、学生、教材、环境四因素的整合，从只强调显性课程到强调显性课程与隐性课程并重，从强调实际课程到强调实际课程和"空无课程"并重，从只强调学校课程到强调学校课程与校外课程的整合。当代美国课程领域最富影响力的课程理论家之一威廉 F. 派纳（William F. Pirlar）就如此总结课程："课程不再是一个事物，也不仅是一个过程。它成为一个动词，一种行动，一种社会实践，一种私人的意义，一种公共的希望。课程不只是我们劳作的场所，也是我们劳作的成果，在转变我们的同时也转变自身①。"显然，综合实践活动课程体现了课程转向和传统课程观念的深刻变革。它把学习者作为课程的中心和主体，高度重视学习者个体意识的提升和个体尊严的重塑，有效地弥合了个体与课程之间的断裂。如此，课程不再是控制教学行为和学习活动的工具和手段，而是师生追求意义和价值、获得解放与自由的过程。

综合实践活动课程还体现了课程形态的变化。美国教育家多尔在《后现代课程观》中如是说：课程不再只是特定知识的载体，而成为一种师生共同探索新知的过程；课程发展的过程具有开放性和灵活性，不再是完全预定的、不可更改的。众所周知，综合实践活动课程是一门经验性课程、实践性课程和向学生生活领域延伸的综合性课程和三级管理课程，它让学生面对跟自己的日常生活密切相关的完整的生活世界，亲力亲为参与各项活动，还充分尊重每一个学生的个性发展及其发展的特殊要求，积极倡导地方、学校和师生共同参与课程资源开发、课程设计和实施。因此，综合实践活动是师生对话下的课程，是教师和学生共同创设的课程，它是我国基础教育课程形态发生变化的产物。

（二）重建教学观

综合实践活动体现了教学的范式转型。传统教学存在以下弊端：以机械的、单向灌输式的知识传递为特征，把丰富的教学过程简化为单一的认识活动；传统教学过分强调预设和封闭，从而使课堂教学变得机械、沉闷和程式化，缺乏生气和乐趣，缺乏对智慧的挑战和对好奇心的刺激，使师生的生命力在课堂中得不到充分发挥。传统教学把教师作为"知识权威"，把学生作为"无知者"和知识接受者，教学关系呈单向线性态势，师生之间存在心灵隔膜，教学成为按照某种套路进行的功利性活动，学生的主动性、积极性和创造性受到忽视，甚至压抑、压制。综合实践活动实现了如下的转变：教学不再是单纯的认识过程，而是师生在生活世界中通过交往共同建构意义的活动和以对话为特征的生命和情感的沟通；教学恢复了学生在知识建构中的主体地位，教学成为一种生活，一种以精神交流和意义创生为主要目的的生活，成为对生长、成长中的人的整个生命的成全；知识不再是永恒的真理，而是被视为探究的资本和创生意义的材料。教学以生活世界之本原，科学世界（书本世界）向生活世界的

---

① W. F. Pinar, W. M. Reynolds, P. Slattery, P. M. Taubmen. *Understanding Curriculum*. New York：Peter Lang Publishing, 1995：848.

回归,学生的个人知识、直接经验、生活世界成为了重要的课程资源,教学摆脱了知识、纯粹理性对人的控制,充满生命的灵动和生活的诗意;教学不再是一个封闭系统,也不拘泥于预先设定的固定不变的程序,而是开放地纳入直接经验、弹性灵活的成分以及始料未及的体验,鼓励师生互动中的即兴创造,超越预定的目标要求,教学成为创造性活动并成为开放的精神提升。总之,综合实践活动通过教学主体、教学内容、教学过程的重新构建最终弥合了人与教学之间的断裂。

(三)重建学习观

综合实践活动还体现了学生学习方式的变革。传统学习观秉承主客分离的知识观,认为学习是学生通过教学过程获得现实映像的过程,是知识传授与接受的认知过程。学习因而成为单纯的认知行为,成为封闭的个体行为,成为同一性和统一性的集中体现和教与学的单向过程。学习方法的简单划一、按部就班,严重忽略学习者的认知体验。

综合实践活动是学生基于自身的经验所开展的综合学习。这种基本的学习方式使它打破了间接知识的"霸权性",使直接知识,即学生个体的理解、想象和创造得到确认。学习不再是知识的简单获得,而是重新组合知识、自主构建意义的活动;学生不再是知识的被动接受者,而是具有独立性和自主性,不断质疑、不断探索、不断表达个人见解的问题解决者和知识的主动建构者。综合实践活动改变原有的单纯的认知学习,主张学生手心脑并用,实践、感知与思考全方位结合,身体、心理与灵魂全身心投入,进行"整体学习"和"全人活动",在知识技能、情感态度和价值观、过程与方法等方面得到全面提升。

综合实践活动强调创造性问题解决、合作学习等策略的运用,鼓励学生建立各种联系,从而走出封闭的个体学习行为,迈向个体间的交流与合作。学生之间的交流与合作能够深刻和完善彼此的见解,使自己成长为一个学会合作与交流的社会主体,使学习既具有个人意义又具有社会意义。

此外,综合实践活动通过对整体学习的倡导,还融合、统一了学生的知识探索与精神建构,从而弥合了个体智力与人格发展的断裂,使生命的责任感与丰富性重新返回到学习活动中。

作为基础教育课程改革的结构性突破,综合实践活动以崭新的操作理念重塑了课程、教学与学习的内涵,在超越传统的教育模式、构建体现时代精神的教育理念方面彰显出巨大的价值。综合实践活动课程在我国基础教育课程体系中的确立,不仅意味着一种新的课程形态的诞生,更重要的是标志着现代新课程观念的形成。它表明,课程是生活世界的有机构成,而不是孤立于生活世界的抽象存在；学生是学习的主体，而不是被动的接受者。那种把课堂看作是唯一的受教育场所，把书本看作是唯一的知识来源，把教师看作是唯一的知识拥有者和权威的观念已经过时，取而代之的是更加重视生活中、工作中和实践中的学习。

因此，从综合实践活动课程的价值角度看：首先，综合实践活动课程重建了课程观，体现了课程的"范式转换"。课程不再只是静止的"跑道"，成为对个体生活经验的改造和建构，成为自我的"履历情境"，成为"在跑道上奔跑"的历程。综合实践活动课程同时带来课程形态的变化，课程不再只是特定知识的载体，而成为一种师生共同探索新知的过程。开放性和灵活性、不预定和不可更改性成为综合实践活动课程发展的特点。

其次，综合实践活动课程重建了教学观，体现了教学的范式转型。它改变过去机械的、单向灌输式的知识传递方式为灵活的、多角度探究式的知识获取过程，让师生在生活世界中通过交往共同建构活动。这种转型使教学恢复了学生在知识建构中的主体地位，打破了师生之间、教师与教师之间、学生与学生之间的心灵隔膜，使之以合作与对话的态度，以更具创意和开放的精神提升教学的品质。

最后，综合实践活动课程重建了学习观，体现了学生学习方式的变革。综合实践活动打破原有知识的"霸权性"，学习作为建构新知识的活动，学习成为学生不断质疑、不断探索、不断表达个人见解的历程。学习方式与组织形式的改变赋予学生学习的自主权，使之不停地进入生活，体验生活，创造生活，主动承担起学习的责任。综合实践活动课程成为师生共同探索新知的过程，成为建构知识与人格的过程，综合实践活动最终实现了课程、教学与学习的一体化，从而有效解决了课程、教学与学习彼此割裂的现象。

复习与思考

1. 综合实践活动有哪些基本的理念？试举一个综合实践活动案例进行分析说明。

2. 作为小学综合实践活动课程教师，你认为开设此门课程有价值意义吗？请说明理由。

推荐阅读

1. 郭元祥，伍香平．综合实践活动课程的理念．北京：高等教育出版社，2003.

2. 顾建军．小学综合实践活动设计．北京：高等教育出版社，2005.

3. 综合实践活动实施指南——案例点评与分析．北京：人民教育出版社，2003.

第二章　小学综合实践活动的设计

本章重点
- 小学综合实践活动目标设计的特点、过程和具体化
- 小学综合实践活动主题设计的原则、内容和方法
- 小学综合实践活动的方法及其设计

第一节　小学综合实践活动的目标设计

《综合实践活动指导纲要》已经指出了综合实践活动的总体目标："密切学生与生活的联系，推进学生对自然、社会和自我之内在联系的整体认识与体验，发展学生的创新能力、实践能力以及良好的个性品质。"但是，综合实践活动课程的总体目标不是所有活动主题或活动项目的具体目标。不同的活动主题或活动项目的目标是对综合实践活动总体目标的具体化。设计和实施综合实践活动课程，需要设计活动主题或活动项目的具体目标。设计综合实践活动目标，应该把握综合实践活动目标设计的特点，按照综合实践活动的目标设计过程，来制定综合实践活动的具体目标，然后在此基础上进行具体化。

一、综合实践活动目标设计的特点

（一）综合性

综合性是综合实践活动的基本特性，是由学生在综合实践活动中所面对的完整的生活世界所决定的。学生的生活世界由个人、社会、自然等基本要素构成。这些基本要素是彼此交融的。因而，综合实践活动的目标设计要求能够综合学生在生活世界中的各种关系及处理这些关系的各种技能和经验，充分挖掘学生的潜力，培养学生多方面的才能。也就是说，在目标的设计中要注意知识、情感、能力、过程与方法等方面的目标，考虑学生综合素质的发展，而不是仅仅局限于某一个方面。

（二）差异性

由于综合实践活动的主体是不同的，如年龄特征、能力、兴趣的不同，想

11

Xiaoxue Zonghe Shijian Huodong

要参与的具体活动项目也不同。因此，在设计具体活动的目标时，必然要考虑参与此项活动的学生的特点，由此设计出适合学生的具有个性化的目标。比如按年龄阶段设计活动目标，就能很好地考虑学生年龄特点的差异，使学生能够完成力所能及的活动目标。

（三）操作性

综合实践活动具有实践性特点，并要求学生在综合实践活动的过程中，学会操作、学会动手，对此其目标的设计也必须考虑这一点。也就是说，综合实践活动的目标设计要具有操作性特点，而且由于综合实践活动一般是以活动的形式开展的，因而其目标必须要有助于教师指导学生的活动，能够有助于活动的开展。由此也就决定了在设计综合实践活动目标时，要注意把握其操作性特点。若要使目标具有操作性，必须注意使用行为动词。

（四）生成性

综合实践活动是生成性的。它强调学生的亲身经历，要求学生参与活动本身，在活动的过程中获得发展。因此，综合实践活动的目标设计必须是生成性的，需要教师和学生在活动的过程中发现新的问题，制定新的目标[①]。

二、综合实践活动目标设计的过程

综合实践活动的目标设计包括以下几个过程：首先，对照指导纲要，考察活动范围，看活动属于自然领域、社会领域，还是自我这一领域；其次，考虑活动的范围，即是指定领域还是非指定领域，是指定领域中的哪一个领域；然后分析活动的主体；接着设计具体活动的目标，最后设计活动阶段目标。

（一）对照《综合实践活动指导纲要》，考察活动的内容范围

综合实践活动领域包括：人与自然、人与社会和人与自我。这些方面所要达到的目标在综合实践活动的指导纲要中已作了规定，因而在设计目标的时候我们首先要考虑这些目标。比如开展人与自然领域的活动，对照综合实践活动指导纲要，我们可以发现与这一方面有关的活动应该实现以下目标。

1. 小学

亲近周围的自然环境，热爱自然，初步形成自觉保护周围自然环境的意识和能力；接触自然，丰富对自然的认识；欣赏自然世界，发展对自然的热爱情怀；通过丰富多彩的活动，理解人与自然不可分割的内在联系；知道如何保护和改善自然环境，并身体力行。

---

① 汪明春．综合实践活动目标设计及具体化的理念与策略．教育发展研究，2003(11)：36—37．

2. 初中

增进学生对自然的了解与认识，逐步形成关爱自然、保护环境的思想意识和能力；走进自然，增进对自然的了解与认识，理解人与自然的内在联系；关心自然环境，自主探究自然问题，具有环保意识；参与环境保护的活动，形成初步的环境保护能力。

（二）考察开展的活动领域

《综合实践活动指导纲要》的"总则"部分指出：综合实践活动包括指定领域（研究性学习、社区服务与社会实践、劳动技术教育、信息技术教育）和非指定领域（如班团队活动、校传统活动〈科技节、体育节、艺术节〉、学生的心理健康活动等）。并对指定领域与非指定领域各个方面的具体目标作了规定。因此，在设计活动的具体目标时要注意本主题属于哪一领域，《综合实践活动指导纲要》中又是如何规定的，然后再去制定活动的具体目标。

（三）分析活动的主体

一般来说，参与活动的主体是不同的，大致有年级、班级、小组与个人，因此在考察了活动的领域之后，应该分析活动的主体，看看究竟是年级活动、班级活动，还是小组活动或个人活动？如此，目标的设计就需要从以下几方面去考虑。

1. 以年级为主体的活动目标设计

以年级为主体的活动，首先要考虑学生的年龄特征，根据所参与活动的学生年龄特征来设计活动目标。其次要考虑学生的知识基础，根据学生的知识基础设计相应的目标。

2. 以班级为主体的活动目标设计

以班级为单位进行的活动，首先要求全班同学能够自主提出大家共同要解决的问题，然后，在班级的共同努力和协作下制定出本次活动的班级目标，班级目标要根据学生的年级以及年龄来确定。在定出大体目标之后，学生能够制定出本次活动的计划和方案，然后能够搜集信息和获取信息，解决提出的问题。以班级为主体的活动的目标应该更多考虑培养学生的协作能力，养成合作、分享的个性品质。

3. 以小组为主体的活动目标设计

在以小组为单位开展活动时，首先要求学生能够掌握分组合作的能力，能够根据兴趣、能力、性别进行自愿组合。其次要求学生能够根据活动的总目标，制定本小组的目标以及计划或方案，然后明确自己在小组中承担的任务和职责，并在完成任务的过程中能够与小组成员协商，帮助小组的其他成员完成任务、分享成果。小组活动可以是在年级确定了大的活动范围的情况下，然后分小组确定自己的子课题开展研究；或者是在班级确定了大的活动范围之后，由小组确定自己的研究子课题；或者由各个小组确定自己的活动主题。不管哪种情况，都要求小组能够制定出本组的活动目标。

4. 以个人为主体的活动目标设计

以个人为主体的活动需要强调学生独立发现问题与探究问题的能力，要求学生能够在评估自己能力的基础上，独立、自主发现问题，然后利用各种条件解决问题。在国内，由于综合实践活动初步展开，学生研究问题的能力还需要进一步提高，因此活动的实施一般都是采取小组活动的形式，相信随着综合实践活动开展的逐步深入，个人活动也会成为学生喜欢的研究方式。而国外的很多综合实践活动采取了个人活动的形式。当然在以小组为活动主体时，如有可能或必要，也可以设计个人目标。

（四）设计具体活动的目标

由于活动项目的千差万别，因此活动的目标也是不尽相同的。在对一个具体的活动项目进行目标设计时，我们首先要考虑的是此活动是属于哪一个领域，然后再对照《综合实践活动指导纲要》，在头脑中确立一个大致的目标框架，接着考虑这一活动是适合班级开展，还是适合分小组进行具体的活动，还是单独一个人就可以完成。以后就可以考虑根据活动主体再来确定一些重要的目标，最后将目标具体化。

（五）设计活动的阶段目标

综合实践活动是由师生双方在活动展开过程中逐步建构生成的课程，而非根据预定目标预先设计的课程。随着实践活动的不断展开，学生的认识和体验不断深化，创造性的火花不断迸发，新的活动目标和活动主题将不断生成，综合实践活动的课程形态随之不断完善。因此，在必要时可根据活动的不同阶段设计活动的阶段目标[①]。

三、综合实践活动目标的具体化

往往我们设计出来的目标是抽象的，这对活动的指导意义不大，也不利于对学生进行评价，如何把抽象的目标转化为具体目标？这里介绍几种方式。

（一）用行为动词把抽象目标转化为具体目标

在目标的设计中使用行为动词，可以表明学习者做了什么或产生了什么。

---

① 汪明春.综合实践活动目标设计及具体化的理念与策略.教育发展研究 2003(11)：36—37.

这些动词如搭配、命名、计算、列表、写作、圈出和分类等，描述了学习者的行为或结果，对评估学生操作目标的成绩有一定的作用。而词语如知道、理解、分析、评价、体会、领会和领悟不是行为动词，虽然这些术语对于描述学习和行为的过程是重要的。但是，它们是不可观察的行为，因此不能被用于表述目标。比如在知识目标中我们提到了"了解与所从事的活动相关的知识"。这样得出的目标仍然很抽象，但如果我们利用相关的行为动词，如"说出、背诵、辨认、回忆、选出、举例、列举、复述、描述、识别、再认"等，这样抽象的目标就转化为具体的目标了。

（二）以活动形式把抽象目标转化为具体目标

把抽象目标转化为具体目标的另一方法就是以活动的形式来表述对应的目标。活动形式的目标通常包括三个部分：刺激、反应和标准。刺激部分说明给定的情境和条件，反应部分说明预期学生做出的行为和反应，标准部分提供评判依据。比如，培养学生对植物的认知能力，可以确定以下为具体目标：给出5 种不同的植物（刺激）；学生能确定这些植物的名称、生长规律（反应）。标准是正确判定 4 种以上的为优秀，3 种为及格（标准）。

（三）利用操作性语言把抽象的目标转化为具体目标

用操作性语言表述的目标是对你期望学生做什么的精确表述。尽管操作性语言表述目标的编制样式有多种，但一般必须包括三个要素：①对学生的行为和学习者的表述；②对学生行为条件的表述；③对学生行为水平可接受的最低限度的规定。对学生行为的表述一般是表明学习者做什么或生产了什么。只有学生表现了这一行为，才可能知道学生已经获得了预期的目标和结果。条件的表述一般是学习该行为的环境，一般来说包括：完成行为可能用到的材料；如何完成行为——例如，利用技艺、利用教材或用计算机程序，时间、行为地点（在教室、在体育馆、或在实验室）。对学生行为水平可接受的最低限度的规定的表述，要求这一规定必须是最低的水平，在目标中要表述出来。例如，在五分钟之内，任何类型的错误不超过两个。这样包括了三个部分的目标，就可以算是一个操作目标了①。

【案例 2-1】 "蔬菜的绿色吃法"主题活动设计②

一、活动主题的提出

……

---

① 汪明春．综合实践活动目标设计及具体化的理念与策略．教育发展研究，2003(11)：37－38．
② 张松灵．例谈综合实践活动目标的设计与内容的选择．教学与管理，2011(2)：23.

据调查：全班 38 个学生，13 人不爱吃蔬菜，占全班人数的 34％，这是个让人担忧的数字。饮食结构不合理，导致学生营养不良，影响其身体健康。为了改变学生的这种不良习惯，我们开展了"蔬菜的绿色吃法"为主题的实践活动，带领学生研究蔬菜，实践操作，从而让他们更多地了解蔬菜，科学合理地食用蔬菜。据调查，全班有 34 位同学家里种植蔬菜，占全班人数的 89％，这就给我们这次活动提供了丰富的资源。这次活动从校园延伸到了家庭、社会，充分利用了多方资源，尽可能地让学生做到全身心地投入。这次活动贴近学生生活，切合实际，学生有能力和条件来完成。

二、活动的具体目标

1. 通过调查、采访、查阅、讨论、交流等方法，了解有关蔬菜的种植、种类等知识，丰富学生的生活知识储备，让学生健康快乐地生活。

2. 通过实践活动，培养学生参与实践、合作、展示、交流等能力，体验劳动的艰辛和成功的乐趣。

3. 在自主探究、合作交流中了解探究的基本方法，增强学生自主发展的信心。

……

案例分析：主题目标的设计是否真实关注学生？

从这一主题活动设计的背景来看，教师关注了学生的现实生活，发现了学生不爱吃蔬菜、偏食等不良生活习惯。应该说，这位教师具有一定的综合实践课程活动设计理念。教师想通过这一主题活动的设计与开展，改变学生不良的生活习惯。但是，我们观察其主题目标，不难发现，教师并非真正关注学生现实的问题：教师发现该班学生绝大部分存在不爱吃蔬菜的现象，想通过活动让学生得到改变。然而，该教师最终的目标设计却落脚于"了解有关蔬菜的种植、种类等知识""培养学生参与实践、合作、展示、交流等能力，体验劳动的艰辛和成功的乐趣"等目标上，明显偏离了活动设计的初衷。

第二节　小学综合实践活动的主题设计

"主题"是综合实践活动各种具体活动的核心，如何引导学生生成、确立研究主题，在课程实施中至关重要。综合实践活动是以主题为线索，组织探究和实践活动的，在相当程度上，活动的主题规定了活动的内容，选择什么主题，直接决定了活动的实施者（学生和指导教师）的兴趣和投入程度，也直接影响了活动的实施效果。因此，活动主题的设计是综合实践活动取得成功的关键。

一、综合实践活动主题设计的原则

（一）教育性、趣味性原则

综合实践活动课程的地位与作用要求设计的活动课程要面向 21 世纪的需要，既要把爱国主义教育、中华民族优秀传统文化教育和中国革命斗争传统教育以及改革开放、社会主义现代化建设和现代科学技术、文化艺术的不断发展等信息作为活动课程的重要内容，又要针对学生身心特点、兴趣爱好、生活实际，寓教于乐，力求形象、具体、生动、活泼。如《龙的传人》单元，包括"龙出华夏""群龙聚会""龙的骄子""龙腾神州"四个主题系列内容。通过本单元很有趣味性的活动，在学生全员参与，提高其实践能力的同时，体会龙的精神，感受龙的文化，培养民族自豪感，并落实到实际行动中去。学生不是因为课程存在而存在。综合实践活动主题设计，不是先决定教师能够做些什么，先决定学生应该学些什么，而是研究学生关心什么，对什么感兴趣等。主题设计要重视那些来自学生的课题。

（二）综合性原则

综合实践活动主题设计的综合性应体现在主题目标综合。综合实践活动的主题目标不仅关注学生知识、能力等智力因素的发展，而且关注情感、意志、态度等非智力因素的发展。不仅关注科学精神而且关注人文精神，不仅关注群体性而且关注个性。另外还要体现主题内容的综合。综合实践活动的主题内容应超越学校界限、学科界限、自我界限，实现指定领域与非指定领域、自然、社会、自我的有机整合。

（三）自主性原则

综合实践活动强调学生的亲身经历与参与，要求面向每一个学生的个性发展，尊重学生活动过程的主动性与自主性。在综合实践活动课程主题设计中，必须明确学生是主体，鼓励学生的自主选择，将学生需要、动机和兴趣置于核心地位，为其个性充分发展创造空间。教师的主要任务是组织和指导，教师的指导作用体现在帮助学生完善其自主选择意识和能力方面，而不是代替学生选择。因此，在确立活动课程的内容和形式上，要克服主观性、盲目性和随意性。在指导学生有计划、有步骤地开展活动时，能给予学生较多的选择活动和自己设计、组织、主持开展活动的机会，发挥他们的自主性，让他们在活动中能学有所乐，学有所得，增长才干。

（四）开放性原则

在内容上，综合实践活动面向学生的整个生活世界，它随着学生生活的变化而变化，其课程内容具有开放性。尽管新课程标准规定综合实践活动的内容包括信息技术教育、研究性学习、社区服务与社会实践、劳动与技术教育四大指定领域，但对不同的地区、不同的学校、不同的班级和不同的学生而言，其具体的活动内容是多种多样的，活动的具体主题是开放的，它因中小学生所处的社区背景、自然资源，以及学生现实生活的需要和问题的不同而不同。只要是与学生的现实生活相关联，只要是学生自主地提出或自主选择的活动主题，都可以作为学生进行综合实践活动的内容。

（五）可行性原则

综合实践活动需要一定的物质条件和经费作基础，活动是否可行，也是选题时要考虑的一个问题。要做到可行，一要从主观条件出发，适合自身知识结构、研究能力、理解程度；二要考虑客观条件，因地制宜，要根据社会、学校、家庭的条件，选择可行的课题，有些课题研究周期比较长，可以将它划分成子课题，分阶段、分学期研究等。三要避免主题知识化倾向，主题内容要与当地社会环境相结合，体现当地特色。四要明确活动目标和活动方式，从具体内容出发，选择活动方式，如调查、测量、观察和访问等。

（六）生成性原则

由于综合实践活动是过程取向的，它强调学习者与具体情境的交互作用。因此，除预先规划与设计活动主题外，需要高度重视主题在活动中的"可变性"，关注活动过程中主题的"生成性"，依据学生在实际活动中的发展表现和需求，及时调整、增加、改变主题。对综合实践活动的整体规划和周密设计不是限制其生成性，而是为了使其生成性发挥得更具有方向感、更富有成效[①]。

二、综合实践活动主题设计的内容

综合实践活动课程包含"研究性学习""社区服务与社会实践""劳动与技术教育""信息技术教育"等四部分内容。在设计主题活动时，要结合学生年龄特点和生活经验，紧紧围绕学生与自然、学生与社会、学生与自我三个方面进行。针对当前学生亟须具备的各方面素质和能力要求，我们在设计综合实践活动主题内容时可以按以下思路进行。

（一）以校为本，与学校各项活动整合设计主题

综合实践活动课程并非无本之木，以往学校开展的各项活动经验可以作为综合实践活动的基础。一般学校都要组织春（秋）游活动、春（秋）运动会、夏

---

① 黄纯国．信息技术环境下综合实践活动主题设计研究．现代教育技术，2009(2)：48—49．

（冬）令营活动、科技节活动、读书周活动、巧手节活动以及各种内容的班队会等活动，这些传统的活动长期植根于学校，由学校根据自身的资源状况进行组织，学校在长期的运作中，无论从活动内容还是组织形式上，都为综合实践活动课程的实施积累了经验与素材。

关注学校各项德育活动、校传统活动及班队会活动，使其成为综合实践活动课程有机的组成部分。继承学校传统活动、德育活动等在组织形式、内容上的精华，用它来丰富综合实践活动主题的内容，可以激发学生兴趣，提高学生活动的自主性。但在原来的传统活动中，学生仅仅是此类活动的被动的参与者，活动项目的设计，报名及整个运作的过程，都是由教师完成的。而综合实践活动的内容与形式要在原来的传统活动的基础上有所发展。如学校的德育活动中有安全自护的内容，可以引发出符合综合实践活动课程原则的主题《火灾的自救》；春游活动中由学生所带的饮料和小食品引发出《饮食与健康》这一主题。

（二）以生为本，与学生兴趣结合设计主题

1. 关注学生共同的兴趣，引导生成主题

在学生的真实生活中，他们的需要和兴趣各不相同，教师对于学生兴趣的引导与把握是寻找主题的关键。学校要经常组织学生参观、考察、访问、交流、讨论，根据学生学习需要举办讲座、报告，针对社会问题开辟板报、画廊、展览等，让学生通过多种途径了解社会，认识生活，有意识地培养学生的兴趣。比如，一位老师为了让学生留心身边的生活，布置学生观察从家到学校一路上感兴趣的人与事，从而由其学校北侧煤泥河而生成活动的主题《工厂排污与生活环境》。

2. 根据个性化的兴趣，学生自主提出问题、确定主题

高年段的学生自主意识比中低年段的学生有所增强，会出现兴趣的分化，而且经过几年的综合实践活动课程的学习，对活动的规律与方法有一定的了解。教师在以班级和学校为主要组织形式的同时，也要为学生个性化的研究和选题提供空间，根据学生个性化的兴趣，由学生自主进行主题申报，满足学生个性发展的需要。此类主题可以由学生在教师的指导下独立完成，也可以在学期中与学校、班级的各类主题活动并行，也可以在假期进行。

（三）综合延伸重组学科知识，与学科整合设计主题

我们发现自新课程实施以来，很多实验教材都安排了综合性的实践活动，各科教师也尝试着用新课程的理念来指导学科教学，力图使学科知识与技能在实践活动中综合运用，这种尝试固然使学科课堂教学焕发出活力，但是由于缺

乏协调与整合，学科活动与其他学科活动之间、学科活动与综合实践活动之间，又往往出现重复交叉，致使学生抱怨活动过多，有的学科教学任务难以完成。

课程的整合实施将有助于解决在实施新课程中的问题，实现学科课程与综合实践活动的有机融合，展现整体课程共同作用于学生的双赢状态。如何在学科活动整合的过程中，寻找综合实践活动的主题呢？我们认为，综合实践活动与学科整合有必要整体规划，合理调控，这样才能将这种整合推动向纵深发展。如在学期初，同年级的各科教师可以坐在一起，沟通一下各科的活动，大致的内容怎样，目标定位如何，在研讨的过程中发现各类活动的重合点，从而将综合实践活动的教学与其他学科的教学相结合，生成跨学科的综合实践活动主题。

比如，学习语文课中的《蝙蝠与雷达》一文时，学生对动物的特异功能产生了极大的兴趣，而语文课有自己的教学任务，是不可能给学生大部分时间让其做进一步研究的，而我们的综合实践活动能给学生提供充分的时间，让他们以"动物的特异功能"为主题进行研究。学生要研究这一主题，就要与自然等学科整合。教师要与相关教师沟通，带领学生完成这一主题。综合延伸重组学科知识，与学科整合设计主题，各科教师要有综合实践活动课程意识，只有具备了整体的课程观，教师才能从学科活动中找到开发综合实践活动内容的契机。

有些主题可能从一个学科中走出来，但在实施的过程中，很难说它整合了哪些学科。作为一种综合性课程，综合实践活动不同于学科综合，它不是对学科知识的综合，也不是跨学科的学习，而是对学生生活领域和生活经验的综合，因而，也不能单纯地将综合实践活动课程理解为综合性的学科学习。

(四)发掘学校周边社区与环境教育资源，设计主题活动

小学高年段的学生活动范围比中年段的学生有所扩大，可以适当地将活动的地域范围扩大到学校外，但为了保障安全，高年段学生的活动范围也宜以社区为主，可结合学校周边的社区实际开发主题，因此教师在进行主题策划时，要注意充分挖掘周边社区及环境教育资源。例如，某校临近煤泥河，地处矿区，了解煤泥河及矿区资源枯竭情况很有条件，因此，该校选择了"绿色节能、爱惜资源"作为学校的大主题，各班根据这个大主题选择了很多节能、节约资源的子主题，如"'黑金'你还有多少"等。

实践证明，学生进行的综合实践活动，课题越贴近他们的生活、经验、兴趣和他们周围的社会现实，学生就越能够较好地对活动进行操作，参与活动的积极性就会越高。综合实践活动的主题设计，不存在固定的内容和方法，它要

求教师根据社区、学校和学生的特点与具体情况,灵活应变,注重新颖、趣味、启发、实践等特点,在学生自主设计、自主参与、自我总结的过程中,促进学生多方面的发展。[①]

三、综合实践活动主题的生成方法

综合实践活动主题大体上可以分为如下几种生成方法。

(一)选题推荐法

学校或教师在参考学校的办学目标、师资水平、资源状况、地方特色的基础上,可以拟定一份综合实践活动课程的主题推荐清单,分类罗列相关的主题以体现学校的意志和特色。由指导教师向学生推荐,学生从中选取感兴趣的问题或主题展开活动。

(二)问卷调查法

指导教师可以设计相关的调查问卷,了解学生的兴趣、爱好、特长、交往等情况,调查学生希望开展的主题和形式,分析调查的数据,将结果提交到班级民主会上,师生共同讨论确定本班的活动主题。

(三)行动反思法

可以引导学生从日常的一些现象、学生的人际交往情况,自己的某些行为、阶段的"流行文化"谈感受,作反思,把握学生的关注取向,引导学生确定活动主题。

(四)成果衍生法

向学生提供一些同校学生的经验文章或案例,学生在通过文本阅读了解别人经验与方法的时候,常常会对结果或应用的方法充满疑问,表示出在这个成果上继续探究的愿望。这时,教师可以因势利导,引导学生确定选题。这是一种学习借鉴法。

(五)条件商榷法

在确定选题时,可以引导学生讨论学校(或社区)现有的条件下有利于开展哪些主题活动。条件成熟和允许的,就确定为相应的主题;受到限制的,等待机会成熟再开展。

(六)新闻讨论法

让学生把社会见闻、一些热点问题与新闻时事、或是自己亲历的一些事情介绍出来,引起大家的争鸣和思维碰撞,从中撷取大家关注的问题作为活动的

---

① 王晴旭.综合实践活动主题设计探讨.中国校外教育,2008(8):756.

主题，引发学生对社会生活热点问题和现象的关注，实现主题生成有取之不尽的来源[1]。

四、综合实践活动主题的层次

综合实践活动主题设计过程实际上就是一个主题筛选过程，一个主题范围逐渐缩小的过程。一般情况下，综合实践活动的主题是分层次的。上文所谈到的主题实际上是综合实践活动的大主题。在大主题被确定后，还要引导学生不断地将主题范围缩小，逐步确定学生真正具体学习和研究的内容。有时可以将主题明确地划分为一级主题、二级主题、三级主题，等等，主题的层次越高，包括的范围越大，内容越丰富。但有时主题又没有明显的等级。缩小主题的工作一般在主题活动的前期进行，有时持续到中期，有时甚至持续到后期。例如"飞天梦圆"这一主题可以分解为"中国航天大事记""世界航天大事记""人类航天史之最""航天器的种类与比较""航天科普知识问答""从神舟一号到神舟五号""我国未来航天研究的动向""创建人类航天图片库""中小学生设计的太空实验项目""中国首次载人航天全程记录""航天员的太空生活与食品""为人类航天事业献身的人""航天英雄是怎样'炼'成的"等。

综合实践活动中的探究活动本身就是一个不断缩小主题范围，确定最适合的学习、研究内容的过程。通过调查研究、查找资料、分析讨论等主题探究活动，学生在活动中越来越明白自己喜欢和适合学习什么小主题或内容。从理想状态来看，每个学生都可以选择自己最喜欢也最适合于自己的内容。这实际上是一个师生共同参与的课程开发的过程，是一个课程个性化的过程[2]。

【案例2-2】

有一位综合实践课程老师在组织学生开展一次综合实践活动后，在个人博客上写下一段话：

最近的一次综合实践活动课让我备感郁闷。我们学校有一支古筝表演队，多次在各类比赛中获奖，也在各类演出活动中受到好评。学校领导很是重视，把古筝确认为学校的特色之一。我就想把学校特色资源作为综合实践活动主题内容。但遗憾的是，在五年级上《走近古筝》时，遇到了尴尬：在讨论主题时，有三个小组居然不约而同地提出，老师我们能不能换一个内容？

……

---

① 黄纯国．信息技术环境下综合实践活动主题设计研究．现代教育技术，2009(2)：50．
② 同上．

案例分析：主题活动内容的设计是否真为学生所需？

不光这位教师感到郁闷，学生大概也郁闷。教师设计好的主题，学生不感兴趣，导致活动无法正常开展下去。从案例中发现，古筝仅仅为少数学生参与，从范围上并没有涵盖全员。另外古筝作为一种古典乐器，对大多数家庭来说距离还是比较远，也远离学生的生活。在该校未全面或大部分普及古筝的情况下，选择该类主题内容，学生必然缺乏基本的认识，当然不能引起兴趣[1]。

第三节　小学综合实践活动的方法设计

随着综合实践活动课程实施的进一步深化，学生活动方法的价值越来越受到关注，有关活动方法设计的问题也变得越来越重要。系统建构综合实践活动的方法，对于提高综合实践活动课程实施的整体水平有着积极的现实意义。

一、小学综合实践活动的方法

综合实践活动所涉及的方法是多种多样的，常用的方法包括调查法、观察法、实验法、访谈法、文献法等。

（一）调查法

它是指调查者为了弄清某一问题、现象、事物等的实际情况而进行调查的方法。根据调查方式的不同，可分为问卷调查法、实地调查法等。

（1）问卷调查法。它是指通过被调查者填写设计好的调查问卷来收集相关信息的方法。

设计好一份高质量的调查问卷是非常重要的。它一般包括引导语、题项、结束语等。问卷的题型主要分为开放题和封闭题。开放题是指其答案是不确定的。封闭题是指有确定答案的选项。

（2）实地调查法。它是指调查者通过实地观察、访谈等收集信息的方法。它是一种综合的研究方法。

（二）观察法

它是人们在自然（不加控制）的条件下有目的、有计划地对某事物或现象进行考察的一种研究方法。与日常生活中的观察相比，它更有目的、有计划、有

---

[1]　张松灵. 例谈综合实践活动目标的设计与内容的选择. 教学与管理，2011(2)：24.

重点，并要求记录。①

（三）实验法

它是指通过从事实验操作来检验某一理论或想法并收集信息的方法。

（四）访谈法

它是指通过对有关人员进行采访、座谈等方式了解信息的方法。

（五）文献法

它是指通过查阅有关文献资料来了解信息的方法。

二、目前小学综合实践活动方法设计中存在的问题

在实践中，教师的活动方法设计存在许多问题，具体表现如下。

（1）教师的活动方法设计过于宽泛，针对性不强。调查发现，大多数教师不明确自己在设计学生开展活动的过程中，具体的研究方法有哪些，从而感到"无从下手"。导致综合实践活动课程的实施呈现出形式化的趋势。学生在活动的具体实施过程中缺乏深度实践和实质性的体验、感受。

（2）教师让学生进行综合实践活动之前，缺乏必要的专题讲座和"过程与方法"的指导，"过程与方法"维度的目标没能得以实现。据调查，教师在指导学生开展主题活动时，基本上都要求进行"搜集资料""调查"，但究竟怎样"搜集资料"、怎样"调查"，教师基本没有对学生进行方法指导。

（3）教师在规划和实施综合实践活动过程中，综合实践活动的方法缺乏层次性和系统性。这容易使教师和学生觉得综合实践活动在不同学段和不同年级的实施中是完全可以重复的，同一主题可供不同年级的学生同时开展实践研究活动，并且目标要求和活动方法的选用也没有区别，导致学生在实施过程中的兴趣衰减，学生的实践研究能力没有得到真正的提升②。

三、小学综合实践活动方法的具体设计

《综合实践活动指导纲要》中对综合实践活动的方法只是提出了总的要求，建议对于不同年级的小学生，综合实践活动的方法设计应有不同。教师在实施综合实践活动课程时，对课程实施的每一个活动、每一个阶段，要根据年级的不同设计不同的研究方法。否则，课程实施过程中会出现目标无法落实、学生的能力发展得不到基本的保证的情况。为此，教师可探索系统化的综合实践活动的方法体系。

---

① 温恒福. 全面掌握教育科研方法. 黑龙江教育，2001(9)：27.
② 吴青华. 小学综合实践活动方法指导校本化体系的建构. 江苏教育研究，2011(2C)：26.

（一）根据学生的年级不同，建立校本化的综合实践活动方法体系

综合实践活动中方法体系的建构，主要表现为同一类型的活动内容或活动方式在能力目标的达成程度上，针对不同水平的学生实际，提出不同的"达成度"要求，体现目标要求对不同水平学生的"达成适用性"，而非高不可攀。如在三、五年级同时开展"我爱我们的学校"这一主题活动，可以针对不同的年级提出了不同的活动要求：三年级学生要完成的目标任务有了解学校的历史，认识学校的花草树木，体验同学们的校园生活；运用访谈、实地考察的方法积累材料；通过制作植物名片、画画、观察日记、小报等交流自己的收获。五年级学生要完成的目标任务有认识学校教育教学设施，感受学校的文化环境、了解同学们的校园生活需求、畅想学校的未来；运用调查问卷、访谈、实地考察、网络搜索、设计与制作的方法积累材料；通过调查报告、画画（或电脑绘画）、PPT、设计规划图等交流自己的感受和想法。

一所学校的综合实践活动课程设计，需要通过对学生各种类型能力的发展水平的研究，来设计出学校不同年段甚至不同学期的一个综合实践活动方法体系。举例如下。

三年级：能在教师的指导下，从学校、家庭生活中发现并提出简单的问题，填写简易的活动计划表；学习观察、访谈、讨论、记录、收集资料等简单的研究方法；重视经历与体验的过程；能用日记、画画、小报、照片、倡议书、口头报告等方式展示自己的研究成果。在教师或家长的指导下，学养一种常见植物，记录植物的生长过程，知道所养植物的生长习性；学做摘菜、洗碗、洗袜子等简单家务；会简单的手工制作。

四年级：能从自然环境、学校、家庭、社区生活中发现并提出简单的研究问题，能填写活动计划表；学习观察、实地考察、采访、网络搜索、拍照、录音等研究方法；能在解决问题的实践活动中，初步学会与他人合作，能回顾与表达活动的过程；能用PPT、日记、画画、板报、采访或考察总结等方式展示自己的研究成果。在教师或家长的指导下，饲养一种常见的小动物，记录饲养和生长过程，知道养殖动物的饲料配制及管理要求；学习买菜、洗单衣、整理房间等家务；学做简单的缝制手艺。

五年级：能从自然环境、社会生活、学科学习中发现并提出要研究的问题，在教师的指导下，把问题转化为研究的主题，能设计简易的活动计划；学用观察、问卷、采访、实地考察、文献查阅、网络搜索、作品制作、实验、拍照、录音等研究方法积累资料；掌握一些简单的信息处理技能；能在研究的过程中学会与他人合作；能回顾、表达、撰写研究活动过程，能用调查报告、

PPT、作品展示、实验演示等方式展示自己的研究成果。在教师或家长的指导下，认识和使用电视机、空调、冰箱、微波炉、录音机等家用电器，了解它们的工作原理；学习烧菜、洗衣等家务；学做简单的木工手艺。

六年级：能结合学科学习、自身发展、社会和科技发展或具体情境发现并提出要研究实践的主题，能设计活动计划；学用调查、采访、实地考察、文献查阅、网络搜索、作品设计、实验、录像等研究方法积累材料；掌握简单的筛选、处理资料的能力，并作出合理的推断或大胆的猜测；能学会与他人合作、交流、分享；能选择研究报告、小论文、演讲、辩论、PPT、网页、作品展示、实验演示、图表、专刊等方式展示自己的研究成果。在教师或家长的指导下，认识和使用计算机、摄像机等家用电器，了解它们的工作原理；学会料理家务；了解简单的机械、电路常识[①]。

(二)根据所研究的主题活动内容，设计具体化的综合实践活动方法目标

教师在制定每个主题活动的实施方案时，都应该根据主题的不同和年级的不同，明确活动的过程和方法，使学生了解、经历甚至初步学会某些问题解决的基本方法，增强学生的方法意识和科学意识。

课题研究型的方法主要有调查、文献查阅、网络搜索；劳动与技术类活动则需要角色体验、设计与制作、动手实践、实验等方法；社会参与的实践性学习活动方式一般有社区服务活动、调查、宣传、角色体验等方法。

综合实践活动的主题确定之后，教师应该根据不同领域的主题，引导学生选择不同的活动方法，教师还要根据不同年段的学生特点，选择不同的指导方式。如对小学三四年级的孩子，就不能够采用讲座的形式，一次性地把观察、调查的方法全部讲出来，应该在活动的过程中给学生渗透方法的指导。对五六年级的学生，就需要在活动前了解比较完整的活动方法，可以一次性告知，活动时再进行个性化的方法指导。

在一个综合性的主题活动中，教师还要清楚地认识到，学习活动方式并不是越多越好，重要的是指导学生完整地经历、有效地经历、规范地经历。在活动方法的设计过程中，教师要由粗放型设计，走向对细节的关注和对具体问题解决方式的关注，同时渗透严谨的思维方式。因为，方法指导的背后是学生科学思维方式的培养[②]。

---

① 吴青华. 小学综合实践活动方法指导校本化体系的建构. 江苏教育研究，2011(2C)：27.
② 吴青华. 小学综合实践活动方法指导校本化体系的建构. 江苏教育研究，2011(2C)：26-28.

【案例 2-3】

《我们的学校》德育综合实践活动[①]

活动目标

1. 了解学校悠久的历史、优雅的环境、斐然的业绩等。

2. 培养学生搜集、处理信息的能力和人际交往能力，在活动中激发学生热爱学校的情感。

活动方法

查阅资料、调查、采访、汇报

活动准备

学生按兴趣和各自特长分成 6 组，分工明确。在组长的带领下，分别从悠久的历史、我们的校友、优雅的环境、斐然的业绩、幸福的一代、美好的未来六个方面进行调查，全方位了解我们的学校，同时做好资料的搜集。

活动实录

（多媒体播放校歌）

师：同学们，我们安丰小学是一所百年老校，她有着丰厚的文化底蕴，一流的教学设施，先进的办学理念，这里是同学们成长的乐园。前几周，老师要求同学们从不同角度调查我们的学校。据了解，不少同学通过查资料、采访、拍摄照片等不同形式对我们的学校有了深入的了解。今天，就让我们通过这节活动课互相交流各自的收获，课前大家已推选好了主持人，下面请我们的主持人上场。（主持人上场）

甲、乙（齐）：五(2)班"我们的学校"综合实践活动汇报现在开始。

甲：课前我们已分了六个组，从不同的角度，通过不同的形式了解了我们的学校，哪一个小组先来汇报？

生 1：我们小组先来汇报学校的悠久历史。首先由我来向大家介绍我们学校的老校歌——《我们是祖国的明天和希望》。（幻灯片出示老校歌）"淘水茫茫，影山苍苍，这是心斋先生的故乡，前有遂长局，后有文公堂，这是我们读书的好地方。"我们学校的历史可长了！到现在已有130多年了，作为安丰小学的学生，我感到十分自豪！

生 2：我来介绍一下安丰小学的创办时间及创始人，清朝同治十三年(公元1874年)由陈宁、丁景堂创办的"淘水书院"在千年文明古镇安丰诞生了，她是我们学校的前身。

---

① 李道富.《我们的学校》德育综合实践活动案例. 学校党建与思想教育，2009(2)：65－66.

生3：我通过查资料知道了光绪五年（公元1879年）"淘水书院"改名为"安丰善善蒙学堂"，有初小4个班级，光绪三十一年，发展为学制7年的完全小学，名为"安丰善善高初两等小学堂"。民国元年（公元1912年），高级部的三个班改称"安丰高等小学"，初级部四个班改称"私立善善初级小学校"。北伐战争以后，学制从七年缩至六年，安丰高等小学校改名为"东台县安丰小学"。2003年9月，全镇小学实行一校制管理，建立了安丰镇小学党支部，安丰镇小学教育工会。

乙：听了刚才几位同学的汇报，我们每个同学一定感到十分骄傲和自豪，安丰小学不愧为百年老校，从这里走出的莘莘学子遍布海内外！谁来讲讲他们的故事。

生1：介绍电机工程专家沈从龙。（略）

生2：介绍汉语言学家周法高。（略）

生3：介绍在外攻读硕士、博士学位的学生。（略）

（幻灯片出示相关人物的照片）

甲：作为安丰镇小学的学生，我们无比自豪，因为我们有如此杰出的校友，沈爷爷的爱国精神将激励我们不断向前。

乙：我们的学校几经风雨，历经沧桑，新中国成立以后，特别是改革开放以来，这所百年老校加快了建设和发展的步伐，现在校园像花园，校园环境大改观。第三小组的同学以"优美的环境"为主题制作了一个短片，请大家一起欣赏。

（多媒体播放短片，学生观看）

看完了短片，再来听听第三组同学的介绍。

生1：近年来，我们学校加大了硬件投入，现有四幢教学和办公大楼，教室宽敞明亮，文化环境优雅，在这里学习我们感到很舒心，食堂和宿舍的兴建，为路远同学提供了方便，中部操场的扩建为同学们提供了更大的活动空间。特别让人引以为荣的是我们学校有"真禅教学楼"，1995年真禅大师向我校捐资五十万元兴建了这幢教学楼他鼓励少年儿童从小刻苦学习，立志报效祖国。

生2：我最大的感触是学校加大了教学设施的投入使用，上课老师经常使用投影仪、录音机，大大激发了同学们的学习兴趣，多媒体、视频展示仪的运用让我们感受到了课堂的神奇魅力。

生3：我要夸的是我们学校的"三比"双周评，2001年4月创设领导、教师及学生共同参与的具有新的内涵的"三比"（比教风学风、比安全文明、比环境建设)双周评议活动，促进了学生良好思想品德和行为习惯的养成，师生责任意识、民主管理意识显著增强，常规管理严而有序。2002 年下半年，该活动通过了市首批特色项目验收，如今，"三比"双周评又有了新的内涵。它不仅是一项制度，更是一种文化，它对促进和谐校园、创建和谐班级将发挥巨大的作用。

生 4：我通过采访教导处的张主任，知道了我们学校在教学方面有集体备课教学展示的特色活动，强化了教研组集体备课功能，浓厚了群众性研讨氛围。实践五年来形成了一套科学规范的有序模式，《中国教育报》《小学改革与实验》分别进行了介绍。

生 5：我们的学校充满着浓浓的文化氛围，我们小组的同学创作了一首诗《校园新貌》，我们给大家朗诵一下。(配乐朗诵)

　　……

案例分析：由于"我们的学校"这个实践活动主题涉及学校的历史和现状等多项内容，须采用多种方法才能使该主题的研究深化、具体化，因此，该教师采用查阅资料、调查、采访、汇报等方法是适宜的。该案例把眼光放在身边的教育资源上，针对安丰镇历史文化底蕴丰厚的实际，以此为突破口，开展丰富多彩的教育活动，调动学生的情感，有意识地对他们进行综合素质训练。在这次活动中，学生真正感受到了自身存在的价值，这就是我们所要追求的帮孩子树立自信的境界。这份自信心，将为他们将来获得成功打下良好的基础。

复习与思考
1. 小学综合实践活动目标设计的特点有哪些?
2. 小学综合实践活动目标设计的过程是怎样的?
3. 请思考怎样把小学综合实践活动的目标具体化。
4. 怎样设计小学综合实践活动主题?
5. 选择小学综合实践活动主题的方法有哪些?
6. 小学综合实践活动设计的方法有哪些? 怎样对其进行设计?

推荐阅读
1. 汪明春. 综合实践活动目标设计及具体化的理念与策略. 教育发展研究，2003(11).
2. 教育部. 基础教育课程改革纲要.
3. 教育部. 综合实践活动指导纲要.

4. 郭元祥. 综合实践活动课程设计与实施. 北京：首都师范大学出版社，2001.

5. 姜平. 体验新课程——综合实践活动. 长沙：湖南教育出版社.

6. 高孝传等. 课程目标研究. 北京：教育科学出版社，2001.

7. 吴刚平. 校本课程开发. 成都：四川教育出版社，2002.

8. 张松灵. 例谈综合实践活动目标的设计与内容的选择. 教学与管理，2011(2).

9. 王晴旭. 综合实践活动主题设计探讨. 中国校外教育，2008(8).

10. 黄纯国. 信息技术环境下综合实践活动主题设计研究. 现代教育技术，2009(2).

11. 吴青华. 小学综合实践活动方法指导校本化体系的建构. 江苏教育研究，2011(2C).

12. 温恒福. 全面掌握教育科研方法. 黑龙江教育，2001(9).

13. 李道富.《我们的学校》德育综合实践活动案例. 学校党建与思想教育，2009(2).

第三章　小学综合实践活动的实施

本章重点
- 课程实施与小学综合实践活动实施的概念
- 小学综合实践活动实施模式的内涵、特点、原则和结构
- 小学综合实践活动实施的原则与方法
- 小学综合实践活动课程资源的定义、特征与类型
- 小学综合实践活动课程资源开发与利用的原则、程序和策略

第一节　小学综合实践活动实施的概念与模式

一、小学综合实践活动实施的概念界定

（一）课程实施

从 20 世纪 70 年代初开始，课程实施逐渐进入教育热点问题的研究范畴。福兰认为，课程实施是把一项课程改革付诸实践的过程，其核心是实践中发生改革的程度和影响改革程度的因素。90 年代，斯奈德、柏林和萨姆沃尔特从忠实观、相互调适观和课程缔造观等三个角度分析课程的实施，提出课程实施是一个计划好的课程被教师执行的过程，是一个预期的课程在实际中运用的情况[①]。

关于课程实施的涵义莫衷一是，有的定义将课程实施放在广义上研究，认为课程实施是把编制好的课程具体化，并使之发生效用的过程。在这里，它被分为三个阶段：第一阶段是做出课程计划的决定；第二阶段是实施或最初使用阶段；第三阶段是常规化或制度化阶段。有的学者从狭义的角度研究，认为课程实施仅指第二阶段，其实质就是教学[②]。课程计划是对课程变革的理想及实

---

① 黄甫全，王嘉毅．课程与教育学论．北京：高等教育出版社，2002.
② 孟凡丽，于海波．课程实施研究二十年．西北师大学报（社会科学版），2003(2).

现这种理想的具体方案的制订。课程实施是将编制好的课程计划付诸实际的过程，是实际预期的课程理想，达到预期课程目标的基本途径[①]。课程计划与课程实施是理想与现实、预期的结果与实现结果的过程之间的关系。

课程实施的取向是对课程实施过程本质的不同认识以及支配这些认识的相应的课程价值观。课程实施的取向集中表现在对课程变革计划的实施，美国课程学者辛德尔、波林和扎姆沃特提出课程实施有三个基本取向，即"忠实取向""相互适应取向"与"课程创生取向"。课程实施的忠实取向认为，课程实施过程是忠实地执行课程变革计划的过程。衡量课程实施成功与否的基本标准即是课程实施过程对预定的课程变革计划的实现程度。从忠实取向来看，"课程实施"的涵义则是指教师对课程计划或课程方案等具体观念在实践中执行的过程。课程实施的相互适应取向认为，课程实施过程是课程变革计划与班级或学校实践情境在课程目标、内容、方法、组织模式诸方面相互调整、改变与适应的过程。

从相互适应取向来看，"课程实施"不是教育计划或技术在课程实践中的简单"装配"，它应当包括变革方案在目标和方法上的调整，参与者在需要、兴趣和技能方面的变化，以及组织的适应。

课程创生取向是课程实施研究中的新兴取向。这种取向认为，真正的课程是教师与学生联合创造的教育经验，课程实施本质上是在具体教育情境创生新的教育经验的过程，即课程计划只是经验创生过程的工具。从课程创生取向来看，"课程实施"是一种个性的变革与发展过程，对课程变革过程参与者的主体性给予充分理解与接受。综合实践活动课程的实施即属于课程创生取向。

(二)小学综合实践活动实施

20 世纪 50～60 年代，课程综合化成为美国公立学校改革的重点。50 年代教育改革主要关注的是数学和科学的相互结合，从 60 年代开始，人们转向历史的视角，把跨学科的教与学以及课程的综合作为中等水平教育的重中之重。90 年代的课程改革运动对实施综合课程的呼声越来越高，综合课程也被认为是重构教育的主要路径。同时，相当数量的公立高中学校开始进行综合课程的初次尝试。它们把学校的不同课程在概念上和结构上进行融合，例如把社会行为科学同自然人文科学结合，把数学同科技综合。90 年代的综合课程改革的动力源自于技术革新、人口统计学和全球经济带来的变化。正是由于社会变化的动力支持，才带来了综合课程改革的势在必行。迪金森和巴特勒甚至认为，

---

① 施良方. 课程理论. 北京：教育科学出版社，1996.

美国中学的发展缓慢是因为没有更早地实施综合课程[①]。

2001 年综合实践活动课程被纳入新课程改革方案,《基础教育改革纲要（试行）》规定,"从小学到高中设置综合实践活动课程并作为必修课程,其内容包括：信息技术、研究性学习、社区服务与社会实践以及劳动与技术教育。"钟启泉认为,"在我国课程行政史上是一个划时代的事件,是课程发展的重要里程碑。"[②]综合实践活动课程的实施不只是既定课程计划、教学方案的落实过程,也是课程资源的开发、课程主题的设计、课程活动的展开、课程过程及其成果评价的落实过程,从而使该课程呈现出一个探究、发现、创新、生成的过程。

小学综合实践活动实施不仅是学段上的主体对象划分,也是以小学课程计划和方案为指导,以适切性的资源整合、主题选择、活动开展和过程评价为系统的动态体系。小学综合实践活动根本上说不是由教师去"教",而是在教师指导下学生自主地"学"。由于综合实践活动是教师与学生合作开发与共同实施的课程,教师和学生既是活动方案的设计者,又是活动方案的实施者。因此,在其本质意义上,综合实践活动课程的实施并不简单地等同于"教学",而是将《指导纲要》及各领域的《实施指南》和《主题活动方案》付诸实践的过程。

从教师的角度来看,小学综合实践活动的实施是无法通过"教"来实现的,而是把教师的科学指导、平等参与和对学生主动探究的鼓励有机结合起来。从学生的角度来看,小学综合实践活动的实施也是无法通过"学"来完成的,而是把学生的主动参与、积极探究和互助合作科学地结合起来。由于综合实践活动的开放性、自主性、亲历性、生成性和实践性等特征,"实施"的内涵既包括课程计划、实施指南、活动方案的落实过程,更包括本课程的开发、设计、生成过程,从而是一个探索、发现、创生的过程[③]。

小学综合实践活动在实施过程中也具有明显的特点：

1. 参与性

综合实践活动要求学生亲身体验、自主活动、积极实践,在广阔的自然空间和丰富的社会生活中去感知和学习身边的学问,同时通过实际操作和活动实践培养问题的探究能力,提高团队合作的精神以及养成正确的情感、态度和价值观。

---

① Dickinson, T. S. & Butler, D. A. Reinventing the middle school, Middle School Journal, 2001.

② 钟启泉. 综合实践活动课程的设计与实施. 教育发展研究, 2007(3).

③ 张传燧. 综合实践活动课程论. 广州：广东教育出版社, 2005.

2. 自主性

从不同的主体分析，自主性又包括教师的自主性和学生的自主性。前者要求教师转变传统课程实施者的身份，作为课程的开发者、设计者和组织者，结合课程的特点和目标选择主题内容和活动场所，根据地缘特色设计校本化的课程。后者要求学生转变传统课程实施的受众者身份，作为课程的参与创造者，充分发挥自主性，积极主动地自主设计、开发、行动、体验以及创造，在团队合作的活动中享受探究的乐趣，在与环境进行信息交换的过程中增加使命感和责任感。

3. 整合性

整合性包括课程资源的整合性、学科资源的整合性和社会资源的整合性。课程资源的整合性要求利用劳动技术、信息技术、研究性学习、社会实践和社区服务等多种课程形式，帮助学生形成对自然、社会、自我之间内在联系的整体认识。学科资源的整合性要求统整不同学科的课程资源，利用学科优势开展专项综合实践活动。社会资源的整合性指利用社区资源和社会力量，协调社会有关机构人员，相互配合，形成合力，协同完成课程实施的任务。

4. 创新性

创新性主要体现在主题选择、活动形式、师生角色和课程评价等四个方面。综合实践活动的学科特点决定了课程决策权的开放，教师和学生共同参与实施的过程，主题的选择相较于传统课程更具有时代性和吸引力，活动形式从教室时空延伸到校外更大的空间，师生的关系转变成团队成员的合作，课程评价摆脱了总结性的卷面分数，代之以综合性的研究成果。

二、小学综合实践活动实施的模式

小学综合实践活动实施的模式不仅具有与其他学科课程实施不同的性质、特点及活动方式，而且如同其他任何学科课程活动的开展从空间、时间和性质来说都有特定操作模式和活动方式一样，也有自己的实施模式和活动方式。把握实施过程的本质、特点、基本模式及活动方式，对综合实践活动课程在中小学有效开展并取得实效具有重要的意义。

(一)小学综合实践活动模式的内涵

教学模式就是教学过程的模式，或是一种有关教学程序的策略体系、教学式样。它是根据客观的教学规律和一定的教学指导思想而形成的整个教学过程中必须遵循的比较稳定的教学程序及其实施方法的策略体系[①]。由这个定义可以看出，教学模式首先是一种教学中较高层次上的"方法论"，同时它是为实现特定教学目标而设计的，因而具有较强的针对性和适应性。从更深层次分析，教学模式又代表了一种哲学思想或理论，即不同的教育观、学生观、学习观乃至人生观、世界观，在其指导下，教学模式还设计出特有的教学程序及实施方法，师生据此进行教学活动。

由此可见，小学综合实践活动模式也是一种稳定化的策略系统，它是以综合实践活动为载体，对各学科的基本知识加以整合利用，使学生具备创新精神，提高动手能力，养成合作意识以及形成社会责任感的课程模式。鉴于综合实践活动课程的特点，实施过程中其模式也表现得更为复杂。一方面，我们要根据课程性质，探索并采用一定的实施模式和活动方式；另一方面，也要注意不可陷入"唯模式论"。在坚持基本模式的前提下，师生应当努力探索和创造新的个性化实施模式。

（二）小学综合实践活动实施模式的特点

1. 综合性

综合实践活动是一门跨学科、多领域的综合课程，其内容涉及许多学科领域，如自然科学、历史、地理、政治等等，这也意味着不同的学科领域可以从各自不同的角度对综合实践活动课程做出贡献。其内容的综合性也决定了其目的、过程、方法、结果的综合性，从而实现外在形式上的综合转化为学生发展的内在、实质的综合，从而使学生具备初步的研究意识。研究意识是态度与行为培养目标的起点，当研究意识升华为实践能力和实践伦理时，将使学生在掌握知识技能的前提下，实现道德、文化和观念等方面向更完善的方向转变。

2. 实践性

小学综合实践活动实施模式是一种开放性的实践性教育，学生通过积极主动地亲自参与、亲身体验和主动探究，逐渐获得知识的理解、技能的训练、态度和价值观的养成、行为的内化以及能力的发展。在综合实践活动实施过程中，学生通过主动的参与，收集第一手的资料和信息，内化研究的过程。实践使学生对身边的问题和周围真实环境产生浓厚兴趣，使他们不仅能在广泛接触中掌握第一手信息、澄清环境价值观，而且还能由此及彼关注其他区域的问题，进而使实践教育从外在实施转入学生的自我教育，并逐渐演化为外显的具体行为。

---

① 柳海民．试论教学模式．中国教育学刊，1988(5).

3. 开放性

小学综合实践活动模式教育的内容、活动形式、资源等方面均体现了一定程度的开放性。首先，内容上的开放性。综合实践课程使用的是开放性教学材料，不同于常用的课本，预先不给固定结论，而是由教师和学生通过搜集材料、查阅文献、实地考察等探究活动，学生自己得出结论，进而培养学生独立思考问题的习惯和能力。其次，资源的开放性。学生获得结论所用的资料，不受时间和空间以及教材的限制，学生获取信息的渠道广泛，学生可以在学校、社区等地开展调查研究，也可以利用图书馆、互联网等查阅资料。这种相对开放的教育资源平台，为学生的自主学习、自主发展提供了广阔的空间。最后，活动形式的开放性。小学综合实践活动模式能够以多种活动形式开展教育，突出了其应用性与可操作性，主要活动形式有，资料查阅、实地考察和调查、小实验、宣传和设计、写作等等。在这些开放活动中，学生通过亲自体验，不仅增强了研究意识，而且培养了接触社会，获取信息，与人合作及语言表达的能力。

4. 系统性

综合实践活动是新课程改革要求下开设的必修课程，它贯穿于小学整个教育过程，是素质教育的重要组成部分。综合实践活动模式对学生已经掌握的知识和技能进行系统性的充实和整合，使其对综合性的知识、方法和理论有一个整体而全面的认识，即能够正确认识人类与环境的相互关系。小学综合实践活动模式，从宏观的教学计划到微观的每一个学习步骤，都要既充分考虑到形式上的活泼开放和宽松自由，又要考虑到内在的逻辑性，以便学生从整体上把握综合实践活动的内容和方法，真正做到"形散神聚"。

(三)小学综合实践活动模式的实施原则

1. 注重过程的体验性和探究性

实施素质教育的一个重要环节即给受教育者提供丰富的机会，亲身体验教育的过程，从而完成教育的目标和任务。综合实践活动的实施模式就是要为学生创设多样性的真实环境，使学生亲身感知、认识、体验、探究理解问题，鼓励学生通过探究性学习寻求解决问题的方案、策略和途径，让学生在亲力亲为中达到知识与技能、过程与方法、情感态度与价值观三方面目标的整合。

2. 注重内容的现实性和未来性

综合实践活动的实施模式要求课程结合自己学校、社区的实际情况，从学生的现实生活中选取他们共同感兴趣的课题，学生的现实生活主要包括学生接触感受得到的自然环境、学校生活、社区生活和家庭生活。例如：水污染问题、家庭节约问题、校园浪费现象等等。通过对这些问题的探究，推进学生对自我、社会、自然之间内在联系的整体认识与体验，谋求自我、社会与自然的和谐发展。同时，还必须注重内容的未来性，从学生的发展来看，使其得到持续性的成长，从问题的延续性来看，使问题的解决具有长远的意义。

3. 注重评价的过程性和发展性

小学综合实践活动实施模式的设计要求评价者注重从过程性和发展性方面，着眼于学生的整体发展，重视学生活动过程的评价，应该揭示学生在活动过程中的表现以及他们是如何解决问题的，而不是针对他们活动的最终结果。在师生共同参与评价的过程中，营造其体验成功的情境，从而促进学生的全面发展，实现知识与技能、过程与方法、情感态度与价值观三方面的整合。

4. 小学综合实践活动课程实施的基本模式

小学综合实践活动课程实施的基本模式一般包括情境创设、主题选择、方案设计、执行过程、经验总结和成果展示六个部分。

(1)情境创设。情境是由一定物质因素和精神因素构成的活动所必需的准备，包括学生的知识准备、道德准备、情感准备和价值准备。综合实践活动课程的实施是在一定的情境中进行的，一方面情境对学生有着潜移默化的暗示作用；另一方面课程本身也对情境的创设进行选择和修改。通过情境创设，在学生与教师之间，课程与结果之间架起一座桥梁，激发学生的参与意识，指引教与学的双向活动方向以及师生共同展开的活动内容。教师需要全面考察、了解主题活动所需要的人力、物力等条件，确定参观、访问、服务、实践等活动的对象、时间、地点和形式，与参观、访问的对象(人或机构)取得联系并求得支持与配合，共同商议活动如何进行。

(2)主题选择。小学综合实践活动主题的选择是课程成功与否的关键。不同于其他课程既定的主题设置，综合实践活动实施过程中主题生成的重要原则是师生共同协商。综合实践活动的主题要贴近现实，来自于学生的学习和生活的实际，由其根据兴趣、能力、资源等条件自行提出。师生根据学校所在地区的社会经济、文化教育、学校实际、学生的年龄特征以及发展需要，从课程内、生活中和实践中去发现存在或急需解决的问题，寻求和提炼出活动的主题。教师以指导者和合作者的身份出现，帮助学生分析主题的研究意义和价值，根据学生的水平考量可操作性，同时评估主题对学生的适宜度。因此，主题选择的过程一般要经过三个步骤：学生提出主题假设；师生共同评估主题实施可能；确定主题的实施。

(3)方案设计。方案是对研究活动的整体计划，科学的设计方案是综合实践活动成功实施的关键。方案内容一般包括主题、时间、地点、参加人员、具体步骤、组织形式、活动方式和必要的活动设备、活动的评价形式以及活动注意事项等方面。小学综合实践活动的实施方案主要包括以下几个方面：首先，明确的主题。主题的选择过程已经完成对主题的确认。其次，适宜的研究方法。综合实践活动实施的研究方式丰富，以开放性为主，包括观察、访谈、调查、制作、劳动、宣传、研究性学习等。师生需要综合分析活动的性质和条件，在学生水平的基础上选择科学恰当的研究方法。再者，合理的任务分工。教师指导小组组长根据组内成员的性格、能力、兴趣和特长，在学生同意的前提下，指派不同的任务，各司其职，相互配合，共同完成活动。第四，配套的活动条件。根据不同的主题和活动形式需要，课程要求来自外部空间的资源支持(如社区安排专人指导，部门提供活动场地)，内部空间的设备服务(如校内计算机房和网络的使用)。最后，预期的研究成果。作为方案设计中的难点，教师要指导学生根据主题的内涵和方案的结构，完整地表述活动所想取得的成果，不可大而不实，也不能小而无文。

(4)执行过程。作为综合实践活动实施的核心部分，课程的执行过程需要体现以下几个方面的内容。其一，教师的积极指导。学生在自主活动的过程中，不可避免地会遇到很多问题，教师需要以合适的身份出现，引导学生自主攻关，必要的时候给予适当帮助。其二，学生自主参与。学生根据既定方案，一步一步实施计划，在不断的试误中积累经验，养成独立解决问题的勇气和能力。其三，团队协作意识。培养学生的团队意识，在与同学的沟通和交流中，及时反馈、调整信息，利用不同学生的特点，互补有无，取长补短，共同进步。其四，方案的调整。活动实施过程中，面对出现的问题，学生要学会灵活调整方案，避免浪费时间和精力。

(5)经验总结。总结即是一种反思，是重要的学习方式。伴随活动过程的展开，成功与挫折、经验与教训、喜悦与痛苦相伴而生。师生交流活动体验和感悟，反思活动过程，分享彼此的感受，可促使学生认识与情感的升华，并为后继活动持续开展提供启示。从教师的角度来看，经验的总结是对教学方式的反思，反思活动过程中指导者角色作用的实现，反思资源调配中协调者角色作用的发挥，从而树立学生的主体性，发挥家庭与社会的支持作用。从学生的角度来看，经验的总结是对知识的巩固、情感的升华和价值观的树立。在经验总结的过程中，学生重现完整的活动过程，利用精练的语言重组学习体验。这一形式实质上就实现了知识的再修整、再巩固，每一组的情感都会引起学生的共鸣，达到多重效果，同时自参与式的活动更有利于教师引导学生树立积极的价值观，因为学生是其所研究问题的见证和经历者。

（6）成果展示。学习成果的发表是学生学业成就感养成的必备因素。教师引导学生通过不同形式的成果展示，例如，绘画作品、设计方案、制作模型、简单小论文等，促进学生成果交流。学校要开放信息技术平台，创设现代交流环境，鼓励学生利用互联网与不同地区、国家的学生分享研究成果。对于学生的发明创造，教师要保护学生的知识产权，同时引导学生树立知识产权保护意识，了解有关知识产权的内容，使学生学会保护自己的成果以及尊重他人的劳动。成果展示的形式方面，教师需要鼓励学生以自己喜欢的方式交流研究报告，并大方地回答同学们相互的质疑，比如，个人汇报、集体汇报、书面报告、口头报告、图文结合报告等等。需要注意的是，一方面对学生的要求不可过于苛刻，只要言之成理，逻辑清楚即可；另一方面避免停留在活动结果的描述和展示，要结合协作文化的表达、批判意识的体现和创新精神的彰显。

这个模式并非固定不变的程序化过程，而是突出学生自主实践活动的灵活性。在实施过程中，提倡师生勇于实验、大胆探索、不断创新，形成具有个性化特色的活动模式。

第二节　小学综合实践活动实施的原则与方法

小学综合实践活动课程是以培养学生创新精神和实践能力为核心，以树立创新意识、责任意识、参与意识、团体意识为中心，以综合性、实践性、探究性、主体性为主要特征的课程。其实施过程具有自身特点，即通过各种途径和有效的实践方法，使学生真正得到综合的提高。为提高综合实践活动课程实施的有效性，有必要探讨综合实践活动课程实施的原则与方法。

一、小学综合实践活动实施的原则

我国的综合实践活动课程立足于从"第二课堂"到"活动课程"的实践经验的积累，在新课程的架构中确立起自身的课程地位①。综合实践活动课程是新课程改革的重要目标，它改变了知识传递的强势架构，促进跨学科知识的统整。在兼顾"学科逻辑"和"生活逻辑"的同时，它也在学习主体的活动之中以及学习主体间的关系之中整合"知识"与"经验"。因此，双重课程需要整体设计，

---

① 钟启泉.综合实践活动课程的设计与实施.教育发展研究，2007(3).

这种设计主要体现以下几个方面的原则。

（一）整体性原则

小学综合实践活动实施的整体性原则是从教育主体、教育目标、教育过程等多方面的一体化运行要求，它主要包括三个方面的内涵：其一，学生的整体性参与。在课程开展过程中，必须保证每个学生都有参与活动的机会和权力。此外，这里的整体性参与形式并不是以班级为单位的大团体，而是以小组为集合的小团队，在相互协作的活动过程中，实现全员的成长。在活动中，针对不同学生的特点和兴趣，有方向地引导学生向专长和个性方面发展。其二，综合实践活动课程实施要坚持教育目标的整体优化。在培养个性化的同时，鼓励学生德、智、体、美、劳的全面发展，坚持知、情、意、行的全面训练，使学生的基本素质得到培养。其三，活动课程的实施要协调影响学生发展诸种因素的整体运作。活动课程具有较大的开放性和自由度，它需要同学校、社区、家庭等相关因素和资源发生关系。只有在学校的协调下，以教师为主导，有效地协调学校、社区和家庭之间的关系，综合实践活动课程才能顺利开展，良好的教育效果方能成功体现。

（二）综合性原则

综合性作为综合实践活动课程的主要特点之一，在课程的实施过程中必须通过教学主体、课程资源、活动形式等因素保证其综合特征的突显。教师在组织开展课程时，要从三个方面注重其综合性原则的体现。首先，知识的综合性。根据现代认知心理学的广义知识观，知识可以分为陈述性知识和程序性知识，前者回答"是什么"的问题，后者回答"怎么办"的问题。活动设计时，教师应该把两种知识综合在一起，资料收集阶段注重陈述性知识的学习，方案设计和实施阶段则偏重于程序性知识的获得。例如"水污染问题"，教师首先引导学生掌握陈述性知识——水污染的原因、危害，同时还要引导学生思考如何避免、解决水污染的问题等程序性知识。其次，教育功能的综合性。教师在设计活动时要从活动课程目标的态度、能力、知识等方面综合考虑，体现教育功能的综合。综合实践活动的教育功能是在综合性指向意义上的侧重创新和能力养成，也就意味着，主题活动下学生学习的行为是知识、能力、情感等多种因素的调动。最后，考察评价的综合性。教师要从学生参加活动时的态度、情感以及参加活动时的能力、行为等诸多方面对学生进行综合评价。

（三）开放性原则

小学综合实践活动课程在目标、内容、实施等方面具有全方位的开放性。与学科课程相比，综合实践活动课程超越了学科界限，超越了知识的逻辑性、系统性，它面向现实生活，以现实中的重大问题，与生活密切相关的一些现象、事件等鲜活的材料来设计组织它的活动主题。因此，它的内容体系完全处于一种开放的状态，向各个学科，向现实社会生活，向不同的地方、学校开放，很多新的知识、信息以及有地方特色、学校特色的新内容随时可以纳入这门新课程。[①] 它主要包括五个方面。

第一，活动内容的开放。要求教师一方面要保证活动内容的丰富多样性，另一方面要保证活动内容的选择自由度。这两点的同时满足才能实现处在不同发展水平以及具有不同兴趣爱好的学生的多方面要求，也才能促使他们通过对活动内容的自主选择、积极参与，获得各自相应的发展，才能实现真正意义上的面向全体。

第二，活动过程的开放。要求活动过程是动态的和变化的，学生的活动表现、活动需求应是调整活动进程的基本依据。学生学习的模式是根据具体情境的变化而调整的，教师的指导也是随着学生需求的转变而同步的。

第三，活动空间的开放。要求把学习的空间从传统的教室扩展到学校围墙之外，从四壁之所到自然天地，教室也延伸到图书馆、动物园、农田地头等场所。"教室"不再是固定不变的，它是根据活动内容的需要而确定的，任何地方都可以是学习的"教室"。即使在室内，也可以根据活动的特点，打破传统的空间组合，设计不同形式的座次位置。

第四，活动结果的开放。结果的开放指其表现形式的多样性和活动得出结论的多样性。对于活动结果的表现形式，学生可以根据自己的实际情况，采用不同的表现形式来汇报自己的活动结果，例如调查报告、手工作品、视频短片或者口头表达。对于结论的多样性，既可以得出统一认识，也可以保留多种意见；既可以形成完整结论，也可以留下继续研究的空间。

第五，师生关系的开放。在人格上，师生之间应该建立一种相互尊重、民主平等、情感和谐的人际关系。在角色上要形成良好的转换机制，教师从单一的传道者和真理代言人，转变为集长辈、导师、兄长、朋友于一身的多种角色同一体。而且，这种角色的变化并不是盲目的，何时转换，转换为何种角色，一切都视活动的需要而定。

（四）实践性原则

综合实践活动课程定位于活动课程，而活动课程从课程学的意义来说是典型的实践性课程，因此实践性也就成为其必要属性。不同于其他学科课程，这

---

① 田慧生．综合实践活动课程的基本原理与实施策略．教育科学研究，2003(Z1)．

类课程强调学生的亲身参与实践，即通过考察、实验、探究、设计、创作、想象、反思、体验等一系列活动来发现问题、解决问题，从而提升情感，培养态度，获得新的认识和发现。

小学综合实践活动的实施又不同于其他活动类课程，实践性不仅仅是把学生带出校门，进行一些大型实地考察、参观、调研，而是让学生走向自然、走向社会，在与自然进行信息交换的过程中，实现教学目标。它主要分为三个层次：

首先，教师要引导学生从学生个体的学习生活、家庭生活、社会生活或自然生活中提出活动的主题。实践表明，学生进行综合实践活动的主题或课题越贴近生活、贴近学生的经验、贴近社会现实，学生越能够较好地操作，越有积极性。

其次，教师要引导学生在具体的情境中开展调查、考察、参观、访问、实验等实际的活动，避免纸上谈兵。

最后，教师要引导学生联系个体的家庭生活、社会现实对综合实践活动进行总结，并反思获得的实际体验，深化对自然、社会、自我的认识。

实践性原则同时要求教师注意三个方面的问题：

第一，突出活动的可操作性。活动的设计一方面要适合学生的年龄特征，利于学生的实际动手操作；另一方面要符合当地的实际情况，便于操作。

第二，保证时间的充足性。不仅要保证学生有足够的操作、体验和探究时间，还要提供充足的研讨、交流、汇报、展示的时间。

第三，保证过程的流畅性。教师要习惯于新的角色，以参与者的身份加入学生的团队，敢于让学生自由发挥，让学生经历一个流畅完整的活动过程。

（五）个性化原则

这一原则要求教师在教学中立足学生的学情，具体问题具体分析，依据学生不同的实际情况，运用相应的方法，施以相应的教育，使每个学生在各自原有的基础上充分发展其特长。因内容、形式、时间和空间的局限，学科课程在学生的个性化原则执行方面并未能取得既定的要求，尤其在发展特长方面。综合实践活动为学生的个性化成长提供了良好的条件，灵活的学习内容、伸缩性的学习时间和无限的探究空间都成为学生自我发展的重要保障。

教师在执行个性化原则时，要注意三个方面。首先，深入细致地研究和了解学生的兴趣、爱好和特长，指导学生选择活动内容，确定具体活动计划。正确地了解和把握学生的性格和特长是小学综合实践活动有效开展的前提，因为自主性活动的开展必须建立在学生可独立操作的活动主题之上。只有教师结合学生的认知发展水平和经验储备总量，引导其选择能够驾驭的研究活动，才能保证课程有效的实施。其次，立足学生的个别差异，制定相应的指导计划，针对学生不同的发展特点，提出科学合理的要求。不同于学科课程难以克服的样板化培养模式，综合实践活动致力于全体学生的差异性成长，即因其材，施其教。通过实践活动的参与，在团体的合作过程中，让不同学生向其所专长的方向发展。比如，小组中动手能力较强的同学司职制作，领导能力出众的同学负责统筹，善于表达的同学侧重于成果展示等等。最后，善于发现学生的中心兴趣，并有意识地引导和培养，使之逐步稳定和发展。兴趣是教学最有效的动力，利用小学生好奇心强、参与意识高、活泼好动等方面的特点，教师同时结合综合实践活动的学科优势，在活动过程中有针对性地发掘并培养学生的兴趣爱好。

（六）校本区域化原则

小学综合实践活动要求课程的设计根据学校自身的客观条件和区域特色，扬长避短，立足学生学习实际情况，灵活地组织实施。校本区域化原则又包括两方面的内涵，一是校本课程资源的开发；二是区域资源优势的利用。因为综合实践活动并不具有学科课程如此丰富、详细、具体的教学文本、课程计划和学科资源，课程的实施更大程度上依赖于学校课程的开发，而学校课程资源开发的成功又取决于教师水平和学校重视度两个因素。

小学阶段，如果学校没有投入足够的关注度，综合实践活动的学科意义是无法成功建立起来的，关注度直接决定了活动权力、经费、社会资源等必要条件。如果学校没有配置合格的师资队伍，综合实践活动的实施也是无法保障的，更不用说学生的成长。因此，学校一方面为综合实践活动开辟独立的学科空间；另一方面要把高水平的教师吸引到这一领域。

另外，课程的实施需要借助地方的区域优势，发挥地理特色，挖掘文化内涵，引导学生选择与所在城市相关的活动主题。区域化的主题不仅可以加深学生对故乡的了解和热爱，更能培养学生的自豪感和归属感。例如，武汉某小学就以"武汉小吃"为主题进行活动设计，西安的教师引导学生以"秦始皇兵马俑的制造"为题开展教学等等。

不同学校的实际情况多有差异，如地理位置、季节变化、师资质量、活动场地及物质环境等，不同地域学校学生的文化背景以及对活动的选择取向也迥然各异。因此，在实施综合实践活动课程时要尽量发挥学校自身的优势，挖掘地方教育资源。坚持教育与社会生活贯通，形成教育合力，及时吸纳社会生活变迁特别是科学技术发展方面的新成果与知识、纳入综合实践活动课程，充分挖掘社区教育资源，把社区名人、各类精英人才吸引进来参与课程实施。重要的是在组织活动课程时，应考虑如何利用已有的条件最有效地组织教学而不是等待条件。

（七）信息技术与课程整合的原则

随着信息化时代的来临，小学课程的设计和实施需要在这样的背景下做出调整，即信息技术作为学科内容和教学手段的加入。综合实践活动的学科特点决定了它对信息技术的依赖更甚于其他学科。

首先，信息技术是综合实践活动的重要活动内容，它为培养学生的信息技术素养提供了条件。在综合实践活动课程的实施过程中，要注意信息技术与综合实践活动的相关内容的整合，把信息技术作为一种素养，渗透在综合实践活动的全过程。例如，可以开展"网络的利弊""微博的影响"等方面的主题活动。

其次，为提高综合实践活动的实施水平，要积极运用信息技术手段，以拓展综合实践活动的范围。有条件的地区和学校，要充分利用校园网，为学生进行跨地区、跨学科、跨班级的合作探究开辟空间，为教师进行跨地区、跨学校的合作提供支持。另外，教师要引导学生主动积极利用现代信息资源，丰富学生的学习手段，促进学习方式的多样化。同时，要让学生学会甄别、判断网络信息的虚实真假，在信息量过分膨胀的当下，不能随波逐流、迷失自我，也不能墨守成规、孤陋寡闻。

最后，信息技术手段的设计与运用要致力于为学生创造反思性的、自主合作探究的学习情境和问题情境，防止陷入纯粹的技能训练。信息技术只是手段，不可为了技术而技术，本末倒置。让学生在利用信息技术手段的时候，反思过程的操作性，即让学生认识到活动实施路径的多样选择，选择哪一种手段更能有效地完成活动。

二、小学综合实践活动实施的方法

小学综合实践活动的实施不仅受到宏观方法论原则和动态实施模式的指导，同时还需要落实到微观的实践操作方法。在实施层级上，综合实践活动又包括国家层面的整体实施和学校的个别实施两个方面，所以，我们可以从国家（整体）层面和学校（个体）层面来探究其实施的基本方法。[①]

（一）小学综合实践活动在国家（整体）层面的实施

国家层面的实施方法是为了促进小学综合实践活动课程在全国范围内全面

---

① 杜建群，范蔚．综合实践活动课程实施的方法论探析．教育理论与实践，2012(2)．

的开展，根据我国课程改革的现实教育环境，可以分为三种方法。

1. 重点实验法

小学综合实践活动课程重点实验法是指在一定省、市有针对性地选择少数学校进行新方案的实施和课程开发的方法。在我国教育改革实践中，课程与教学的教育实验扩大了其他教育题材[①]。2001 年 6 月，《基础教育改革纲要（试行）》将综合实践活动课程纳入新课程改革方案，基础教育课堂中出现了新的亮点，时至今日整整十年。所谓"初入浯溪已十年，苍松翠柏隔遥天"，十年间，综合实践活动从局部实验走向学科必修，从备受质疑到身份认可，十年磨一剑。经过十多年的课程改革实践，各实验学校正逐渐带动和影响着其他学校的课程开发和实施，但整体实施效果还不明显，还需要加强对实验学校的开发力度。

2. 个别指导法

个别指导法主要指教育课程专家深入一线（实验）小学，走进真实的课堂，在具体的情境中发现问题，提出相关建议和解决办法。在同任课教师交流互动的过程中，共同探讨"教什么""怎么教"等现实问题，化解教学问题的同时也丰富了自身的教育理论，从而更有效地指导教育实践。个别指导法针对性强，能及时反馈问题并做出合理的调整和改进，对解决任课教师的教学难题非常有效。但这种方法一方面效率低，耗时耗力，有限的课程专家资源根本无法满足全国范围的现实需求；另一方面，过分依靠外来专家的力量，不利于教师自身的成长。

3. 区域协作法

区域协作法是指通过教育主管部门的协调和配合，在本地区内和地区之间展开学校之间及学校与社会之间相互合作的方法。根据协作主体的不同，区域协作法又可以分为校际区域协作和校外区域协作两类。前者指不同学校间相互合作，发挥各自优势，取长补短，利用共同资源发挥课程价值最大化的方式。许多学校通过搭建综合实践活动互动平台，建立多校间的长期合作关系，致力于协作功能的实现。后者指学校与不同社会群体、机构和组织之间建立合作关系，相互配合共同实施综合实践活动。区域协作的价值在于合理利用各地的教育资源，实现资源共享，通过有效发挥社会人力物力资源，促进教育发展。

（二）小学综合实践活动在学校（个体）层面的实施

1. 调查法

调查法是指学生在教师或家长的指导下，针对某一特定问题和现象，通过

---

① 丁晓，程江平．教育实验法在教育研究中运用状况的初步统计．教育研究与实验，1995(1)．

问卷调查、访谈、电话采访方式等，有目的、有计划、有系统地进行了解的方法。调查是使学习者直接参与到现实环境当中，接触客观环境，在环境中学习，从而获得第一手信息资料。调查法是科学研究中运用相当普遍且有效的一种收集第一手信息的方法，也是课题研究学习过程中最常用的、最有效的一种方法。[①] 小学生进行调查研究的内容一般涉及当地的社会历史、文化传统、人文地理、商业设施、城市建设、道路交通、职能部门等。学生通过调查研究，从中发现问题，并针对问题确定研究主题，制订计划，收集资料，进一步开展调查研究活动。

按照进程时间，调查法可以分为准备性调查、并行性调查和总结性调查三种。准备性调查是在确定活动主题之后，使学习者积累一定的感性材料，为后续调查收集资料。同时，学生可以通过亲自感受，引起对该课题的兴趣，激发求知欲。并行性调查是在实施新课题的过程中进行的，目的是使理论紧密联系实际，在不断反馈中，达到知识的习得。总结性调查指在研究某一主题以后进行的，目的是帮助学习者验证、加深理解，达到知识的巩固。

调查法一般又包括四种具体的操作方法。

(1)调查会。调查会又叫座谈会，是调查中使用最普遍的一种了解情况、搜集资料的方法。通过开调查会参会人员较多，可以相互启发，集思广益。调查的人可以在很短的时间内很快搜集到较全面的材料。每个人看问题的角度、掌握的情况和方法不同，他们提供的材料，就难免产生遗漏、误差。因此，开好调查会应该注意几个问题。

首先，小组内的成员应当熟悉调查的内容，要讲清楚调查的目的和意义，并使参与学生愿意分享自己的最真实的想法。其次，召开调查会之前，应拟定好调查的提纲，并提前发给小组成员，请其做好准备。最后，与会人员积极发问，教师引导学生们发言和讨论，谈论的材料不足时，可以加以引导和提示。另外，每次的会议要做好记录，以便以后分析和引用。

(2)访问。访问是调查的学生通过与被调查人面对面的交谈来了解情况，搜集客观的、不带偏见的资料的方法。访问是获得第一手原始资料最可靠、最直接的方法，是课题研究学习常用的一种方法。成功的访问，不仅需要调查人和被调查人在语言上的有效交流，而且需要调查人和被调查人情感上的有效沟通。这需要调查人具有良好的口头表达能力、表情和体态的表现能力。

小学生采用访问的调查方式时，应该注意六个方面的技巧。

---

① 邹尚智．研究性学习指南．北京：中国人事出版社，2002.

第一，准备好访谈的提纲。访问要取得成功，最重要的是调查人在访问之前要制定好访谈提纲。同时思考如何提问，询问时应采取何种态度，必要时的备用方案，记录的方法和记录的重点等内容。访谈一般包括时间、地点、采访对象、参加人员、设计的问题、预期的效果等。

第二，选择和了解被访问人。根据访问的内容选择那些最有可能提供有价值材料的人作为访谈对象。根据被访问人不同的个性、年龄、性别、出身、社会地位、知识水平、生活习惯、爱好等特点，确定访问的方式方法。

第三，取得被访问人的信任。访问前要取得被访问人的同意，向对方说明访问的目的，引起被访问人对访问的重视。另外，访谈时态度要诚恳，有礼貌，注意细节。

第四，注意个人形象。访问前，访问人应注意给被访问对象留下一个好印象，做好仪态端庄、举止稳健；口齿清晰，表达明白；文明、朴实；衣着整洁、大方、得体。

第五，重视访谈技巧。访谈的时间和地点由对方安排；访谈时重点清楚，结构分明；避免打断对方，用肢体语言给予适当的回应。

第六，及时记录交谈的内容。

（3）调查表。调查表是在调查研究时，用来对调查对象进行调查登记，并列有一系列调查项目的表格。它是调查人员用书面或通讯形式搜集资料的一种手段，偏重于搜集事实和数字材料。调查表的编制要符合以下几方面的要求：

①标题应该简洁明了，使填表人一望而知其意；

②表中的调查项目应该按一定顺序或逻辑进行排列；

③调查表的大小既要容纳所有的调查项目，又要便于携带和保管；

④调查表后应注意填写调查单位名称，填表人姓名和时间；

⑤表后要附有"填表说明"，解释调查的目的和填表要求，以及有关指标的计算方法、填表时的注意事项等。

（4）问卷。问卷调查是调查人把调查的项目编制成问题，分发给有关人员，请求填写答案，然后收回整理和统计处理，分析得出结论的方法。它是以书面提出问题的方式搜集资料的一种研究方法。问卷调查侧重于征询意见，它最大的优点是简便、省时、省工，样本大，收效大，由于不署姓名，可以获得更有价值的资料。问卷调查法也存在自身的缺点，回收的效果会受影响；很难核实被调查者的回答的真实性；对于深层次的原因无法追究。

问卷分为封闭式和开放式两类。封闭式问卷把问题的答案事先加以限制，只允许被调查人在问卷所限制的范围内进行选择。它通常以选择题和判断题的形式出现。开放式问卷只提出问题，不列出可能的答案，由被调查人自由陈述。就题型来说可以是填空式的，也可以是回答式的。

为了提高问卷的信度和效度，使用问卷调查时应注意以下问题[①]：

第一，问卷中的所有问题，都应围绕研究目的来编制。问卷的问题简洁、通俗，不能超过被调查人的知识和能力范围。表达中语言准确，立场"中立"，不能模棱两可，避免片面性和暗示。

第二，问题的排列需要按逻辑次序，层次分明。问卷的目的、内容、数据、卷面安排，标准答案等都要认真地推敲和设计。

第三，问卷的形式一般采用封闭式和开放式相结合。问题的数量要适度，一般应控制在 30 个以内，最好在 20 分钟内答完。

第四，问卷通常采用匿名回答，避免社会系统的误差。

第五，问卷编好后，最好先在小范围内进行试验性调查，预测和信度检验，发现问题，及时修改。

2. 观察法

观察法是指学生对周围存在的事物的现象和过程进行有目的的观察研究。观察法是在自然状态下进行，对研究对象不加任何干扰和控制，以便反映事物的真实面貌。研究者按照事先拟订的观察提纲和程序进行，时间、内容、对象明确，为了全面把握研究问题而带着分析、理解和判断进行，是一种有选择的主动自我实践过程。观察法考察的对象广泛，可以是社会现象，也可以是自然现象。它是最早采用，也是最基本、最普遍的一种科学研究方法。

科学的运用观察法通常采用以下步骤：

第一，根据课题研究的内容确定观察的目的，选择观察的对象；

第二，收集和分析研究对象的有关文献资料，对观察对象有一个基本的认识，作好观察的知识准备；

第三，编制观察计划，包括观察的目的、重点、范围、频率、工具、方法等等；

第四，实施观察，边观察边记录；

第五，分析观察记录，得出结论。

常见的记录观察材料的方法有以下三种：

(1)持续记录法。持续记录法是在较长的时间内作持续不断的记录，它是记录连续行为的最好方法。记录手段可以运用录音机、录像机、微型摄影机等

---

① 郭元祥. 综合实践活动课程的实施. 北京：高等教育出版社，2003.

将观察的情况录制下来，然后再转记在笔记本上。

（2）行为核对记录法。观察者将规定人观察的研究对象的项目预先打印在纸上，当出现了某种现象时，对相应的这个现象进行标记。这种方法只判断行为出现与否，不提供行为性质的材料。

（3）等级评定记录法。观察者对观察的研究对象评定等级，观察者可以在事先打印好的表格上按等级标记。

3. 实验法

实验法是人们根据一定的研究目的，在人为控制或模拟自然现象的条件下，通过仪器和其他物质手段，对研究对象进行观察的方法。[①] 实验法的主要目的在于查明研究现象发生的原因或检验某一理论或假说的实际效果。实验法最重要的特点是对事物的情况加以适当的控制，排除一切无关因素的干扰，突出所要研究的实验因素，从而比较准确地探索出事物间的因果关系。

实验法是一种比较严格的科学研究方法，也是小学综合实践活动的一种基本方法。实验法的实施一般分为三个阶段：

第一，实验的准备阶段。主要步骤包括：选择实验问题；确定实验形式；选定实验对象；选定实验因子；确定实验时间；准备测量器材；制定实验计划。

第二，实验实施阶段。主要步骤包括：按实验计划进行实验；采取措施严格控制实验；记录实验的数据和资料。

第三，总结阶段。主要步骤包括：分析处理实验数据；确定误差范围；检验实验假设；得出科学结论。

实验工作结束后，学生应该在教师的指导下完成实验报告。实验报告应该重点说明以下问题：

（1）实验的名称。写出实验研究的问题。

（2）实验的目的。主要说明进行该项实验的意义和价值。

（3）实验的计划。主要说明实验者、实验对象、实验方法、实验时间、测量的器材、控制实验的情况、实验的步骤等。

（4）实验的过程。需要说明实验方法，实验经过和情形等。

（5）实验的结果。给出实验中观察和测量所得出的各种数据，评价统计的结果等。

（6）实验的结论。根据实验的事实材料，对实验研究的问题做出明确的解释。

---

① 郭元祥．综合实践活动课程的实施．北京：高等教育出版社，2003．

实验研究的基础是研究的科学性。教师在学生活动过程中要对具体的实验方法、实验器材的选择、实验原理的完善、实验数据的处理、实验结论的分析进行有效的指导和给出合理的评价和建议。与此同时，老师要参与学生的实验，随时了解实验的进展情况，及时帮助学生处理实验过程中遇到的困难和问题，调整实验方法。

4. 档案袋法

档案袋法是在 20 世纪 80 年代西方中小学评价改革运动中形成和发展起来的一种新的质性评价方式。它是指教师和学生有意地将各种有关学生表现的材料收集起来，并进行合理的分析与解释，以反映学生在学习与发展过程中的努力、进步状况或成就。相对于前面介绍的具体实施方法，档案袋法是一种对学生总体情况的评价方法。

小学综合实践活动的实施中，一个理想的"档案袋"能够为教师提供一个动态的、完整的、立体的学生发展的"图画"。档案袋可以通过收集不同类型的材料，以多种方式(如使用不同的媒体)描述小学生的成长过程和各自的特点。

(1)反映小学生的完整面貌。档案袋收集了综合实践活动实施全程的信息和材料，这些内容可以在很大程度中帮助我们克服传统研究方法比较僵化，缺乏整体性的缺陷。特别值得注意的是，由于档案袋法是形成性的信息收集，所以，它可使我们更加关注学生的学习过程、学生各方面才能的发展和学生向预期目标进步的过程。

(2)档案袋法提供给学生对自己的作品进行自我评估和反省的机会，即学生要不断地对自己所选取的主题进行反思与评判，所以档案袋法有助于学生反思能力、自我评判能力、自我监控能力和自我反省能力的发展。

(3)档案袋的内容可以帮助教师更及时、准确地掌握每个学生真实客观的学习情况，了解每个学生的学习方式和学习特点，进行更有针对性的指导。同时，还可以帮助教师形成对学生合理的教育预期，提出适当的学习目标，选择有效的教学策略。

(4)档案袋法能够有效地促进教学与评价的有机结合。教师可以把档案评价贯穿在整个教学过程的始终，将其当作教学不可分割的一部分。

第三节　小学综合实践活动课程资源的开发与利用

　　小学综合实践活动课程作为一种形态独立而又特殊的课程，随着课程改革力度的不断加大，课程资源的重要性与开发价值日益显现出来。虽然国家在课程实施方面规定了课时、制定了指导纲要，但具体的实施内容和形式完全由学校和教师来决定的。因此，课程资源的开发将教师和学生的生活经验纳入教学过程中，有利于激发师生在教学中的积极性和主动性。

　　由于综合实践活动没有传统的"教材"做依托，也没有大家熟悉的套路规范供模仿，这虽然给教师留下很大的创造空间，但也增加了教师实施的困难，课程资源开发中的许多不确定因素，如哪些资源可以进入课程资源，哪些课程资源可以进入学生活动内容，都需要教师去积极地开发、鉴别、利用和积累。这些工作是学校教师以前未曾学习或实践过的。因此，对综合实践活动课程资源开发和利用的任何讨论和探究都有助于这门新课程的顺利实施。

　　此外，课程资源的开发实质上就是探寻一切有可能进入课程，能够与教育教学活动联系起来的资源。课程资源的利用实质上是充分挖掘被开发出来的课程资源的教育教学价值。课程资源的开发和利用是密切联系在一起的，开发是利用的前提，利用是开发的目的。因此，作者在这里把两者合二为一整体讨论。

一、小学综合实践活动课程资源的内涵

（一）小学综合实践活动课程资源的定义

　　所谓小学综合实践活动课程资源是指小学阶段形成综合实践活动课程要素来源以及实施课程的必要而直接的条件[①]。例如，知识、技能、经验、活动方式和方法、情感态度和价值观、培养目标等都是课程要素的来源。它的特点是作用于综合实践活动课程，并且作为课程要素而存在。小学综合实践活动课程资源将直接决定课程实施的范围和水平所涉及的人力、物力和财力，而时间、场所、媒介、设备、设施和环境，以及对课程的认识状况等则属于课程的实施条件，其特点是作用于课程但不构成课程本身的直接来源。课程资源是综合实践活动设计与实施的全部条件的总和，是课程得以呈现的基础，是课程设计、

---

① 顾建军.小学综合实践活动设计.北京：高等教育出版社，2005.

课程实施的基本组成部分。

1. 课程资源是实施小学综合实践活动的基本前提。综合实践活动不像学科教学那样有现成的教材作为其教学的内容，教学内容需要教师和学生共同来设计，这就涉及课程资源的开发问题。可以说，没有课程资源的开发，就没有综合实践活动课程的具体实施，因此，课程资源的开发是实施综合实践活动的基本前提。

2. 课程资源是小学综合实践活动内容的直接来源。综合实践活动主要由教师和学生根据学校内外可利用的课程资源来选择与设计，因此，课程资源的开发不仅是综合实践活动设计与实施的前提与基础，而且是课程内容的直接来源，是课程内容本身。

3. 课程资源制约着学生的学习活动方式。课程资源的性质和现状直接影响着学生的学习活动方式，因此，课程资源的开发在某种意义上可以说，决定着学生在教育活动中的生活方式或生存方式[①]。

综合实践活动课程是一门融综合性、实践性、开放性、生成性、自主性为一体的新型的活动课程，与学科课程最大的一个区别就是综合实践活动没有现成的"教材"，它需要教师具有明确的课程资源意识，注重引导学生关注生活，关注现实，关注身边的环境，从现实生活中发现问题，提出活动主题，开发和利用广泛存在的各种课程资源。

(二)小学综合实践活动课程资源的特征

1. 开放性

小学综合实践活动需要面向小学生的整个生活世界，随着他们生活的变化而变化，其课程内容也应该是开放的。对不同地区、不同的学校、不同的班级和不同的学生来说，具体的活动内容是多种多样的，活动的具体主题是开放的，它因小学生所生活的社区背景、自然资源以及学生现实生活的需要和问题的不同而不同。因此，综合实践活动的课程资源也必须是开放的，不能只做单一的选择，要根据活动的场所、主题、参与主体和目标选择不同的课程资源。

综合实践活动课程资源开发的开放性分为课程内容的开放性、开发主体的开放性和开发方式的开放性三个方面[②]。

课程内容的开放性指综合实践活动突破了书本知识呈现的局限性，课程内容面向学生的整个生活世界，从学生的生活背景和兴趣爱好出发，课程内容涉

---

① 周可桢．综合实践活动教学课程资源的开发策略．教育理论与实践，2004(1).

② 刘桂荣．试论综合实践活动课程资源的开发和利用．湖南师范大学硕士学位论文，2004.

及自然现象、社会政治、经济、文化、环境和学生日常生活的各个方面。大到社会的政治经济发展，小到日常的吃饭穿衣；远到国际的焦点事件，近到家乡的一草一木；既可以是实地的参观考察，也可以在虚拟的环境里探究发现。综合实践活动课程内容完全是开放的，这是其他学科所不具备的。

开发主体的开放性主要指面向国家、地方和学校三个层级的开放。国家旨在通过课程标准和相关规定宏观指导，地方教育主管部门根据地方特点进行具体的指导和管理，学校要根据纲要所设定的基本框架规划具体活动内容和方案。学校层面上，教师和学生都是课程开发的主体。教师是课程资源开发的指导者、组织者和实际参与者，学生对课题的自主选择是实施综合实践活动的关键。

开发方式的开放性是指综合实践活动课程资源的开发没有固定的模式，方式灵活多样。学生可以根据自己的兴趣和好奇提出活动主题，也可以由教师提供课题的选择；可以组织学生开展讨论得出课题，也可以征求家长和社会其他人的意见形成方向；还可以把研究主题延伸到学科教学的范围，选择某一知识点作为主题。由于不同地方的自然条件、社会环境、师资力量和学生经验的差异，课程资源开发的类型、方式和时机也有各自的特点。

2. 生成性

小学综合实践活动课程资源的开发具有空间的广阔性和时间的延续性，任何细致的计划也无法预测时间和空间两个变量带来课程开发过程中的变动性和复杂性。由于没有传统教学文本（教材）的指导，综合实践活动的课程内容主要来源于学生的现实生活。生活的丰富性和发展性是任何静态封闭的文本材料无法囊括的，生活空间的开放性和变化性也使得综合实践活动课程的实施不能囿于课堂教学，转而向社会生活领域和自然环境延伸。同时，生活世界的开放性也要求综合实践活动的课时安排变得弹性化，甚至有的课题需要几周甚至几个月来完成。因此，空间的广阔性和时间的延续性不可避免地会导致课程开发中的许多不确定性。客观情境发生变化，课程计划也要做出相应的修改；学生兴趣的转移也会导致主题的重新确定；或者探究过程上发现的新问题也可能提出新的主题。

小学综合实践活动的课程开发是动态生成的，教师在活动中关注的不是各种各样的"作品"，而是学生在探究过程中深刻的、充实的学习经历和体验。学生在活动中不断发现新问题，生成新主题，课程开发本身就成为一个不断创生的过程。如果抛开活动过程，采用简约化的课堂教学方法，学生所获得的体验将是肤浅的、空洞的。综合实践活动课程目标是体验性的、灵活性的，生成本身就是目标，学生通过解决活动过程中不断出现的问题，真正实现全面的成长。

3. 地域性

小学综合实践活动是在特定的时间、地点和群体中开展的，课程开发有特定的区域背景，课程实施具有生动的情境性。综合实践活动课程开发的基本单位是学校，学校所处的社区环境、文化传统和学校自身特点是影响课程资源开发差异性的重要因素。实践证明，综合实践活动内容越是贴近学生生活，体现学校办学理念，反映社区特点，实践活动就越有生命力，越能体现课程所追求的价值[①]。

学校所处的环境不同，课程资源的构成形式和表现形态也各有不同，因此，供开发利用的课程资源就具有了差异性。我国幅员辽阔，各地的地形地貌、水文气候、动植分布、文化传统等存在着明显的区域差别，课程资源的开发应该体现因地制宜和因时制宜的特点。例如，东北的学校可以选择"冰雕"为主题，沿海的学校则可以选择"大海"为主题等。

我国不同地域间的经济发展水平不平衡，中西部地区在人力、物力、财力等课程资源方面明显落后于东南沿海地区。因此，课程资源的开发要量力而行，扬长避短，不要相互攀比。课程是文化的一种载体，文化是课程内容的重要组成部分。课程资源的开发要尊重不同区域的多元文化，充分利用文化的多样性，把课程资源的差异性转变成独具特色的地域性。

另外，学校性质、规模、传统以及教师素质和办学水平也会影响课程资源的开发。城镇学校和乡村学校，重点学校和普通学校之间在师资力量、教学设施、校园文化等方面都存在显著差距。我们要结合学校自身的特点，不能妄自尊大，更不能妄自菲薄，针对本校学生的实际水平和特点，发挥区域优势，开发具有校本特色的课程资源。

4. 动态性

小学综合实践活动的实施不能停留在纸上谈兵的状况，不能把学生关在教室里进行综合实践活动，不能把综合实践活动当作传授系统知识的课程。也就是说在综合实践活动的过程中要把活动作为主要的课程资源，要求学生能够在具体的自然情境和社会情境，或特定的活动场所中开展实际的活动。这样，综合实践活动课程资源的动态性就是需要关注的一个重要的特性。

综合实践活动涉及研究性学习、社区服务和社会实践、信息技术教育和劳

---

① 郭元祥. 综合实践活动课程的实施. 北京：高等教育出版社，2003.

动技术教育，这几个方面无论是侧重某一方面，还是整合实施，都需要面向现实的社会场景和自然场景，需要学生动手，需要动态性的课程资源。比如"校园浪费现象调查""河水的污染问题""家乡的特产介绍"等主题活动，都需要学生在活动中开展和实施。

（三）小学综合实践活动课程资源的类型

综合实践活动课程资源具有多元性，要想充分地开发和利用，就需要把握综合实践活动课程资源的类型，这将有利于转变传统的课程资源观，加深对课程资源的认识，扩大课程资源的选择范围。按不同的标准划分，可以将课程资源划分为不同的类型。[①]

1. 按照课程资源的空间分布，可以分为校内课程资源和校外课程资源

校内课程资源是指学校范围之内的课程资源，包括校内的各种场所、设施，如图书馆、实验室、专用教室、信息中心、实验实习农场、工厂；校内人文资源，如教师、师生关系、班级组织、学生团体、校纪校风、校容校貌；校内活动资源，如实验实习、座谈讨论、文艺演出、社团活动、体育比赛、典礼仪式等。校内课程资源是实现课程目标，促进学生全面发展的最基本、最便利的资源。

校外课程资源是超出学校范围的课程资源，主要包括学生家庭、社区乃至整个社会中各种可用于教育教学活动的设施和条件以及丰富的自然资源。其中，社区的图书馆、科技馆、博物馆、纪念馆、气象站、地震台、水文站、工厂、农村、部队以及科研院所等都是宝贵的课程资源；学生家长与学生家庭的图书、报刊、电脑、学习工具等也是不可忽视的课程资源；丰富的自然资源是我们生存和生活的基础，也是我们开发与利用的重要课程资源。校外课程资源可以弥补校内课程资源的不足，充分开发与利用校外课程资源能为我们转变教育教学方式，为新课程提供有力的支持和保证。

2. 按照课程资源的功能特点，可以分为素材性课程资源和条件性课程资源

素材性课程资源主要作用于课程，并且能够成为课程的素材或来源，比如，知识、技能、经验、活动方式与方法、情感态度和价值观，以及培养目标等方面的因素。条件性课程资源虽然同样作用于课程却并不是形成课程本身的直接来源，但它在很大程度上决定着课程的实施范围和水平。比如，直接决定课程实施范围和水平的人力、物力和财力，时间、场地、媒介、设备、设施和

---

① 郭元祥．综合实践活动课程的管理与评价．北京：高等教育出版社，2003．

环境，以及对于课程的认识状况等因素，就属于条件性课程资源。①

3. **按照课程资源存在的形态划分，可以分为显性课程资源和隐性课程资源**

显性课程资源指看得见摸得着，可以直接运用于教育教学活动的课程资源，如教材、自然和社会中的实物、活动等。作为客观的物质存在，显性课程资源可以直接成为教育教学的便捷手段或内容，相对易于开发和利用。隐性课程资源是指以潜在的方式对教育教学活动施加影响的课程资源，如学校的社会风气、家庭氛围、师生关系等，与显性课程不同，其作用方式具有间接性和隐蔽性的特点，它们不能构成教育教学的直接影响。因此，隐性课程资源的开发与利用更需要付出艰辛的努力。②

4. **按照课程资源的物理特性和呈现方式，可以分为文本课程资源和非文本课程资源**

文本课程资源是指利用文字、纸张和印刷术记录人类思想、智慧和文化的资源，包括教科书、课外书籍、图书资料、报纸杂志等。非文本资源是指文本资源以外的资源。非文本资源又可以分为实物资源、活动资源和信息化资源。实物资源表现为多种形式，一类是自然物质，如动植物、矿石等；一类是人类生产生活过程中创造出来的物质，如建筑、机械、服饰等；一类是为教育教学活动专门制作的物品，如模型、标本、挂图、仪器等。实物形式的课程资源具有直观、形象、具体的特点，是常用的课程资源。

5. **按照课程资源存在的形态划分，可以分为物力资源和人力资源**

物力资源是指以物质形态存在的课程资源，如校内资源中的设备和设施；图书馆、实验室、教室、学校的各种基地；校外资源中的家庭环境、社区设施和自然资源，如社区博物馆、少年宫、自然景观、风景名胜、文物古迹等。

人力资源是以人为载体而存在的资源。学校内的包括：全体教师、校内管理人员、校工及他们的情感、态度、价值观、生活方式和人格；学生的学习风气、班风、校风等；校外的包括家长、社会人员、社区所有人员及他们的社会生活方式、价值规范、行为准则、人际关系等。

小学综合实践活动课程资源的分类是多元的，不管从哪个角度，都要注意课程资源不仅仅是物质形态或教材，也不限于学校内部。课程资源涉及学生学习与生活环境中所有有利于综合实践活动课程实施、有利于实现综合实践活动

---

① 吴刚平. 课程资源的开发与利用. 全球教育展望，2001(8).

② 徐继存等. 论课程资源及其开发与利用. 学科教育，2002(2).

总体目标的各种课程资源，所以在开发和利用课程资源的时候，要从不同角度全面进行考虑。

二、小学综合实践活动课程资源开发与利用的原则

在开发和利用小学综合实践活动课程资源时，要注意把握综合实践活动课程资源开发和利用的原则。综合实践活动课程资源开发与利用要遵循以下原则：

（一）优先性原则

在小学综合实践活动进行课程资源开发时，要根据学校的实际，优先选择那些课程成本低、而且可能对学生终身发展具有重要意义的课程资源。

（二）适应性原则

综合实践活动中课程资源的开发要适应学生身心发展的特点，充分考虑学生的现有知识、技能和素质背景。

（三）兴趣性原则

兴趣是最好的老师，综合实践活动资源的开发一定要顾及学生的兴趣，兴趣不仅是综合实践活动得以顺利开展的基本前提，也是进行课程资源开发的基本保证。学生往往从自己感兴趣的问题中提出活动主题，同样，教师提出主题，也应创设一定的情境，引起学生的兴趣，才能达到课程资源开发的目的。

（四）生活性原则

学生比较喜欢综合实践活动，主要是因为其主题来源于生活，应用于实践。因此，我们在进行课程资源开发时要重视从生活中找问题，把生活中的问题作为综合实践活动的研究主题。

（五）广泛性原则

综合实践活动的主题来源于科技，来源于社会发展的种种信息，来源于日常的教学活动。主题广泛的来源，决定了综合实践活动提出的主题也应该是丰富多样的，因此，综合实践活动课程资源的开发具有广泛性。

（六）针对性原则

综合实践活动课程不同于其他的课程，它是一种由国家、地方和学校共同管理的具有地方特色的课程，其课程内容因地方、学校、学生的不同而不同。相应地，课程资源的开发和利用也必须针对地方、学校、学生的差异，根据所确定的主题的不同来进行。

（七）整合性原则

学生的生活世界由个人、社会、自然等基本要素构成，这些基本要素是彼

此交融的。综合实践活动必须立足于人的生活世界的综合性和个性的整体性，立足于每一个学生的健全、完整的发展。

（八）经济性原则

由于学校的财力、教师的精力、学生的学习时间等都是有限的，所以课程资源的开发和利用必须通过开支的经济性、时间的经济性、空间的经济性和学习的经济性，尽可能用最少的开支和精力，达到最理想的效果。

三、小学综合实践活动课程资源开发与利用的程序

（一）成立课程资源开发小组

综合实践活动课程资源开发的第一步是要首先成立课程资源开发小组，确定人员构成（课程资源开发小组一般由学校校长、中层领导、教师以及学生组成），并明确职责。课程资源开发小组的职责主要有：拟订课程目标与计划；编制课程指导用书；组织学校师生申报课题；对课程实施进行监控与管理；课程评价与调整；建立课程资源管理数据库。

（二）背景分析

综合实践活动课程资源开发的第二步就要考虑学校以及校内外课程资源的丰富程度，具体包括四个方面：学生的身心发展、知识、经验、兴趣、能力与需求；教师的知识、技能、经验与特长；校园环境、学校基本设施建设、图书资料、教材等；校外可利用的自然资源、社区资源、人力资源。

（三）拟订课程目标与计划

综合实践活动课程资源开发的第三步是要确定课程目标和制定课程计划。课程目标要根据学校开展综合实践活动的具体情况，结合综合实践活动课程的总体目标来确定。课程计划具体包括：课程的总体思路与设想、课程的时间安排与活动方式、课程的组织与实施、课程的成果形式与评价方式。

（四）编制课程指导用书

综合实践活动课程资源开发的第四步是要编制课程指导用书。包括收集与学生开展综合实践活动相关的文献资料，或为学生提供相关的索引，编制有关学生活动指导用书。

（五）组织学校师生申报课题

综合实践活动课程资源开发的第五步是组织学校师生申报课题。课题可由教师提出也可由学生自己提出，课题内容包括选题的原因与意义、课题的目标、课题实施的步骤与方法、课题的组织形式、课题的成果形式等方面。

（六）课题评审与实施

综合实践活动课程资源开发的第六步是组织课题评审与实施的评审。评审

内容包括课题是否有可行性，课题是否有意义，课题的目标是否简洁明了，课题的实施步骤与方法是否恰当等。课题一旦获得批准，课题组和指导教师就应该按计划认真负责落实。

（七）课程资源开发的实施

小学综合实践活动课程资源开发与利用的第七步是依据课程资源的开发计划，对资源进行开发，注重资源开发的合理性。

（八）课程资源开发的评价与调整

小学综合实践活动课程资源开发的第八步是进行课程评价与调整。课程实施一段时间以后，课程资源开发小组就要根据课程目标及实施的具体要求，对资源开发的合理性、效用性、可行性等进行评估，根据课程实施情况做出调整，决定课程保留与否，并对保留课程的教师要给予一定的奖励，有的可能要进行适当调整。最后，课程资源开发的评价要对开发的过程、结果进行评定，从其教育价值、是否符合学生的特点、开发程度、安全性等指标进行判断。

四、小学综合实践活动课程资源开发与利用的策略

综合实践活动伴随着课程资源的开发与利用而日渐深入，没有课程资源的开发与利用便没有综合实践活动可言。然而，目前小学综合实践活动课程资源开发过程中问题还是存在的。例如，某些教师课程资源开发意识薄弱，专业技能欠缺；校内、校外课程资源开发的互相转换机制不健全，没有形成全社区、全社会都来关心支持的局面；缺乏有形的、无形的与课程资源有关的物质保障，综合实践活动课程资源开发还受到物质条件的制约。为有效地解决这些问题或避免这类问题的再度出现，有效地实施小学综合实践活动课程资源的开发与利用需要从校内和校外两个维度来分析。

（一）校内课程资源的开发与利用

1. 提高教师的课程资源意识和课程开发的技能

首先，促进教师角色转变，提高参与开发的积极性。课程资源的开发涉及教师角色的转变。以前，教师的角色是传道、授业、解惑，教师是真理的拥护者和传播者，担当的是课程实施中的忠实执行者的角色，"消极"地接受专家学者开发出的课程，并对课程进行解释然后推向学生。新课程的实施使教师角色发生很大的变化，由课程的实施者变成了课程的开发者和实施者，教师对自己角色的这种变化的理解影响到他们能否参与课程的开发。教师只有尽快实现角色的转变，才能够在开发过程中承担起积极的角色。因此在培训过程中要加强课程改革的学习、宣传，从促进教师自身专业发展的角度去认识参与课程开发

的意义，去促进自身的角色转变，从而充分调动参与的积极性与主动性，使教师以主体者的姿态投入到课程资源的开发中去。

其次，强化课程资源意识，树立新的课程资源观。过去，我们把课程资源仅仅理解为教科书、教学参考书、练习册，这是远远不够的。教师应当改变只把教材作为唯一的课程资源的倾向，树立新的课程资源观。教师要认识到，课程资源的概念是非常丰富的。在学校课程实施中，凡能促进课程内容与现代社会、科技发展和学生生活紧密联系的，给学生提供主动参与、探究发现、交流合作、开发智力、培养能力、陶冶情操的一切可用的教育资源，都应视为课程资源。同时教师要转变对综合实践活动课程资源的认识和加深对课程资源的了解，特别是要认识到教师本身的学识、态度和价值观也构成影响学生学习的课程资源的一部分。只有这样，才能使各种资源和学校课程有效地融为一体，更好地发挥课程资源的作用。

最后，提高综合实践活动课程资源开发的技能。教育教学活动可以开发的资源是多种多样的，这为学校和教师因地制宜地开发提供了广阔的空间。同一资源对于不同的课程具有不同的用途和价值，同一课程的实施也可以选取多样的课程资源。例如，动、植物资源可以成为学生学习生物学知识的资源，也可以成为学习环境学、生态学知识的资源。在实施环境保护的教学内容中，既可以选取风景名胜的优美秀丽，引导学生通过欣赏自然美景，激发其热爱大自然、保护环境的内在动力；也可以选取由于环境污染，名胜古迹遭到破坏的实例帮助学生认识到环境保护的重要性。总之，教师要能根据实际条件和学生特点，善于对课程资源进行识别、开发与利用，在实践活动中不断增强课程资源开发的技能[①]。

2. 构建课程资源开发的激励机制

综合实践活动课程资源的开发对于大多数教师来说还是较为陌生的，在原有的被动接受的思维定势中，许多教师缺少进行资源开发与利用的信心和勇气。我们要对教师开发与利用课程资源进行鼓励，并建立相应的奖励和激励机制，尤其是在课程资源开发的初始阶段，第一步往往是最难走的。这种机制应该尽早建立，促使学校和教师能尽快适应新的综合实践活动课程，积极进行课程资源的开发，不仅迈好、迈实第一步，还要迈出成效、迈出甜头来。

为促进教师重视并自觉参与小学综合实践活动课程资源开发，可以将教师课程资源开发的情况纳入教师评价体系之中。当然，建设体系化、科学性的课

---

① 张学东．小学综合实践活动课程资源的开发．甘肃高师学报，2009(1)．

程资源开发的激励机制是逐步的、循序渐进的。操作中，可先在某些局部方面作点尝试。比如，在一些评审、评奖选先等活动中，甚至在教师的职称晋级时，可以把课程资源的开发作为一项比较重要的成果指标。通过这些激励措施的建立，课程资源的开发一定会受到广大学校和教师的极大重视，肯定会促进课程资源开发网络的建设和课程资源的充分合理利用。

3. 合理利用校内物力资源

校内的物力资源是非常广泛的，各种校园设施、花草树木及实验和劳动基地都是值得开发和利用的课程资源。为了更好地开发和利用校内各种物力资源，可以从以下方面着手：

首先，完善校内设施设备，做好课程资源的开发工作。由于经济条件和重视度不够的原因，许多学校的物力资源不够完善，面对这种问题，学校需要提高关注度，发散思维，根据学校的经济实力来完善学校的资源。

其次，引导学生利用学校现有的物质资源，确定活动主题。学校的物力虽然有限，但仍然可以在其中发掘出好的活动主题，从而帮助学生完成综合实践活动课程的目标学习。

最后，根据学生确定的主题，选择利用学校物力资源。综合实践活动课程具有综合性的特征，它所面对的空间是全面和广泛的，所需要的课程资源也是多种多样的，虽然学校的资源有限，但是在一定程度上还是可以利用的。

(二)校外课程资源的开发与利用

1. 形成课程资源开发的社会网络系统

开发课程资源不仅要靠学校和教师，还需要教育行政部门、社区和家长的帮助与支持。学校应该通过多种途径和方式，与家长、社区及其他相关部门建立密切的联系，形成纵向——从基层学校到各级地方教育行政、教学科研部门、课程研究中心，横向——教育内部向教育外部交错相连的课程资源开发网络，形成课程资源开发的整体效应和优势。

学校是进行课程资源开发的核心部位，课程改革为教师开展课程资源开发与利用提供了极大的空间。每个学校和教师都应形成有个性的课程资源，并在独立开发的同时，加强校际间在资源开发方面的联系，一个学校开发出来的课程资源可以为大家共享，以整体提高课程实施水平，避免造成不必要的资源浪费。另外，各级地方教育行政部门、教学科研部门、各方面的专家学者及其他相关部门也要关注课程资源的开发，对课程资源的建设进行指导，形成课程资源开发与利用的社会网络系统，方能达到从更高层面促进课程资源建设的目的。社会网络系统的建立主要通过四个层面来完成。

第一，社区资源的开发与利用。了解社区资源，绘制表格，统计重要的社区资源；开发校外资源，建设学校社区教育基地；让学生走进社区，充分利用社区资源；将社区专业人士请进课堂，采用讲座、开课、组织和指导活动的形式参与综合实践活动；挖掘社区地方特色资源。

第二，家庭资源的开发与利用。为家长建立档案，以便经常和家长保持联系；邀请家长以办讲座、开课、组织和指导活动的形式参与学生的活动；以信件和其他方式，与家长联系，告知家长学生活动的进展，促使家长配合学生开展活动；让学生参与家中的各种活动；鼓励学生利用家庭现有资源发现综合实践活动主题。

第三，自然资源的开发与利用。了解本地存在的主要自然资源；根据学生的问题，充分利用本地自然资源解决；让学生走近自然，发现问题，解决问题；开发与利用地方特色自然资源。

第四，信息资源的开发与利用。信息资源的开发和利用主要是教会学生使用电脑、学会上网、学会利用现代信息技术查找资料。

2. 建立交互使用的、多层次的课程资源管理库

大量的各种各样的课程资源以不同的载体形式呈现出来。在人们对课程资源这一概念和意义把握还不是很好的情况下，如何让这些课程资源得到及时开发，并发挥最大的资源效益，有效的管理是根本保障，从而为小学综合实践活动课程资源的充分开发和课程改革的深入发展提供支撑。

对繁杂的课程资源应该根据一定的分类标准，进行必要的梳理和归类，建设成课程资源管理库[1]。课程资源管理库对于课程资源的开发作用重大，不仅可以节约大量寻找资源的时间，而且同一资源可以为不同的教师反复使用，能大大提高使用效益。资源库里不仅要有大量文本、文献类的资源，还要有许多超文本类的课程资源，使资源的数量、品种形式多样，保持库里资源的充裕丰富。

这种课程资源管理库上至地方教育部门，下至学校都需要建立，并形成自己的特色与优势。多层次课程资源库的建立，不仅有利于课程资源开发向纵深发展，便于教师和学生进行深层的探究和体验，而且还可以通过信息技术把各层次、各类资源管理库以交互的方式联系起来，为学校和教师开发课程资源提供多重服务和深度支持。

---

① 何军华. 课程资源开发与利用中存在的问题及对策. 当代教育科学，2003(6).

复习与思考

1. 小学综合实践活动实施有哪些特点？

2. 小学综合实践活动课程实施的基本模式包括哪几个部分？

3. 简述小学综合实践活动实施的原则。

4. 小学综合实践实施的方法包括哪些方面？

5. 小学综合实践活动课程资源的概念是什么？它有哪些类型？

6. 分别论述小学综合实践活动课程资源开发与利用的原则、程序和策略。

推荐阅读

1. 钟启泉．综合实践活动课程的设计与实施．教育发展研究，2007(2)．

2. 张传燧．综合实践活动课程论．广州：广东教育出版社，2005．

3. 田慧生．综合实践活动课程的基本原理与实施策略．教育科学研究，2003(7)．

4. 杜建群，范蔚．综合实践活动课程实施的方法论探析．教育理论与实践，2012(2)．

5. 丁晓，程江平．教育实验法在教育研究中运用状况的初步统计．教育研究与实验，1995(1)．

6. 郭元祥．综合实践活动课程的实施．北京：高等教育出版社，2003．

7. 郭元祥．综合实践活动课程的管理与评价．北京：高等教育出版社，2003．

8. 吴刚平．课程资源的开发与利用．全球教育展望，2001(8)．

第四章　小学综合实践活动的评价

本章重点
● 小学综合实践活动设计的评价
● 小学综合实践活动实施的评价

第一节　小学综合实践活动设计的评价

小学综合实践活动设计的评价是对活动方案能否满足学生自身与社会发展的需要以及满足需要的程度作出价值判断的教育活动。"课程评价是一种过程，它的目的是确定课程和教学方案实际达到教学目标的程度。课程评价是对课程优劣和价值的评估"[1]。因此，对小学综合实践活动设计的评价是综合实践活动课程评价的重要方面，是课程能否得到成功实施的重要保证。

综合实践活动主张着眼于学生的直接经验，强调学生的亲历和体验，主张充分凸显学生的主体作用，要求学生在教师指导下，自己发现问题，自己收集资料、自主选择学习的目标、内容方式，即自己设计活动方案，自己解决问题并决定活动结果呈现形式。因此，对小学综合实践活动设计的评价其实就是对学生自己设计的活动方案展开评价。目的是促进学生对活动进行粗略预设并通过评价反思、改进和完善自己设计的方案。

对学生综合实践活动方案的评价，应该以综合实践活动方案设计基本要求和原则为依据，从方案的呈现形式、活动主题名称、活动目标和活动过程设计几方面着手进行。

一、对综合实践活动方案形式的评价

综合实践活动具有开放性和生成性。但为了保证活动开展井然有序，仍然要求教师指导学生对活动方案进行预设，周密考虑活动主题，并围绕主题层层

---

[1]　钟启泉．课程设计基础．济南：山东教育出版社，1998.

深入,逐一勾画出活动目标、活动内容、活动方式以及活动结果。

一般来说,活动方案就结构而言主要包括活动主题、活动目标、活动过程、活动总结等环节。活动方案评价首先就是评价学生的方案设计是否规范、完整,即有没有撰写活动主题、活动目标、活动过程和活动总结这四项内容,并且把活动过程大体设计为准备阶段、实施阶段、总结或成果展示阶段三个部分。

以此为基点,对小学综合实践活动设计的评价还应该依据综合实践活动方案撰写的基本要求和原则,逐次对活动方案设计必须包括的活动主题、活动目标、活动过程和活动总结这四个环节进行评价。

二、对综合实践活动方案主题的评价

活动主题是对活动内容的高度概括,反映着活动的特征及目标。因此,对学生综合实践活动方案主题设计具有较高的要求。

(一)活动主题是否具有价值意义

活动主题是否具有价值意义,是综合实践活动能否开展的先决条件。衡量的标准在于:一是看活动主题选择是否体现了学生的身心发展要求和兴趣爱好;二是要看活动主题是否符合学生的生活经验和知识基础,对学生发展有利;三是要看活动主题是否充分利用了校内外的教育资源。为此,活动主题撰写除了要求准确表述活动主题名称之外,还要对主题意义进行简要说明,即要简明扼要地阐明本次活动的出发点、开展本课题研究可能解决哪些问题、活动之后学生有哪些体验或收获、以此说明开展本次活动的必要性。

(二)主题是否富有生活气息

开设综合实践活动的宗旨之一就是要学生面对完整的生活世界。学生的生活世界中普遍存在的几种关系,即学生与自然、学生与他人或社会、学生与自我的关系等,恰好是最富于生活气息的内容。因此,学生的活动主题要尽量在他们个体的学习生活、家庭生活、自然生活中提出,以他们自身的生活为源泉,选择他们熟悉的、感兴趣的、有意义的课题为学习对象。也只有从小处着手,从实际生活中确立适合自己特点与兴趣,同时力所能及地探究课题,他们才有探究的热情与兴趣,并在探究过程中获得体验、感悟和提升,为其学会学习、学会生活、学会交往、学会生存打下良好的理论基础和素质基础。从自己周围丰富的生活世界中选择探究性课题,对小学生而言虽然具有一定难度,但只要他们关心社会,用心去观察周围的事物,还是能够发现生活中有许多问题值得探究的。

（三）活动主题是否具有可行性、可操作性

一个好的活动方案应该是既能反映小学生对活动的要求和兴趣爱好，又符合学生身心发展的实际状况和班级、学校的实际状况，在实践上、时间上、能力上、物力上、经费上都具有可行性和可操作性。活动主题是活动目标、活动内容和活动形式的浓缩，主题名称可以在一定程度上反映整个活动方案是否切实可行，具有可操作性。因此，对综合实践活动方案主题的评价，首先是要看主题名称是否符合学生身心发展的实际状况和班级、学校的实际状况。为此，综合实践活动主题设计还包括对活动条件进行综合考虑，即对活动开展所需要的人力、物力、财力、资料及设备等进行交代说明。

（四）活动主题名称是否醒目、清晰并富有童趣

既然活动主题是对活动内容的高度概括，是活动特征及目标的反映，主题设计便当然地要做到画龙点睛，醒目、清晰，能直接反映活动的相关信息。同时，由于主题名称还关乎学生参与活动的兴趣和积极性，因此，主题设计还要有感召力，既要符合学生的身心发展特点，还要能够用形象、生动、富有童趣的语言来表达陈述，以此感染活动对象，引起他们的注意和喜爱，吸引他们积极主动地参与到活动中来。

（五）活动主题是否具有地方和学校的特色

综合实践活动既要求学生面对完整的生活世界选择研究主题，还要求学生充分挖掘地方自然条件、社会经济、文化状况、民族文化传统等方面的课程资源，充分考虑学校的地域社区环境、管理特色、师生情况等校内校外资源进行选题，以此突出课题的地方性特色和学校特色，加强课题研究的实用性、针对性和有效性。

三、对综合实践活动方案目标的评价

活动目标设计是综合实践活动过程开展的首要环节，学生在设计方案时必须在老师的指导下，依据综合实践活动课程的总目标和学段目标确定具体的活动课题目标。因此，开展小学综合实践活动设计的评价，重要内容之一便是评价目标设计是否全面、恰当、明确和具体。评价的具体指标如下：

（一）目标是否全面

综合实践活动目标设计要求要体现情感态度与价值观、过程与方法、知识与技能这三个维度的目标，或是行为目标、体验性目标和生成性目标这三级目标。虽然综合实践活动课程目标的具体表达方式多种多样，如有总括式、列点式及分层式等表述形式，但无论学生采用哪种表达形式，都应该要包含知识、

技能和情感，或是行为、体验及生成三个方面的内容。

（二）目标是否具有针对性

综合实践活动课程的具体目标是针对某个活动主题或项目而言的，要求能够对学生开展与主题相关的活动产生切实的导向、指引作用。因此，活动主题目标必须针对具体活动主题或活动项目量身进行打造。这就要求学生在进行活动主题目标设计时立足自己的活动主题或项目，把综合实践活动课程的总目标和学段目标从知识、技能和情感三个方面进行细化。具体来说，就是要把目标设计定位在体现知识、技能和情感三个维度，同时根据3～6年级的不同的水平层次，选取合适的行为动词，如说出、知道、了解、认识、熟悉、模仿、尝试、会、能、学会、感受、参与、经历、体验、关注等，对三维目标进行符合自身身心发展特点的描述。

（三）目标是否具有可测性

综合实践活动目标除了具有引导活动有条不紊开展的作用外，还是考察某一具体活动所产生的实际效果的重要依据。因此，主题活动目标还应该具备对活动结果的检测功能。为此，学生针对活动主题或项目进行目标描述时，还必须对该活动或项目结束后自己在知识、技能、能力、情感态度与价值观等方面可能产生的系列变化做具体说明，以便能够通过前后比照测量出活动的实际成效。为此，学生的活动目标设计要尽量具体、明确，切忌空洞、空泛。

四、对综合实践活动过程的评价

活动过程设计包括的内容非常广泛，包括了阶段划分、活动内容、活动方式、活动总结和成果总结等方面的内容。对综合实践活动过程设计的评价主要围绕以上各项展开。

（一）活动阶段划分是否完整、合理

活动过程是综合实践活动方案的主要部分，大体分为准备、实施、总结或成果展示三个阶段。活动准备阶段设计应该包括成立活动小组、制订活动计划以及提出安全注意事项等事项；活动实施阶段设计作为活动过程设计的核心内容，要阐明活动内容、活动方法、时间、地点安排等几个方面的内容；活动总结阶段要对资料的整理与归类、研究成果撰写、成果展示、成果介绍以及对活动的评价与反思进行规划。对综合实践活动过程的评价首先就是要看活动的三个阶段划分是否完整，各阶段的内容安排是否合理。

（二）活动内容是否具有综合性

综合实践活动的基本理念之一就是要以融合方式整合课程内容。因此，在综合实践活动设计时，要求学生最大限度把综合实践活动指定的内容领域本身、指定的内容领域与非指定领域内容、指定的内容领域与学科课程内容，以融合的形式出现，并处理好人与自然、人与社会、人与自我的内在关系，养成负责任的生活态度和生活能力，培养良好的情感、态度和价值观。仅仅把活动内容设计局限在研究性学习、社区服务与社会实践、劳动与教育技术和信息技术教育某一个方面，或局限于人与自然、人与社会和人与自我中的一个领域，局限在班团活动、科技活动、文体活动等活动的一个方面，局限于活动课本身而与其他学科课程脱节，都是对综合实践活动课程内容的窄化，都无法体现综合实践活动的综合特性。综合实践活动内容设计是否具有综合性，是综合实践活动设计评价的重点，也是方案设计成败的关键环节。

（三）活动方法是否得当，形式是否多种多样

综合实践活动以活动为主要开展形式，而活动形式是多种多样的。就组织形式而言，有班级活动、小组活动以及个人活动；就内容形式而言，有参观服务、问卷调查、文献调查、活动观察、项目制作设计等。某一具体活动主题要采用什么方式加以实施，取决于学生的实际状况和活动的目标和内容。只要活动方式适应学生的身心发展特点，与活动的目标和内容相匹配，便是恰当合理的。与此同时，由于综合实践活动的目标和内容都是综合的，这便要求与之匹配的活动方法也是综合的。活动方法要以综合的形式出现，就是要求学生在设计解决问题的方法途径时，能够根据需要采用多种相关的学习活动及其方法，把观察、考察、参观、阅读、思考、实践、制作、表演、竞赛、采访、宣传、义务劳动、公益劳动等方法创造性地加以综合运用，多管齐下，促进活动目标的实现。

（四）活动过程有没有充分体现学生的参与和老师的指导

综合实践活动是面向全体学生开设的一门必修课，跟其他学科课程一样，要充分体现它对学生的全面教育功能，设计时要考虑让学生充分参与，即让全体学生全员参与、全程参与、全身心参与。因此，对综合实践活动设计的评价还要评判它有没有体现学生的自主学习，如学生有没有充分的时间探索、思考、交流，有没有通过分组让每一个学生都参与到活动中来，有没有把完成的具体任务通过协商逐一落实到每个学生身上。

综合实践活动的课题探究，既是学生寻找问题和解决问题的活动过程，也是老师指导学生进行探究的过程。因此，好的方案设计还应该体现老师对学生的指导，如指导学生收集、整理相关资料，将学生的探究引向深入，组织与协助学生对研究成果进行表述、展示与交流等。

（五）活动过程设计有没有对活动细节的勾描

活动过程设计要考虑到一些富有典型意义的活动细节、关键细节，是综合实践活动实现课程目标的内在基础和重要保证。因此，对综合实践活动过程的评价还应该包括对活动细节设计的评价。如在制作实践中，有没有包括对制作方案的分析、评断、完善，实施过程中有没有材料的选择、工具的使用、若干部件的制作、不同部件的连接、整体的优化、制作作品的测试、评价等；还要评判活动过程设计有没有考虑学习策略，如教师与学生的互动学习，学生的合作学习、自主学习、体验学习、探究学习等。

（六）有没有对活动成果形成进行规划设计

综合实践活动高度重视活动过程的体验、感悟。从一定程度上说，综合实践活动的过程本身就是活动的成果，而且诸多单一主题的综合实践活动并不追求成果，但为了树立学生的成果意识，以便为后续的总结、评价和反思性活动奠定基础，活动过程设计还应该包括对活动成果的设计。对综合实践活动过程的评价还要考查学生有没有以调查报告、研究报告、研究论文、心得体会、活动感想、活动日记、活动资料的整理与摘抄、访谈实录等方式撰写活动成果，有没有用班级、年级或全校报告会的形式进行成果展示，用短剧、相声、小品、朗诵、歌舞、快板书等各种文娱活动的形式进行成果汇报演出，以汇编成册向社会进行宣传，有没有安排小组成员在同学面前汇报自己小组的活动成果，介绍活动的过程、收获和体会，回答同学的提问或质疑并开展谈论。

（七）活动总结阶段设计是否合理、多样

活动总结是综合实践活动设计的重要内容，是对学生进行自我教育、赏识教育和反思教育的重要手段。

对活动总结阶段的设计进行评价，一是要看活动总结阶段的设计是否合理，如是否与综合实践活动本身的内容和特性相符，与学校、班级所拥有的条件相符；二是看总结的形式是否多种多样、别具一格，如采用让学生写总结日记、反思日记，召开成果总结会，召开成果展示会，以及学生作品拍卖会、论文答辩会、故事会、网络互动和信息发布等多种方式；三是要看有没有对已有活动方案、活动设计的反思、评价以及改进措施。

第二节 小学综合实践活动实施的评价

综合实践活动课程作为一种崭新的课程形态，自 2001 年开设以来，充分诠释和体现了课程、教学与学习的新内涵，充分体现了学生的主体作用和学习需求，成效明显，被视为基础教育改革的一大亮点。但由于综合实践活动的各个参与主体在观念意识上的偏差，也由于受课程本身、评价系统和课程保障等因素的制约，综合实践活动也凸显出很多严重问题，亟须修正与改进。

诸多问题之中，在评价环节上存在的问题有：

（一）过程性评价与结果性评价结合失衡

由综合实践活动课程的性质和特点决定，综合实践活动课程的评价偏重于对过程的评价，即高度关注对学生的参与度、学生在过程中的收获以及学生中的情感、态度与价值观的形成的评价。由此造成综合实践活动课程忽略活动结果评价和学生对问题解决基本能力的评价，具体表现在教师和学生在活动实施过程中对方法的落实和具体实施关注不够，结果是大量的学生不知道如何设计调查问卷、如何进行访谈等。

（二）评价随意

很多综合实践活动的指导教师不明确实施学生评价的原则、内容和方法，疏于收集过程性评价的素材和资料，从而导致对学生发展评价的依据不足，教师评价缺乏客观性和权威性。

（三）评价主体单一

评价的主体仅仅局限于单个的指导教师，学生自己、同伴、家长及社会相关人士参与评价不足，评价缺乏多元性。

由于综合实践活动的评价环节极大地制约了综合实践活动的实施和开展，改进和完善综合实践活动评价的内容、评价的指标和方法由此势在必行。

在综合实践活动实施过程中所开展的评价，主要是指对三大活动主体，即学生、老师和学校所开展的评价。评价的对象和内容不同，评价的指标体系和评价的方法也有较大的区别和变化。

一、学生评价

综合实践活动课程的根本出发点是满足学生发展的内在需要，促进学生的全面发展，因此，衡量综合实践活动实施效果的一个重要指标，便是对学生的发展水平进行综合评价，如何开展学生评价是小学综合实践活动实施课程评价的核心和关键。

（一）学生评价的内容指标

一般认为，对学生的评价应该综合考虑学生知识和技能的获得情况，学生在活动中的过程、方法，以及与之相适应的情感态度和价值观等方面的发展情况。由此，综合实践活动课程学生的评价内容主要有以下几项：

1. 学生参加综合实践活动课程的态度，既指学习态度，也指劳动态度

考查学生参加综合实践活动课程的态度，可以着重观察记录学生参与综合实践活动的时间长短、次数多少、认真投入程度即遵守纪律、团结互助、爱惜劳动成果等行为表现。学生参加活动是否认真投入，还可以通过考察其参加每次课题活动、完成资料积累和分析处理工作是否主动积极，在小组及班级活动中是否能够认真倾听同学的观点和意见，是否乐于帮助同学，是否对班级和小组的活动作出过积极贡献等具体指标进行衡量。

2. 学生感性经验和精神生活的获得

即考察判断学生在活动过程中对自然、对社会、对他人及自我的整体认识、体验及感悟有没有得到提高，有没有逐步形成了良好的情感、态度和价值观。

3. 学生的合作精神和生活能力的提高变化

即考察和判断学生通过与自然、与社会、与他人、与自我的接触和反思，有没有学会怎样跟同伴和他人进行交往与合作，通过进行研究、服务、设计、制作等各种实践性活动，其收集查阅整理资料、操作工具、技术操作运用及交往与表达等方面技能有没有得到提高，运用各种方法和技能服务及改善生活的能力有没有得到加强。

4. 学生的探究能力、实践能力和交往能力的提高

即考察和判断学生在参与综合实践活动的过程中，有没有从生活中的细微之处发现问题，明确活动主题，形成问题意识，有没有学会关注、质疑、思考及探究各种自然情境、社会情境，并进而学会如何运用已有的知识和技术去解决各种实际问题，锻炼和提高自己的实践能力。同时，还要考查学生有没有主动与他人交往，并在与他人沟通交流的过程中产生与他人合作的意识，协调各种关系的能力有没有得到提高。

围绕以上四项评价内容，指导老师在具体开展学生评价时，还可进一步从参与度、感受度、提高度三个维度来设计评价表，还可以从显性与隐性两个方面来设计评价指标[①]。

如果从参与度、感受度、提高度三个方面来设计评价表，指导老师还可以对这三个评价维度进行细分。把参与度细化为不参加、被动应付、积极主动、出谋划策几个具体指标，把感受度细化为无感受、有所感受、感受深刻，把提

---

① 顾建军. 综合实践活动设计. 北京：高等教育出版社，2005.

高度细化为无收获、有所发现、有所发展、有所创造和突破、能力有提高。

如从显性与隐性两个方面来设计评价指标，可以把显性指标细化为：活动主题或活动项目的选择和确定的状况；活动方案的制定状况；在活动过程中的具体行为表现；活动的总结情况等。可以把显性指标细化为：学生参与活动的主动性、积极性和创造性；学生在活动中的合作精神；学生思想意识的发展，如环境保护意识、服务意识、安全意识、效率意识、社会责任感等等。

此外，围绕以上四项评价内容，指导老师还可以根据活动的阶段层次灵活机动地设计对学生评价指标，如：自主地提出问题，明确活动主题；制订方案的合理性程度；参与活动过程合作与交流。还可以过程与方法为维度来设计基本指标，如：问题解决基本方法（如探究、调查与考察、实验、设计与制作、服务与社会实践等）的体验与运用程度；基本技能（搜集处理信息、自主获取知识、规划与组织能力、交流与合作）的发展情况；情感态度与价值观（良好个性品质和思想意识）的形成与发展等。

（二）学生评价的方法

开展学生评价的具体方法主要有成长记录袋评价、师生相互商讨式评价、学生自我评价、表现性评价和成果展示评价等。

1. 档案袋评定

所谓档案袋就是收集、记录学生学习过程中的一连串表现、作品、反思，自己、同伴或教师作出评价的有关材料以及其他相关记录和资料的汇集[1]。档案袋评价，顾名思义就是以档案袋为依据而对评价对象进行的客观的综合的评价。显而易见，档案袋是由师生共同完成，其制作过程包括了从起始阶段到完成阶段的整个跨度。档案袋评定可使学生对自己的学习进行反思和自我评价，促使学生对自己的发展负责，从而更好地发挥评价的自我教育的作用。一般来说，档案袋制作提倡充分尊重学生，让学生随意放入自己的作品，但要提高档案袋在促进学生反思上的有效性，必须加强师生之间的共同讨论和协商，如老师对学生放入的作品提一定的要求，如放入反映活动的基本过程、基本成果和最佳成果作品，老师帮助学生确立一些小栏目，让学生分门别类有序放入相关材料，逐步培养其反思能力和独立工作的能力。

2. 师生相互商讨式评价

师生相互商讨式评价是指把老师和学生的观察记录等各种材料作为依据，相互商讨，然后综合结果的评价。包括学生互评、教师协同商讨和师生民主评议等。

---

① 郭元祥．综合实践活动的管理与评价．北京：高等教育出版社，2003.

一般来说，学生互评以学生活动小组为单位进行。活动小组的组长为组员作活动表现的评价，其他组员评价组长，这样既可以促使学生在活动中相互督促完成工作，又可以树立起组长的威信，同时形成团体意识。

具体方式是：每一个主题活动结束后，小组成员集体讨论。由组长执笔，用描述性评价方法为主对以上内容进行评价，完成后每组交一份给指导教师（低年级学生在活动结束后由负责老师安排评价、互评及家长评的形式进行活动评价）。

教师协同商讨是由两位以上的上课教师或班主任老师根据自己对学生的观察、记录相互商讨，综合结果。这是一种教师合作教学形式的评价，能够加强评价信息的沟通交流，提高教师评价的客观性和权威性。

教师的相互商讨可以"学生参加活动的态度，知识技能的掌握，完成活动任务综合情况方面和创新意识和实践能力"等四个方面的内容为主体依据，并根据自己平时指导的情况，客观地对学生进行综合评价。评价时要有所侧重地评定出等次，同时要突出学生个性特色来撰写评语。注意评语要具有正面性、鼓励性、指导性。

3. 学生自评

是指学生按照一定的标准对自己在参与课题研究过程中的态度和成效做主观性的评价。由于学生自评主张学生把自己的学习结果与自己预先设定的学习目标相对照进行自我评价，能够加强学生的实践活动体验和自我内省与反思，因此，评价的信息质量较高，有利于学生自己发现问题，还比较容易被学生接受。

在学生自我评价时，指导老师要适当介入，以学生需要的方式帮助学生设定评价的项目和评价的方法，避免学生自我评价的盲目性。

4. 表现性评价

表现性评价是通过学生所完成的综合性的、真实的任务来对学生进行评价，要求学生运用他们的知识和技能去完成综合的、有意义的任务。表现性评价可以引导学生通过多种方式来展现自己对问题的理解和解答，既可以评定学生在完成表现任务过程中所表现的行为与心理过程，也可以评定表现任务过程中所涉及的内容和完成任务的结果。

学生表现的形式有口头报告与讨论、项目调查、表演、论文、学习日记、实验、艺术作品等等，极其丰富多样。[①]　由此，它为我们准确、客观地评价学

---

① 顾建军. 小学综合实践活动设计. 北京：高等教育出版社，2005.

生提供了丰富的素材。由于表现性评价具有不仅评定学生知道什么，而且评定学生能做什么。考察的内容全面、设计的问题真实、观察的层面深入、评定的标准透明，允许学生充分发挥自己的创造性和个性等等特点，被众多学者和教师首肯。[①]

5. 成果展示评价

成果展示评价是指在某一阶段的实践活动结束后将学生的制作、发明、科技论文、调查报告、设计方案等公布于众，或以其他方式进行让学生感受、体验的方法。由于这种评价方式非常有利于学生享受成功、体验喜悦、协作共勉，还有利于学生开阔眼界，扩大知识面，丰富学习的方法，相互学习，取长补短，因此，是综合实践活动学生评价最为常用、最为有效的方法之一。

需要注意的是，成果展示评价着重评价的是综合实践活动后的结果，很容易忽视学生在实施过程中出现的问题和从制订方案到开展实践的全过程，评价的及时性和针对性不足，因此，要与过程性互为补充才能较好地发挥其评价功能。

(三)学生评价的策略

综合实践活动课程中，评价的功能是促进发展，使评价的过程成为学生发展和提高的过程。因此，对学生的评价应该遵循以下原则，即自我评价和他人评价相结合，个别评价与集体评价相结合，形成性评价与结果性评价相结合，量化评价与质性评价相结合，采用以下评价策略：

1. 重视过程评价

过程性评价是指在学生学习综合实践课程的过程之中进行的，用于考查学生在活动中的长处、缺陷及发展程度等方面而进行的评价。

由于综合实践活动的课程的总目标是要培养学生的社会责任感、与人分享和合作的态度和创新精神及实践能力，因此在开展学生评价时，不应该过于看重学生所获得知识的多少及作品的优劣，而应特别关注学生参与的态度、解决问题的能力和创造性，关注学习的过程和方法，关注交流与合作，关注动手实践以及所获得的经验与教训。因此，综合实践活动课程应该高度重视对过程的评价和在过程中的评价，使评价成为学生学会实践和反思、发现自我、欣赏别人的方式。同时要强调评价的激励性，鼓励学生发挥自己的个性特长，施展自己的才能，努力形成激励广大学生积极进取、勇于创新的氛围。

---

① 丁朝蓬. 综合实践活动课程评价的理念与方法. 北京：人民教育出版社，2003.

2. 以学生自我评价为主

综合实践活动课程具有开放性的特点，评价也应该充分发挥学生的主体作用。因此，对学生的多元评价应该以学生的自我评价为主。这样的评价方式对学生而言压力较小，学生可以充分地畅谈自己参与活动的体验、经验和教训，自由地交换意见，可以有效地促进学生反思和发展。

3. 倡导开放性评价

综合实践活动课程具有开放性的特点，评价也应具有开放性，在学生自我评价的基础上，尽可能采用集体讨论和交流的形式，将个人和小组的经验及成果展示出来，并鼓励相互之间充分发表意见和评论。这样的评论不仅可以使学生吸收他人的有益经验，而且还可以促使学生加深对问题的认识，有助于培养学生敢于和善于发现问题并发表个人见解的优良品质。

4. 注重选择性评价

允许学生根据自身情况选择相应评价项目、标准、尺度、方法、时间、场合等。甚至自己设计评价方案，对自己的表现加以评价。

5. 注重"纵向"的评价

关注学生最终成果展示，也关注学生在与他人合作中的表现和对集体的贡献，但更关注学生自身在参与活动过程中的进步发展，而有意识地淡化学生与他人的差异和差距。

6. 注重"富有信心"的评价

在本课程的评价中，不是看学生应该学会什么，而是看学生学到了什么；不是看学生应该有多大进步，而是看学生有没有进步。

7. 重视应用

综合实践活动课程评价重视学生能否把学到的知识和技能应用到生活实践中。重视的是学生主动探求、创新的勇气和能力等在更高层次的发展。

8. 重视体验

综合实践活动课程评价要重视学生亲自参与探索性活动、开展人际交往，发挥评价的指导功能，引导学生反思自己的实践活动，获得的感悟和体验。通过调动学生的认识和情感因素，激励学生自觉记录活动过程（特别是重要的细节）、投入对问题的讨论、对成果的分享及思考，主动审视自己的利弊得失，逐步完善自己的行动，拓宽自己的视野，使学生增强责任感、自信心、进取心、意志、毅力，达到自我反思、自我认识、自我教育和自我改进的目的。

9. 注重整体

在评价中把课程、教学和评价进行统整，使它们融合为一个有机整体，贯彻到活动进行中去。一方面，将学生在综合实践活动中的各种表现和活动产品如研究报告、模型、主题演讲等作为评价他们学习情况的依据；另一方面，注重把评价作为师生共同学习的机会，提供对课程修改有用的信息，实践于教学。

二、教师评价

教师评价是对教师实施综合实践活动课程所具备的素质及实施过程情况的鉴别。建立完善、公正的教师评价体系，为教师搭建一个提供信息反馈和咨询服务的平台，能够给教师正确的课程导向，促进教师不断反思自己的教学，提高其专业发展水平并激发其从事综合实践活动的热情。

（一）综合实践活动教师评价的基本范畴

一般情况下，对教师的评价指标应该包括：

1. 实施综合实践活动课程的基本专业品质

综合实践活动课程作为基础教育改革中出现的新课程，其建设和完善任重道远，而其主要的支撑点便是教师个人的专业品质即教师人格。因为教师的教育思想观念决定着课程改革的方向和性质，教师的专业才能和教育智慧决定着课程改革的质量和深度，教师的专业精神是课程改革的内在动力，教师的专业人格是课程改革与发展的心灵支撑。

综合实践活动课程对教师的专业品质的具体要求有：实施课程、开发课程资源的责任心和使命感，不断探索课程、提高完善自我的巨大热情和创造力；与时俱进的精神，以严谨的态度深入研究综合实践活动课程开发与实施规律、方法及行动策略，不断提高自身开发与实施课程的能力；着眼于学生的未来发展，有强烈的责任感，以身作则，为人师表，严于律己，言行一致，全方位给予学生积极正面的影响。

2. 知识结构合理，有较好的扩展性

综合实践活动课程内容的发展性特点，不但要求教师具备广博的通用性知识、丰富的本体性的学科知识，同时还要具备解难释疑的条件性知识和实用于教育情境变化的实践性知识。因此，综合实践活动课程的指导教师要保持对新知识与新信息的敏感度，善于获得并懂得处理新的知识与信息，竭力站在知识发展的最前沿，做学生学习生活的称职的引导者。

3. 良好的协调与沟通能力

由于综合实践活动课程教师既要跟教师团队合作，还要与学生、学校的领导和同事、校外的学生家长以及社会人士广泛接触交流，这就要求教师具有良好的协调和沟通能力，具备与领导、同事、学生、家长合作的能力。

4. 活动主题的设计与规划能力

活动主题的设计与规划即教师在课前对教学中的各要素进行最优化的设计的能力。

由于综合实践活动课程具有开放性、发展性特征，课程内容因学生情况不断变化，不能套用固定的教学模式，指导教师对主题活动的设计规划能力对实施推进课程便尤其重要。

具体来说，指导教师对主题活动的设计规划能力主要包括：第一，选择主题活动内容的能力。综合实践活动指导教师要善于从诸多问题中，提炼出与校内外学习资源相符合、有利于实现目标的内容。第二，制定恰当的教学目标的技能。综合实践活动指导教师要有针对性地指导学生，要使活动主题有的放矢，实施的学生评价有理有据，便应该依据知识与技能、过程与方法、情感态度价值观的三维目标对主题活动的每一个步骤、环节进行明确的目标定位。第三，设计与制订活动方案的能力。综合实践活动尽管有开放性、发展性等特性，但其实施过程仍然跟其他课程一样具有规范性，这就要求它必须以活动方案作为教学活动开展的依据。只不过根据综合实践活动课程的特点，综合实践活动的方案设计与撰写其他学科课程教案有很大不同。其区别在于：它必须充分考虑校内外资源，并以此来草拟具有较强的可操作性和时效性的主题活动纲领，并对实现主题活动目标的步骤和过程进行粗略勾描。第四，预测活动情境变化的能力。综合实践活动的开放性特点决定了它在实施过程中会产生许多生成性的问题，如果没有一定的预测，当活动过程与方案不完全吻合时，教师便会束手无策或应对不力，因此，教学目标便会偏离。而如果预测能力较强并能够制定相应的对策，活动效率便能够大大提高。

5. 组织指导与协调能力

组织指导与协调能力是指教师对主题活动中的各种要素进行控制、使主题活动得以顺利进行的能力。综合实践活动虽然强调学生的亲力亲为，但指导教师仍然要对学生的自主活动适时、适度地加以引导。一是要组织学生依据方案有序地开展主题活动，如调动学生积极参与教学活动，调控活动节奏，处理课程实施过程中的生成性问题，协调学生各个活动小组及小组成员间的分歧与矛盾等；二是要敏锐地发现、捕捉活动实施过程中出现的问题及学生的需求，适时切入指导，并能够针对不同的问题实施灵活多样的指导。

6. 教师的教学测量与评价能力

教师在主题活动中开展的教学测量与评价，除了可以推进教师改进教学，还可以进一步激发学生学习的热情，强化活动效果，是教师经常性的工作和必备的技能。包含了对学生方案设计的测评、对学生活动表现的测评以及对学生进行的综合评判。

7. 实施课程的反思能力

称职的综合实践活动课程指导教师必须具备一定的反思能力，通过反思和自我否定来积累教学经验，形成自己的教学特色。

(二)综合实践活动课程中对教师评价的基本要求

1. 注重教师的个别差异，强调评价的针对性

教师作为个体的人，在人格、成长历程、思维方式、个性特长、教学风格等方面都存在着巨大的差异，综合实践活动中的教师评价要充分尊重教师在课程设计与实施过程中所展现的个性特色。具体来说就是在评价过程中，要根据教师的个别差异确定个别化的评价指标，充分地肯定教师在本学科设计与实施中的进步与成长，以动态评价的方式增强教师的自信心，促进教师的专业发展和主动创新综合实践活动的意识。

2. 注重教学实践，强调评价的过程性

综合实践活动中的教师评价在于改进教师的教学，提高教师综合实践活动的设计与实施能力。依据发展性教师评价理念和综合实践活动课程的要求，教师评价要贯穿于课程设计与实施的全过程之中。因此，在实施教师评价的过程中，要注重对教师在教育教学过程中的具体的教育教学行为信息的收集工作，以此提高评价的针对性和实效性。同时，要让评价结果服务于教师的教学过程，以使评价指标的制定直接指向综合实践活动设计与实施的过程，并根据教师的进步成长灵活调整，评价手段具有可操作性，评价结果反馈及时，使教师在活动的设计与实施过程中不断调整自己的教育教学行为。

3. 注重自我反思，强调评价的主动性

综合实践活动课程教师对自己在综合实践活动设计与实施中的优势与困难最了解，对自己的专业成长进程及发展方向最为关注。同时，由于综合实践活动课程的教学活动打破了课堂的时空限制，对教师在课堂时空之外的教学信息的收集主要依赖于教师自身，因此，在综合实践活动教师评价中，充分彰显教师主体作用，使教师作为被评价者，主动参与对自己的评价活动，便显得尤其重要。营造民主和谐的评价氛围，是教师主动参与教师评价的前提，经常反思

自身的教学行为，则是实施教师自我评价的基础。在具体开展教师自我评价过程中，要鼓励教师主动收集评价信息，提交评价资料，提供评价依据，还要创设民主和谐的氛围让教师参与讨论发言。如此，不仅有利于收集到准确的信息，也有利于教师发现问题并主动改进和提高，还有利于消除教师与评价人员的对立情绪，使教师自觉接受和理解评价结论。

4. 注重评价的多元化，强调评价的综合性

综合实践活动课程是一种开放的广域的课程，它所涉及的评价主体有在校教师、校外指导教师或兼职教师，还有学生家长和社会人士，这就决定了综合实践活动课程的教师评价是多元主体参与，评价的主体呈现多元性。而评价主体的多元，又必然导致评价的内容与方法，评价的信息收集手段及结果反馈方式多种多样，因此，综合实践活动课程的教师评价还必须集思广益，注重评价的综合性。

5. 注重评价对教师专业发展的作用，强调评价的实效性

传统的教师评价着力于甄别优劣、评定级别及实施奖惩。而综合实践活动的教师评价是以促进教师专业发展为目的，所以在评价手段、指标及反馈方式上更加注重实效性。

提高教师评价效能的具体举措有：建立以被评价教师为主体的反思型评价体系，以保证评价的客观公正性；确定每次评价的重点，加强评价的针对性；由被评价教师共同参与制定具有针对性的评价指标，把握好促进被评价教师专业发展的方向性；实施阶段性的、连续性的教师评价，增强评价对教师发展的促进作用。

(三)综合实践活动课程中教师评价的方法

1. 自我评价

自我评价是指教师根据指标，参照一定的标准，对自己的素质、教学实施进行的评价。这种评价建立在对教师信任的基础上，能激发教师的自信心和自尊心，比较容易被教师接受。如果教师正确对待，积极配合，准确性较高。同时，由于有自我反思做基础，反馈、调节及时，实效性较强。但同时也由于评价指标缺乏外界的参照，横向比较不足，主观色彩浓厚，再添加上私心杂念，很容易出现评价偏差。

2. 外部评价

外部评价是指教师之外的他人评价。包括教育行政领导的视导评价、督学系统的督导评价，还有专家、同行的评价和社会评价等。

建立校长、教师、学生、家长共同参与的评价制度，可以多渠道获得对教

师的评价信息，增加评价的客观性、公正性，有助于促进教师发展。相对而言，学校领导和同行对综合实践的活动活动的目标、评价标准了解得更多，理解得更深刻，对活动实施的情况和教师的状况比较熟悉、清楚，评价会比较全面、准确。学生和家长是外部评价中不可忽视的两大群体，既是活动的直接参与者，也是最终的受益者，因此，他们在教师评价环节上也应该享有充分的发言权。与此同时，由于学生、家长和其他社会人士对教师评价体系以及评价指标缺乏一定的认识，其评价主观色彩浓厚，其意见只能作为评价参考而不能成为评价的主导。

由于教师评价的根本目的是促进教师专业发展，因此，对教师实施评价时还应该高度重视对教师的评价策略。具体有：评价结果的表述，要实事求是，无论优劣，不能夸大其词；描述的语言通俗易懂，可接受性强；尽量从教师个体历史发展角度，肯定成绩，查找原因；与教师群体比较，需要依据对象的心理特点，谨慎表达；评价结果，最好征求教师个体的意见，决定是否公开；自始至终，将激励教师或学生主动参与活动作为评价的理想追求等。

三、学校评价

学校评价是指对学校实施综合实践活动课程的一系列配套措施、保障机制及课程实施效果的综合性的评估。《基础教育改革纲要》指出，"要建立促进学生素质全面发展的评价体系""要建立促进教师不断提高的评价体系""要建立促进课程不断发展的评价体系"，并将其作为构建素质教育课程评价体系的三项核心任务。由于促进学生素质、教师专业和课程发展的评价体系跟学校评价信息息相关，因此，建立促进学校全面发展的评价体系便格外重要。综合实践活动课程作为一门崭新的经验性课程，其课程目标、内容、实施方式都有着自身的特点，由此，综合实践活动的学校评价亟须解决评价过程中的评价目标、评价内容及评价方法等问题。

（一）综合实践活动课程中对学校评价的目标

《综合实践活动指导纲要》将我国综合实践活动课程总目标设计为五个方面："获得亲身参与实践的积极体验和丰富经验；形成对自然、社会、自我之内在联系的整体认识，发展对自然的关爱和对社会、对自我的责任感；形成从自己的生活中主动地发现问题并独立地解决问题的态度和能力；发展实践能力，发展对知识的综合运用和创新能力；养成合作、分享、积极进取等良好的个性品质。"

综合实践活动学校评价目标要在总目标的指导下，结合本地区以及学校和教师的实际情况，同时以促进课程的不断创生与完善，促进学校制度和文化的重建，促进学校与社区的良性互动，师生生活方式的转变，促进学校实际问题的解决为着眼点加以确定。

（二）综合实践活动课程中对学校评价的内容

《综合实践活动指导纲要》指出："对各小学落实综合实践活动情况的评价主要集中于学校具体保障措施的实行。包括对教师的安排、课时安排、场地安排、设备配套及相关的管理制度的制定等方面的评价。"因此，学校管理者和教师是评价的主体。

学校综合实践活动的评价内容主要包括以下几个方面：

1. 课程设置

实施学校评价的首要内容是学校是否按《课程改革指导纲要》的课程设置落实了综合实践活动课程。因为只有落实了课程设置，课程的建设和发展才有了前提保证。此外，关于课程设置的评价还需要关注课程设置是否合理，有没有以主题活动的方式整合综合实践活动的指定领域和非指定领域，以及指定领域所包括的研究性学习、社区服务与社会实践、信息技术、劳动技术教育四个指定要素。

2. 制订方案和计划

对综合实践活动实施方案的评价也是对学校进行评价的重要内容。具体包括以下内容：学校是否制订了学期综合实践活动课程实施计划？是否制订了分年级的计划？计划的制订是否有长远规划？是否体现学校特色？是否有切实可行的操作性措施？等等。

3. 建立组织机构

综合实践活动学校评价的又一重要内容是学校是否成立课题研究工作小组。课题研究工作小组可由教科室主任或一名校级领导负责，把少先队辅导员、班主任吸纳为课题组成员，同时聘任学科教师、学生家长、社会有关人士担任综合实践活动的指导教师。

4. 校本培训

担任综合实践活动课程的指导教师，要担任课程资源开发、课程组织管理、方案规划设计、信息收集整理等诸多任务，教师如果缺乏长期的系统的培训，断难胜任。同时由于综合实践活动没有固定的指导教师，需要各科教师开展协同教学，便更需要学校对指导教师开展包括政策、理论、技术、研究方法等内容，以专题讲座、研讨、经验交流、个别指导为形式的系统的校本培训。对学校培训教师的内容和形式培训进行评价，有助于推动、促进学校综合实践活动的实施与开展。

5. 管理制度

学校是否针对综合实践活动课程特点，建立了相应的管理制度以保证课程的有效实施，在一定程度上可以反映出学校是否充分认识到了开设综合实践活动课程的意义，有没有教育改革的紧迫感。因此，学校的管理制度也是综合实践活动学校评价的重要内容。具体内容包括：学校有没有把综合实践活动课程的开发工作纳入学校教学计划，教务处是否定期指导、检查、评估，相关方面的协调工作如何，是否科学合理地计算综合实践活动指导教师的工作量，对综合实践活动成绩突出的教师的奖励措施等。

6. 资源的开发利用

综合实践活动课程与资源的开发有密切的关系。实施综合实践活动的过程，实际也是课程资源成为凸显课程价值、教育价值的过程，也是各科课程资源在相互作用中得到发展的过程。因此，能否合理地开发和利用课程资源，也是评价学校实施综合实践活动课程的又一内容要素。具体的评价内容包括：学校有没有充分发挥地域性优势，开发利用地区的优势资源；学校有没有立足社区特色，开发利用社区课程资源；学校有没有发挥家庭教育作用，开发利用家庭课程资源。此外，还可以考察评价学校开发利用人才资源利用情况，如本校教师资源的利用情况，校外人才资源的开发情况，以及信息课程资源的信息技术资源的开发利用状况。

7. 学校文化氛围

校园文化是指以校园为地理环境圈，以社会文化为背景，以学校管理人员和全体师生员工组成的校园人为主题，在学校教育、学习、生活、管理过程中的活动形式和活动结果。它既是一种文化现象，也是一种新的学校管理模式，影响和制约着校园人的活动和发展。因此，是否通过综合实践活动的实施营造科学、民主、开放的校园氛围，也是学校评价的主要内容。具体内容包括：学校的观念文化、制度文化、物质文化、教育行为文化等，如教师的教育观念、教育方式、教育行为有哪些改变，有没有建立和健全学校全体成员共同认可并自觉遵守的行为准则，学校的教学设施和生活资料是否齐备并能够体现学校独有的文化特征，学生的学习方式和教师的教学方式是否多样合理，师生关系是否和谐等等。

(三)综合实践活动课程中对学校评价的方法

1. 组织学校进行自我展示

组织学校进行自我展示，主要就是开展校际经验交流、成果展示活动，这样既可以提高学校在活动过程中的知名度，还可以充分满足学校自我表现的欲求。

2. 组织学校进行自我评价

学校开展自评工作，是学校建立评价小组，根据评价内容和标准开展自评活动。主要方式有：由校长、教导处、教师代表、学生、家长等共同组成学校自评小组；通过查阅资料、问卷、座谈等，有计划地开展自我评价活动；撰写自评报告，自评报告的内容与基本要求包括：自评过程；学校开展本课程的基本情况，如所开展的活动，学生的发展情况，课题研究的进展、教师的专业发展，家长和社会的反响；存在的问题以及改进措施；建议或要求等等。

3. 组织学校之间互评

具体做法是：由各片组长、学校分管领导、骨干教师组成互评小组，同时邀请部分参与综合实践活动指导的社会人士参加，通过听汇报、查阅资料、座谈、实地观察以及问卷调查等方法，有计划地开展互评工作；根据资料撰写互评报告，对评价学校进行全面、综合评价并提出建议或意见。

4. 建立学校管理评价制度

建立定期对学校进行互评、不定期的展示性评价、经常进行自评的评价管理制度以及表彰奖励制度。运用激励机制，如召开表彰大会，表彰先进集体和个人，把综合实践活动的成绩和教师个人的发展直接挂钩等方式，调动学校领导和教师参与综合实践活动的积极性。

此外，对学校的评价要侧重于评价学校落实综合实践活动课程的状况，包括综合实践活动的课时、师资、课程资源的开发与利用、学校对综合实践活动课程实施的管理等方面的内容。

总之，综合实践活动课程的评价包括学生评价、教师评价和学校评价三方面，每一方面的评价都要注重过程性和结果性评价，做到过程性评价和结果性评价的统一。

复习与思考

1. 综合实践活动该怎样进行活动方案评价？
2. 综合实践活动该如何实施学生评价？
3. 综合实践活动该如何实施教师评价？
4. 综合实践活动该如何实施学校评价？

推荐阅读

1. 张华. 关于综合课程的若干理论问题. 教育理论与实践，2001(6).

2. 朱雪松. 如何进行小学综合实践活动的评价. 新课程研究(基础教育)，2010(10).

3. 蔡永红. 对多元化学生评价的理论基础的思考. 教育理论与实践，2001(5).

4. 钟启泉，崔允漷，张华，有宝华. 为了每一个学生的发展——新世纪中国基础教育课程改革刍议. 全球教育展望，2001(2).

5. 郭元祥，沈旎. 综合实践活动教师指导用书(5—6年级). 山西：山西科学技术出版社，2011.

第五章　小学综合实践活动的教师指导

本章重点
- 小学综合实践活动设计问题产生阶段的教师指导
- 小学综合实践活动设计主题确立阶段的教师指导
- 小学综合实践活动设计小组组建阶段的教师指导
- 小学综合实践活动设计活动方案制订阶段的教师指导
- 小学综合实践活动反思与评价阶段的教师指导

教育部《综合实践活动指导纲要(3-6年级)》指出："小学综合实践活动的实施在坚持学生自主选择、主动实践的前提下,强调教师对学生的指导。虽然综合实践活动的开设带来教师角色的根本性变革,由传统的主导者、支配者转变为支援者、参与者,但这一阶段小学生的发展水平决定了教师要在以下方面给予切实的指导:(一)创设问题情境,激发内在动机,帮助小学生确定活动和探究的方向;(二)审视小学生预期的探究方法与实践途径的可行性并进行相应的指导;(三)督促和激励小学生的实践与探究活动,帮助他们克服困难,保证活动的持续进行;(四)拓宽小学生的思维,将体验与探究活动引向深入;(五)指导合作方式与技术,保持有效的小组合作与分工;(六)引导小学生选择适当的结果呈现方式;(七)指导学生对活动进行适当的反思。"该纲要同时强调:"对于不同年级的小学生,以上方面指导的力度应有不同。年级越低,指导的力度应越大。"可见,在小学综合实践活动中,教师指导具有重要意义。

第一节　小学综合实践活动设计的指导

为了有效地开展小学综合实践活动,在活动开展之前,必须对小学综合实践活动进行设计。在小学综合实践活动设计过程中的每一个环节,包括问题产生阶段、主题确立阶段、小组组建阶段和活动方案制订阶段,都离不开教师的指导。

一、问题产生阶段的教师指导

在哈佛大学师生中流传着这么一句名言：“教育的真正目的，就是让人不断提出问题、思考问题。”教育家陶行知说过：“发明千千万，起点是一问。”提出问题是一切科学研究的前提和基础。同样，在小学综合实践活动中，许多活动主题都来自学生的问题，是学生想要知道、希望了解的。因此，培养学生的问题意识，指导学生提出问题，是小学综合实践活动指导教师在活动准备阶段面临的第一个问题，也是极其重要的问题。在问题产生阶段，教师进行有效指导的关键在于帮助学生搞清楚什么是问题？如何关注身边的问题，并启迪学生进行思考，以培养恰当的问题意识。

（一）什么是问题①

对“问题”这个词，人们并不陌生。但它的确切含义是什么呢？《现代汉语词典》中对它的解释主要有：要求回答或解释的题目；需要研究讨论并加以解决的矛盾、疑难；关键，重要之点；事故或麻烦。这里所谈的“问题”，是指第二种解释，即超越个体已有知识体验和技能所能解释或解决的疑点。

科学哲学家波普尔曾指出：“科学与知识的增长永远始于问题，终于问题——愈来愈深化的问题，愈来愈能启发大量新问题的问题。”的确，思维是从问题开始的，有问题才会有思考。人类文明的发展，其实就是一个不断发现问题和解决问题的过程。

各种各样的问题在我们的日常生活、学习和工作中都有可能出现，明确问题的分类对问题的顺利解决很重要。根据不同的分类标准，对问题可作不同的分类。一般来说，问题可以分为以下几种类型。

1. 根据答案的多少，可把问题分为封闭性问题和开放性问题

封闭性问题是只有唯一正确答案的问题。例如，小花有 5 元钱，买铅笔花了 2 元，买橡皮花了 1 元，小花还剩多少钱？开放性问题是指有两个或两个以上，乃至无数个可行性答案的问题。例如，一杯水有哪些用途？

2. 根据问题呈现的具体情境，问题可分为书本问题和现实问题

书本问题是指书本上呈现的、经过书本编写者选择的问题。这类问题通常在表述上信息充分，并要求给予期望的、正确的解答。例如，长方形的周长＝（长＋宽）×2，如果长方形长是 5 厘米，宽是 8 厘米，那么长方形的周长是多

---

① 郭元祥，沈旎. 综合实践活动教师指导用书(5—6 年级). 太原：山西科学技术出版社，2011：1—3.

少？现实问题是指在现实生活环境中遇到的问题。这类问题通常可以寻求多种多样可能的解答，对这些解答可以多中选佳，佳中选优。例如，设计一条由北京到上海的高速铁路。

3. 根据信息表述的明确性，问题可分为明确的问题和模糊的问题

明确的问题也叫确定性问题，是指具有明确的条件、目标和解决方法的问题。模糊的问题也叫不确定性问题或结构复杂的问题，是指对条件、目标和解决方法没有明确规定、说明的问题。例如，怎样培养创造型教师？怎样培养创新性人才？

4. 根据寻求解答的指向性，问题可分为理论问题和应用问题

理论问题是指以探讨和发展科学的基本理论为定向的问题，即基础性研究的问题。例如，学生创新能力培养与素质教育关系的问题。应用问题是指在科学理论指导下开发新项目、新产品，并以应用于现实生活为定向的问题。例如长江隧道建设问题。

5. 根据创意性，问题可分为常规性问题和创造性问题

常规性问题是指日常生活中一般性的、创意程序较低或无创意的问题。这类问题的解决不需要寻找新的策略，只需直接从已有的知识经验系统中提取有关的解决方法。例如，求 $1+2+3+\cdots\cdots+10$ 的和。创造性问题是指富有创意的、需要重组已有信息和知识经验，寻找新策略方法才能解决的问题。例如，树上有五只鸟，打死了一只，还有几只？

6. 根据内容不同，问题可分为低级型、中级型、高级型问题

低级型问题是由他人呈现的问题，解决的方法是已知的，解决这类问题，学生只需记忆。中级型问题也是由他人呈现，但解决的方法和结果是未知的，解决这类问题，学生需要推理。高级型问题是由学生自己发现的问题，解决这类问题，不仅靠记忆和推理，还需运用创造性思维。小学综合实践活动中的问题主要是指高级型的问题，是由小学生自己发现，或在他人的启发下根据已有经验在特定情境中产生和提出的问题。

（二）问题的来源①

现实生活中，问题的来源是多方面的。在我们的日常生活、学习和工作中，都可以发现许多问题，问题来自人们的生活，来自人们的观察或者科学研究等。例如，鱼儿在水中有自由来去的本领，人们通过观察，就模仿鱼类的形体造船，以木桨仿鳍。相传早在大禹时期，我国古代劳动人民观察鱼在水中用

---

① 潘洪建，李庶泉等. 小学综合实践活动指导. 镇江：江苏大学出版社，2010.

尾巴的摇摆而游动、转弯，他们就在船尾上架置木桨。通过反复的观察、模仿和实践，逐渐改成橹和舵还有桨，增加了船的动力，掌握了使船转弯的手段。这样，即使在波涛滚滚的江河中，人们也能让船只航行自如。概括起来，小学生的问题来源有以下几个渠道：

1. 小学生在学习生活中遇到的问题

学生每天都面临着大量的学习生活问题，学生会对许多问题感到困惑或产生兴趣，这些问题经过分析和梳理以后，就可以成为学生开展综合实践活动课程探究的主题。比如，随着国家"独生子女"政策的实施，"独生子女"存在于绝大多数家庭。在一个家庭中，1个孩子同时受到6位家长的关注已成为普遍现象，这样，孩子难免会被宠坏。那么，这些主体意识很强的小学生在校园中如何才能融洽相处呢？这是需要思考的问题。还有，现在网络技术给人们的学习生活带来了很大便利，但同时也使得部分学生沉迷于网络和游戏中，如何正确对待电脑和网络，也成为小学生应当思考的问题。

2. 学校配合各种社会活动遇到的问题

加强学校与社会的联系，是教育发展的必然趋势。越来越多的家长鼓励自己的孩子参加各种社会实践活动。在各项活动中，让孩子大胆实践，诱发出孩子充满灵性的创造活力。同时，学校为了配合当地政府和有关部门，可以通过组织学生开展各种形式的社会实践，引导学生在活动中寻找和发现问题。例如，6月5日是世界环境日，教师可以启发小学生思考该节日的社会意义，甚至可以组织小学生配合当地政府环境保护部门或者环境保护组织，参加一些环境保护宣传活动，或者指导小学生开展环境问题的调查与研究，培养小学生爱护环境的意识与社会责任感。再如，浙江杭州某学校通过开展的"关于杭城酸雨污染的调查与思考"的社会实践活动，教师组织学生学习关于酸雨、酸雨污染的知识，并对杭州的酸雨污染状况做了调查、分析，引导学生思考防治酸雨污染的具体措施，培养学生爱护环境的意识。

3. 小学生比较关心的社会热点问题

随着社会的不断发展，小学生的视野也越来越开阔，许多小学生对一些社会热点问题也比较关心，教师也可以引导小学生结合自身的学习实际去关心社会热点问题，组织学生开展讨论，从中发现和寻找问题。例如，2010年甲型H1N1流感的扩散，给全世界人民生命安全造成了威胁，教师可以通过综合实践活动课的形式，启迪小学生思考世界一体化过程中如何防御传染性病毒的影响与危害。再如，在十八大新闻中心，11岁的小学生记者张佳鹤对住建部部长姜伟新提问：房子花光爸妈积蓄，没钱给买玩具了怎么办？请教部长伯伯怎样能让房价降一点？对此，姜伟新回答：希望你们小朋友好好学习，房价的问题将来会解决的。虽然建设部长答非所问，但是，小学生记者的提问也说明了他们关心社会热点问题。

（三）提出问题的基本要求[①]

在小学综合实践活动课程中，教师要指导小学生如何提出问题，首先自己要明确提问时的一些基本原则和要求。因此，在具体指导小学生提问时，教师应让小学生明确以下要求。

1. 进行认真思考

问题来源于思考，只有经过深思熟虑，问题才有价值和意义。小学综合实践活动是一门密切联系小学生活的实践性课程，课程中的活动主题是小学生基于自身对日常生活的观察、调查、体验和感悟，以问题的形式提出来的。小学生只有开动脑筋认真思考，才能从事件或现象的表层提炼出有价值的问题，所以，认真思考是提出问题的前提条件，教师应该指导小学生在提出问题时进行认真思考。

2. 问题有创新性

并不是所有的问题都有价值，都能够成为小学综合实践活动的主题，只有那些有创新性的问题才能成为开展活动课的基础。但是，这里所谈的创新跟科学技术领域的创新是有区别的。对于小学生来说，只要他们所提的问题不是照搬别人的问题和思想观点，是经过自己认真思考的问题，对广大同学具有一定启发和实际意义的问题，就应当认为是具有一定创新性的问题。

3. 语言表述清晰

这是对提出问题表述的基本要求。也就是说，要让小学生学会把自己的问题清楚、明确地表达出来，让大家能够理解。要做到这一点，一方面，小学生应口齿清楚、声音洪亮；另一方面，小学生应明确问题的要素、实质，这样才能清楚地表达出来。因此，教师在指导小学生提出问题时，尽可能让他们学会用简明的语言，把想要提出的问题清楚地表达出来。下面用一个例子来说明：

【范例 5-1】

在小学综合实践活动中，提出有价值的问题是活动得以进行的关键。那么，教师应该如何帮助小学生提出高质量、有价值的问题，并以学生提出的问题为基础，开展综合实践活动呢？下面是一个具体的教学案例，供大家参考。

---

① 郭元祥，沈旎. 综合实践活动教师指导用书(5-6年级). 太原：山西科学技术出版社，2011.

在情境中引导学生提出有价值的问题

关于《校园绿化综合实践活动》提问前的教学步骤为：和学生一起讨论，共同明确本次活动的基本步骤。

第一步，引导学生从以下几个方面完成观察活动：校园绿化数量及面积、校园绿化的树木花草种类、校园绿化后的保养工作、树木花草的一些细节（如枝叶、什么时候开花、什么时候有果实等）。

第二步，全班同学在老师的带领下观察校园绿化情况，教师从以上四个方面适时引导，并提醒学生边观察边思考：例如，你对校园绿化情况有什么问题？你想了解什么？你知道这是什么树木花草？

第三步，引导学生写出自己最感兴趣的问题，要求每个学生至少写出3个问题；问题表述清晰，语句通顺。

在此教学情境中，52名学生按四条线索提出不重复的有效问题43个，问题相对具体，表述较为清晰。跟踪后期活动进程，学生对自己提出问题的关注成为学生主动进行主题研究的内在动力，学生学习的自主性相对较高。

（四）学生提问时的常见错误[①]

提出问题看起来容易，但实际做起来却比较难。对于小学生来说，在提问的过程中，如果没有教师的相应指导，很容易犯以下错误。

1. 不假思索，随意而问

有些小学生比较调皮，表现欲又强。在问题产生阶段，当老师让大家提出自己感兴趣的问题时，他们经常会不假思索地乱提一气。这些学生提出的问题虽然很多，内容也很丰富，但往往流于表层、过于肤浅，不能保证问题的质量。

2. 求异求新，不切实际

有些学生提问时一味求异求新，所提的问题常常脱离自己的日常生活、学习实际，没有可行性，很难成为同学们综合实践活动的主题。

3. 思路不清，表达含糊

有些学生由于紧张等原因，提问时常常语无伦次、词不达意；或由于思路不清晰，在表达问题过程中，往往模棱两可，含糊不清，不能清楚地把问题表达出来。

4. 人云亦云，附和从众

有些学生还没有学会观察和思考身边的各种现象和事件，或者对某些现象

---

① 郭元祥，沈旎. 综合实践活动教师指导用书(5—6年级). 太原：山西科学技术出版社，2011.

和事件的观察不清楚、不细致，思考问题比较肤浅，没有形成自己的想法和观点，因此，在提问的时候，常常人云亦云，随声附和。

(五)学生提问阶段的指导要点①

在小学综合实践活动课程中，提问能力至关重要。但目前由于各种原因，小学生的问题意识薄弱，创新能力不强。对此，教师应着重从以下几个方面对小学生进行重点指导。

1. 帮助学生树立信心，使学生愿意问

研究表明，随着年龄的增长，越来越多的小学生不愿提问，这是当前课堂教学中普遍存在的现象。那么，小学生为什么不愿提问呢？主要是因为他们怕所提的问题太幼稚，被人笑话。因此，教师应该帮助学生树立信心，多给学生一些鼓励，使他们相信自己能提出有价值、高质量的问题。教师的鼓励措施主要包括：

一是通过讲故事的方式让学生明白勤思考、多提问的重要性。教师可以给学生多讲讲牛顿与苹果、瓦特与壶盖等故事，还可以给学生讲一些同龄人的科技小发明、小创作，以此激发他们提问的欲望。

二是给予学生应有的尊重。学生的表达能力有高有低，对表达能力弱的学生，教师也不应中途打断学生的发言，要学会倾听，同时要求大家尊重提问的学生。只有尊重学生，给他们表达的机会，才能增强学生提问的信心。

三是给予学生肯定和表扬。对小学生来说，老师的表扬和肯定是极大的鼓励。当学生提出的问题得不到他人的响应时，教师也要给予一定的肯定。教师的肯定和表扬，可以调动学生提问的积极性，增强他们的信心。

2. 营造自由轻松的氛围，使学生敢于问

学生的问题意识能否得以激活和发展，关键取决于是否有一个适宜的环境以及民主、和谐的教学氛围。为此，教师要转变观念，把自己放在与学生平等的地位，把学生看成是一个发展中的人，尊重学生的个性特征，发挥学生的主体作用，并注意加强师生沟通。

第一，教师应充分尊重、呵护学生的问题意识，鼓励学生大胆质疑。即使学生提出的问题是幼稚乃至荒唐的，教师也不能挖苦或者责备，而应给予鼓励和支持。

第二，要有意识地培养学生质疑问难的兴趣和勇气，提供提问和讨论的机会。教师要及时召开讨论会，让学生自由地提出感兴趣的问题。例如，有所学

---

① 郭元祥，沈旎. 综合实践活动教师指导用书(5—6 年级). 太原：山西科学技术出版社，2011.

校处于拆迁区，教师发现学生很关注这件事，于是及时召开讨论会，让学生大胆提出自己感兴趣的问题。学生提出了许多问题：为什么有些拆迁户不愿意拆迁？政府的拆迁政策是什么？讨论后，学生以"关于拆迁"为题，开展了一系列综合实践活动。

第三，对学生的问题意识给予积极而合理的评价，让学生真正成为发现问题的主体，充分调动学生参与问题探索的主动性、积极性和自觉性。长此以往，学生才会敢于提出问题，从而提高学生的提问能力。

3. 创设一定的问题情境，使学生主动问

思维通常是由问题情境引起的，所以，在教学中，首先要为学生创设提问的情境。教师创设的情境越是多样化，越是新颖，越是具有强烈的对比度，学生的注意力就越容易被吸引，感觉就会越敏锐、强烈，越容易激发好奇心，从而产生探索的强烈愿望，主动提问。例如，太原市某学校的学生，在参观新修的街道后，感慨万千，惊叹新街道的宽敞和美丽。就在这时，教师拿出学校以前所在社区的照片让学生观看。学生看到以前这条道路上拥挤的交通、破旧的路面后，再对比现在的新街道，问题意识一下子被激发出来，纷纷提出了自己的问题："为什么以前的道路那么拥挤""这种状况对人们的生活产生了什么影响""如何建造我们的新街道"等等。通过大量的实地考察和调查，同学们提出了活动主题：设计未来的新街道。

4. 精心指点与启发诱导，使学生善于问

培养问题意识时，不仅要鼓励学生愿意问、敢于问、刺激学生主动问，还要精心指点，启发诱导，培养学生善于问的能力。在教学中，教师应有意识地指导学生发现问题的方法，既要教会学生"于有疑处生疑"，也要教会学生"于无疑处生疑"，以培养学生的质疑能力，使学生善于发问。到底应从哪里发现问题呢？教师可以从以下几个方面进行指导：

(1)引导学生从日常生活中提出问题。日常生活对学生来说是最熟悉的，所以从生活中提出的问题是学生比较感兴趣的。教师应该鼓励学生做一个生活中的有心人，善于观察，勤于思考，从日常生活中提炼出可研究的问题。例如，有位小学生发现家里的石榴树开花时，所有的花都是向下开的，这是为什么呢？在综合实践活动课上，这位同学把观察到的问题提出来，引起了很多同学的研究兴趣。

(2)引导学生从调查研究中提出问题。让学生开展社会调查，是培养问题意识的有效途径。在调查研究中，学生可以发现感兴趣的问题，并从中找到研究主题。如有位教师让学生就自己感兴趣的问题进行社会调查。通过一段时间的社会调查，学生发现了许多问题："不规范运用汉字的问题"、"不文明经商的问题"、"街上流浪狗的问题"、"交通线路不便民的问题"等。从这些问题中，学生选择并开展了一系列实践活动。

(3)引导学生从资料查询中提出问题。查阅资料是常用的研究方法，也是提出问题的有效途径。例如，有个学生在一本书中看到"山西醋全国有名"。随之她产生了一个个问题：为什么山西人喜欢吃醋？山西醋的营养价值真的这样高吗？山西醋对人体到底有什么好处？……带着这些问题，她查阅了大量资料，写出了小论文《山西醋的种类与食用》。

(4)引导学生从学科学习中提出问题。综合实践活动虽然不同于学科课程，但并没有与其他学科割裂开，所以，教师可以引导学生从学科学习中提出有价值的问题。例如，在学习课文《恐龙》后，学生提出：恐龙到底是怎样消失的？人类又是怎样知道各种恐龙的？……也有教师结合四年级社会课《生活与储蓄、保险》和六年级数学课《百分数的应用》的内容，组织学生展开讨论，引导学生提出：压岁钱怎么花？如何把压岁钱存入银行？银行的利率怎么算？……最后，以"零用钱怎么花"为主题展开实践活动。

(5)引导学生随时记录提出的问题。教师在引导学生提出问题的同时，还要引导学生随时记录问题。可让学生准备一个问题记录本，随时记录自己的问题，还可将发现问题的过程和情景记录下来。有教师让学生将发现的问题、发现问题的经过和当时的感想以周记的形式写下来，并每周按时朗读周记。这样做既培养了学生的问题意识，又提高了学生的写作能力。教师也可引导学生将提出的问题按"是什么""为什么""怎么样"分类，为下一阶段确定综合实践活动主题做准备。

【范例 5-2】

在小学综合实践活动中，学生的问题从哪里来？如何才能发现和提出大家都感兴趣并值得研究的问题呢？下面是王晓娜老师发表在《小学青年教师》上的教学案例，编者对题目有所改动，这里主要选取了该文的问题产生部分的内容，且略有删改，相信会对大家有所启发。

问题在情境中产生①

开学初的一天，我们班正在上课，外面忽然飘来一阵浓烈的烟味，呛得大家直皱眉头。一下课，学生纷纷来到走廊上探寻究竟，原来是附近的居民在焚

---

① 王晓娜. 用情境开启心灵之窗——谈"人·树木·家园"综合实践活动主题的确定. 小学青年教师，2005(3).

烧枯叶。有学生大声埋怨起来："污染环境，真气人！"议论中，一个学生不无感慨地说："树木本来可以绿化环境，现在倒成了破坏环境的罪魁祸首了！"一旁静听的我顿时灵机一动，此时不正是一个教育学生树立环保意识的良好契机吗？想到这儿，我说："树木也绝想不到它们还有这样的作用啊！"学生们议论纷纷，有的学生说"都怪那些不自觉的居民！"也有的学生说"他们难道就不觉得呛人吗？"还有学生替树木鸣不平说"他们对树木的作用到底了解多少呢？"这时，我心中升起一个疑问。于是，我决定抓住这次机会，引导学生就树木与环境的关系进行一次学习探讨。

这天晚上，我开始着手准备，要用事实引导学生，激发他们进一步探索的欲望。第二天的综合实践课一开始，我便无意似地拾起了昨天的话题："今天没人烧树叶了嘛，想必他们也认识到这样既污染环境，又对不起树木的行为是错误的！"学生一听都笑了起来。我继续往下说："是呀，树木肯定要叫屈的，'我们'可是人类的朋友呀！"这时，有学生问道："为什么说树木是人类的朋友呢？"时机到了，我抛出了证据："不信，我们来看看这些图片！"

我首先用实物投影仪打出一张阿联酋的城市——迪拜以前的照片，图中的迪拜到处是灰蒙蒙的一片，房屋矮小，土地板结。我请学生谈谈，如果让他们住在这样的环境里感觉会怎样？学生们一个个叫苦连天。一个学生说"连太阳都显得无精打采了，人还怎么提得起精神！"另一个说"环境这么差，人一定会生病的！"我微笑不语，换上了两张迪拜现在的照片。刚一放上去，就听见下边一片惊叹声。"太漂亮了！"我请学生自己来描述刚才看到的情景。一个学生说"绿树成荫，鲜花遍地，真是景色怡人！"另一个接着说"现在的迪拜和以前相比，简直是天壤之别！"我适时地引导他们思考："迪拜怎么会有这样令人震惊的变化呢？"学生在下面立刻议论起来。"是树木！"一个个兴奋的声音不断高喊着。

这时，我转换了话题，换上了另一组图片——黄河新旧面貌的对比图片。原先的黄河水质较清，略带黄色；现在的黄河简直是一团巨大无比的泥浆流，汹涌而浑浊。同学们再一次震惊了，教室里鸦雀无声。许久，我的发问才打破了沉寂："黄河又怎么会有如此惊人的变化呢？"学生们面面相觑，不得其解。我适时打出了黄土高原的地貌图。图中的黄土高原赤裸裸的土地被烈日烧得块块龟裂，一道道深深的裂痕是那样悲凉而无奈。"哦，原来是这样！"学生恍然大悟，情绪一下子沉重起来。"也是因为树木，黄河才变成今天的模样啊！"有个学生轻声叹息说。

我将所有图片一起打出，学生久久注视着这六幅图片小声地议论着。看着他们凝重的眼神，感受到课堂上庄重的气氛，我知道，树木之于环境的重要性，已经大大激发了他们的兴趣。

在激起学生的兴趣之后，我让他们有什么观后感就大声地说出来，疑问也好，感慨也罢，有什么就说什么。于是，刚才形成于学生心中的各种想法纷纷涌出。贺李森激动地说："同样是人的行为，一个被改造成了人间天堂，一个却被毁得'面目全非'，为什么我们就不能学学人家保护树木，多多植树造林呢？"陈琅担心地说："黄河已经变成这样了，这都是人们乱砍滥伐树木造成的。如今，沙尘暴也已经成了北方最大的自然威胁，如果再不赶快植树造林，我们的首都北京恐怕也要'面目全非'了！"……

学生一句句发自肺腑的话语让我欣喜地看到他们的成长，理性的火花在闪耀，一份社会责任感已在他们心中萌发，这正是新课程新教育理念的可喜收获啊！此时，我由衷地发出了感叹，同时也为大家的"畅谈会"作了总结："同学们发表了这么多真知灼见，真不错！老师能看到你们关注环保问题的热情在不断高涨！是呀，看来树木与环境的关系已经成为当今人类无法回避的重大课题了！"

【评析】

从本案例可以看出，只要老师引导得当，学生就能够提出很多高质量的问题。那么问题从哪里来呢？从这个案例中我们能够得到启发：在学生的日常学习和生活中，蕴藏着丰富的问题资源。如果教师能够带领学生仔细观察和思考身边的人、事、物，就一定能提出许多问题。案例中的王老师通过一系列问题情境创设，引导学生围绕一定的话题提出自己感兴趣和关注的问题，让每个学生都有感触，每个学生都有话说，从而帮助学生找到适合自己的学习方式和探究方式。

【范例 5-3】

在小学综合实践活动教学中，问题产生阶段的教师指导方法是多种多样的，相信每位教师都有自己的指导方法和心得体会。下面的这个例子，就是教师就如何做生活中的有心人，多角度培养学生问题意识的例子。后面的体会就是一位综合实践活动教师在指导学生如何提出问题、形成主题时写下的指导体会。这种指导方法和心得体会，对您或许有参考价值。

多角度培养学生的问题意识[①]

爱因斯坦曾经说过：提出一个问题往往比解决一个问题更重要。那么，如

---

① 郭元祥，沈旎．综合实践活动课程教师指南（5—6年级）．西安：陕西师范大学出版社，2006．

何培养学生的问题意识呢?

一、聚集热点、难点及焦点引发问题

许多学生面对现实生活缺乏思考,对一些很有意义的社会现象、生活现象无动于衷,所以教师要有目的、有重点地带领学生观察社会、观察生活,抓住有意义、感兴趣而又符合其身心发展规律的生活难点、社会热点、区域特点进行发掘,以培养学生的问题意识。

聚集生活中的片段,也是引发学生思考问题的好办法。当那些不被学生关注的大量信息集中展现在学生眼前时,就会引起学生的关注,就会碰撞出火花。随着信息的日益丰富,学生对某一现象认识的逐步加深,其兴趣也会越来越浓,他们的头脑里就会产生许多问题。另外,还可以将许多学生不太留意的现象展示出来,由学生提出自己的思考。比如报上登出一些外来物种入侵的事件,食人鱼、兰茎草、水葫芦、埃及鲶鱼等外来物种威胁本土物种,学生也许只零星地听到,并不在意,如果老师有意将这些信息集中展示给学生,就会引发学生思考,从而开发出关于外来物种调查的主题。

二、引导学生在学科学习中发现问题

学习生活是学生生活的重要组成部分,在各科的学习过程中,学生会产生各种各样的问题。如在学习英语的过程中,学生提出了这样的问题:"英语中有些单词是缩写,衣服标牌上的 S、M、L、XL 是不是英语的缩写呢?是哪些单词的缩写?"这些问题是学科学习的延伸与拓展。对于小学高年级学生来说,有比较大的升学压力,将综合实践活动与学科学习整合在一起,运用综合实践活动课程的时空及学习方式,让学生在自主研究的基础上解决这些问题,可以解决各类课程活动重复、效率比较低的问题。由此可见,关注在学科学习中产生的问题,不失为一种聪明的做法。

三、引导学生在各类活动中生成问题

学校组织的各类活动是学生产生问题的沃土,教师可以引导学生关注学校的各类传统活动,发现其中的问题。如在体检中,学生发现很多同学的视力在高年级有所下降,问题出在哪儿?我们是不是近视了?近视了怎么办?近视对生活会有哪些影响?怎么防治近视?什么是假性近视……不断地从某一问题出发,提出多个与此相关的问题,将提高学生整体思考问题的能力。像体检中产生的问题,将会成为"关于近视问题研究"这个主题的起点。

教师也可以有意识地布置学生开展自己感兴趣的调查活动,在实践中发现问题、提出问题。比如,在寒假里,教师了解到许多同学整天在家里看电视,于是组织学生对全校学生进行了一次"最喜欢的电视节目的调查"。大家发现同学们看电视节目没有选择性，很多同学看电视的时间太长。于是有学生首先提出"什么样的节目对小学生的成长有利""每天看多长时间的电视最好"等问题，根据对调查数据的分析，同学们又提出了许多新的问题。

四、教师可提供问题菜单给学生参考

综合实践活动主题的确立基于学生的问题，是不是所有的问题都需要由学生提出呢？为发挥学生的自主性，教师要尽量引导学生自主提出问题、确立主题。但同时，由于小学生年龄比较小，知识经验不足，考虑问题难免不全面，所以，在学生自主提出问题的同时，教师也可以提供一些问题菜单引发学生的思考。这些由教师提供的问题，应该是教师对学生生活进行深入观察后提出的，通过一定的形式转化为学生能够接受的共同关注的问题。

可以套用一句话："生活中并不缺乏问题，缺的是发现问题的眼睛。"教师不仅要具备这样一双慧眼，也要注意培养学生具备这样的慧眼。当然，如何将问题转化成综合实践活动课的内容，教师还必须具备一定的收集问题、问题分类、提炼主题的能力。

【体会】

提出问题是开展综合实践活动的第一步，是综合实践活动的起点。可是问题从哪里来？这也是大多数老师初上讲台执教综合实践活动课所遇到的苦恼事情。学生提不出问题或者问出千奇百怪而无从下手的问题，一时间会让自己手足无措，头疼不已。那么，在综合实践活动课中，如何让学生提出熟悉而又感兴趣、具体而又好研究的问题呢？

首先，引导学生从日常生活中提出问题。教师应该鼓励学生做一个有心人，留心日常生活中可以提炼研究的问题。

其次，从社会热点、焦点中提出问题。作为一名教师，教出的学生不能是"两耳不闻窗外事，一心只读圣贤书"的迂腐学生，而应成为一个关注社会、关注自己所处社会环境的社会人。

因此，教师应该有意识地引导学生在学习课本知识的同时，关心发生在自己周围的时事要闻。

二、主题确立阶段的教师指导

主题确立阶段，教师需要将学生的各种想法与问题加以归类和整理，并按一定的原则及要求加以分析和梳理，也就是在指导学生整理和分析问题的基础上，指导学生对主题进行分解，正确地表述主题，尽可能避免选择主题常见的错误，指导学生对主题进行论证，最终选择具有研究价值和可能实行的综合实

践活动主题。

(一)指导学生整理和分析问题

问题产生以后，就要对学生提出的各种各样问题进行初步的整理和分析，为最终确立主题打好基础。

1. 帮助学生分析问题的价值

学生关注的问题五花八门，并不是所有的问题都可以作为综合实践活动的探讨主题，只有具有科学性和研究价值的选题才能成为学生开展探究活动的主题。教师应帮助学生分析主题的价值，通过比较分析的方法，对各种问题的重要性进行筛选，分析哪些问题是主要的，哪些问题是次要的，哪些问题是有所创新的，哪些问题是有待考察的？通过初步分析，为最终确立最有价值的主题提供比较可靠的基础。

2. 指导学生将问题进行归类

有些问题本身有一定的价值，但作为综合实践活动的主题缺乏实施的可行性，因此，也不能作为综合实践活动的主题。例如，有的学生提出要研究宇宙问题，虽然有很强的科学性，但对于一般的小学生而言，显得过空、过大，毕竟小学生学习的知识还十分有限，不具备研究的可能性，不能成为开展探究的主题。因此，教师应要求学生先就通过各种途径搜集到的资料、产生的问题进行交流，展开讨论，再引导学生将这若干问题进行归类、整合，从而为问题进行筛选提供前提。

3. 指导学生对问题进行筛选

问题的筛选过程，实际上就是对问题去粗取精、去伪存真的过程。去粗取精就是去掉粗糙无用的，选取精华有用的[①]。在问题的筛选过程中，教师要指导学生学会在大量的问题中选择比较重要的关键问题。去伪存真就是去掉假的，保存真的[②]。由于受各方面的客观条件限制，特别是小学生自身知识有限，他们一开始提出的问题不一定都是正确的、真实的，可能存在某些错误的、虚假的问题。在问题筛选过程中，教师指导学生按照去伪存真的原则对问题进行筛选的过程，就是去掉假问题、保存真问题的过程。通过去伪存真，筛选出来问题更真实、更准确、更可靠。

4. 指导学生分析概括出主题

通过对问题的价值及其对问题的归类与筛选，概括出主题就自然而然了。

① 郭良夫. 应用汉语词典(大字本). 北京：商务印书馆，2003.
② 郭良夫. 应用汉语词典(大字本). 北京：商务印书馆，2003.

但是，小学生毕竟知识有限，在这个阶段特别需要教师的耐心指导，引导学生分析概括出主题。一般情况下，人们通常采取"归类——提炼"的操作方法，即对大量的问题进行归纳，然后再逐层予以提炼，由此及彼，由表及里，分析概括出主题。通过由此及彼的分析，就会找到为我所用的相互联系的问题，从而提炼出主题。通过由表及里的分析，反复思考问题，可以发现多个问题隐含着事物之间的本质联系和内在规律，从而找到规律，分析概括出有价值的主题。

（二）指导学生对主题进行分解[①]

学生围绕某个主题初步提出自己的问题，并依据一定的标准，进行了问题的分类，形成课题，确认主题，但主题和课题往往具有一定的综合性和概括性。因此，在确定主题后，还需要对主题进行分解，从而使主题活动更具方向感及操作性。

1. 按问题的分类来分解主题，安排各阶段的内容

学生整理的问题类型是分解主题的重要线索，这种主题分解方式，是带领学生再一次分析问题之间的关系，对主题活动进行更全面的考虑，查找学生问题产生阶段的缺漏，使问题更全面细致。这种分解主题的方式，可作为小组分工合作的依据之一。

【范例 5-4】

指导学生对主题进行分解，按问题的分类来分解主题，安排各阶段的内容是一种重要形式，具体如何做，方法多种多样，可以用文字表述，也可以用表格表述，还可以把文字和表格结合起来。下面关于"趣味运动会的设计与实施"主题分解可以参考。

"趣味运动会的设计与实施"主题分解

在确定了"趣味运动会的设计与实施"这个主题后，教师指导学生对主题进行的分解可以用表 5-1 的形式表述出来。

---

① 郭元祥，沈旎. 综合实践活动教师指导用书（3－4 年级）. 太原：山西科学技术出版社，2011.

表 5-1 主题分解

主题名称	问题分类		分解主题
趣味运动会的设计与实施	设计阶段	项目与规划	近两年的运动会都有哪些项目 这些项目中哪些是同学们最喜欢的 我们能不能设计一些游戏项目 如何制定规则 确定项目需要考虑哪些因素 怎样让同学们了解项目及规则
		器材与场地	每个项目对器材与场地有哪些要求 场地如何安排 器材如何借 器材的使用方法有哪些
	实施阶段	报名及联络	怎样组织同学们报名 报名时有哪些要求 在哪儿报名 由谁负责报名 什么时间报名 报名表如何设计 如何通报报名情况
		组织与协调	如何安排比赛小组 怎么为运动员编号 怎么通知运动员按时参加比赛 秩序册怎么设计……
		裁判与发奖	由谁来做裁判最公平 怎么请裁判 如何组织召开一次裁判工作会 奖品由谁提供，需要多少奖品 由谁来发奖……
		宣传及其他	要做哪些宣传工作 用什么方式发布运动会信息 为防止意外事故的发生，需要做哪些准备……

2. 按解决问题的活动形式分解主题安排活动开展

按活动形式来分解主题，能帮助学生明确在一个主题下要开展哪些活动，每项实践活动围绕哪些问题展开。按此分解方式形成综合实践活动小组，各小组的活动内容将非常明确。需要提醒老师的是，在小学阶段分解主题时，不宜求全，教师需要考虑在方法指导上的目标，对活动内容应有所选择和侧重。

【范例 5-5】

按解决问题的活动形式分解主题安排活动开展，教师可以参考下面关于"告别一次性用具"主题分解来指导学生。

"告别一次性用具"主题分解

确定了"告别一次性用具"的主题后，教师可以带领学生根据活动形式，对主题进行如下分解：

收集统计活动：哪些地方一次性用品使用较多？我们家里一次性用具的使用种类及数量……

问卷调查活动：人们为什么喜欢用一次性用具？一次性用具使用后一般是怎么处理的……

参观访问活动：一次性用具是用什么材料做的？加工的过程是怎样的？产量及销售情况如何……

查找资料活动：其他国家一次性用具的使用情况怎么样？我国对一次性用具的相关政策？一次性用具对环境的影响……

实验研究活动：一次性用具对环境的影响有哪些？一次性用具卫生吗……

社区宣传活动：如何展示对一次性用具的研究成果？一次性用具回收的宣传，地点的选择，作用的评估……

(三)指导学生正确地表述主题[①]

主题是某项活动的名称，应该高度概括活动的内容，要求它既能传递这项主题活动或项目的主要信息，又能吸引读者，因此指导学生准确表述活动主题十分重要。

不同类型的主题活动表述方法不同，一个综合性的主题往往会包含几种活动类型，因此主题表述可以采用以下方式。

1. 以活动对象为主题名称

这种表述适用于一些综合性较强的主题，例如"山西面食"，在这一主题下往往会包含各种活动类型。在表述具体的课题或活动项目时，可具体表述为"饺子的制作""山西面食的种类研究"等。

2. 以主要活动为主题名称

这种表述方法不仅清晰地说明了主题活动的对象，也点明了主题活动的主

---

① 郭元祥，沈旎. 综合实践活动教师指导用书(3—4年级). 太原：山西科学技术出版社，2011.

要方式，如研究、调查、设计与制作等。例如"关于近视问题的研究"、"××学校三年级小学生阅读情况的调查""种一株绿色植物"、"我为母校留本书"等。

3. 以主要问题为主题名称

这种表述方式使学生在活动中能明确地把握活动的方向，了解活动的意图。例如"生日怎么过""报纸是怎么做成的""零花钱怎么用"等。

4. 以重要联系为主题名称

这种表述方式考虑到综合实践活动涉及的几种事物之间有什么联系，通过分析这种联系，以重要联系作为主题名称，例如，前面谈到的王晓娜发表在《小学青年教师》上的开展综合实践活动的例子，确定的主题是"人·树木·家园"，就是把人、树木和家园三个方面联系起来确定主题的例子。

无论采用哪种表述方式，一个好的主题名称应该简洁、清晰、完整、准确、概括性强。确定主题表述方式是一个师生互动的过程，确定的依据是学生归纳整理后的问题，主题表述需要师生达成一致。

(四)学生选择主题常见的问题[①]

学生提问的积极性被调动起来后，大量的选题会被收集起来，而学生选送的主题往往存在下面几种比较典型的问题，教师在指导过程中了解这些常见的问题，可以有针对性的给予指导。

1. 主题过大无法开展

也就是选择的主题太大，根本无法开展这种综合实践活动。例如"中国地名的调查""花卉博览"等，其内容过于宽泛，几乎可以成为一门专业性的学科了。这样的主题不利于综合实践活动的开展，更不适用于刚刚入门的小学生。

2. 主题过深能力不及

由于小学生各方面的能力有限，主题过于深奥，超出了小学生的知识水平和学校所能提供的条件。例如"航天技术""深海探测"等，对于小学生来说，完成这样的主题是不太现实的。

3. 主题研究不能持久

由于在选择主题时过于草率，或者出于一时热情，兴趣不能长久保持，主题研究往往会半途而废。一些小学生对自己选择的主题只有三分钟的热情，缺乏坚持性。对此，教师要及时地给予提醒与帮助。

4. 主题杂乱价值不大

主题涉及面太广泛，提出的问题过"散"，即问题多、杂、乱，这样的问题

---

① 郭元祥，沈旎. 综合实践活动教师指导用书(3—4年级). 太原：山西科学技术出版社，2011.

直接投入研究是不太现实的，往往也是难以完成的。教师必须引导学生对问题进行整理、筛选、归纳，转化为活动主题。

（五）指导学生对主题进行论证

在综合实践活动中，有些学生提出的课题脱离现实，没有研究的意义，如研究"世上有没有鬼"。因此，教师在充分尊重学生选择的基础上，应坚持综合实践活动源于生活、指向现实的原则，指导学生对主题进行论证[①]。

1. 指导学生论证主题的价值

一个主题到底有没有价值，要看是否能解决现实生活中的问题，是否有利于学生体验社会生活，是否直接作用于学生的生活等。

（1）综合实践活动的内容应反映学生的生活，产生于学生的现实生活中，在活动中学生能自主解决现实生活中的问题，这类主题比较有价值。例如"生日怎么过""校园时尚玩具的研究""班级图书角的建设与管理"等。

（2）综合实践活动形式丰富，以学生直接体验为主的主题活动较有价值。有些主题对于学生来说空而大，例如"水污染"，学生在解决这类问题时往往以查寻资料为主，但如果主题是"节水行动"，学生将会直接参与。

（3）综合实践活动结果能直接作用于并改善学生生活，这类主题比较有价值。例如"关于近视问题的研究""节水行动"等，这些主题活动将直接引起学生生活中某些细节的变化。

（4）综合实践活动过程能使学生获得积极的情感体验，这类主题比较有价值，例如"我为母校留本书""我为妈妈洗一次脚"等活动，能使学生获得对母校、对妈妈的积极情感体验。

2. 指导学生论证课题或主题的可行性

在主题确立阶段，有价值的主题如果不具备可行性，也就失去了实际价值。因此，还需要对主题进行可行性的论证。

可行性，一方面是指是否具备实施主题活动所需要的课程资源，学校或学校附近是否能提供课题研究的必需条件，主要包括知识基础、信息资料、实验设备、研究对象、时间、精力、财力等。因此，教师指导学生在选题时不要好高骛远，研究涉及的内容和范围应与学生的认知基础相适应。

另一方面，经过实践证明，主题的切入点较小，可行性比较强。著名学者张力曾经说过：应该写小题目，不要搞大题目，小题目能写出大文章，大题目容易写得很肤浅，没有价值。小学生受年龄特点、知识经验的限制，选题时更

---

① 郭元祥，沈旎. 综合实践活动教师指导用书（3－4年级）. 太原：山西科学技术出版社，2011.

应选择小而精，且容易操作的主题，重视科学研究方法的体验，切忌贪大求全。比如这样几个主题："环保问题的研究""水污染""身边的水污染情况调查""节水行动"，随着课题的逐渐具体化，其可行性在逐步增强。"节水行动"这个主题虽然小，但学生可以从"为什么要节水""我用多少水""怎么节水""我节约了多少水"等小问题入手，通过活动可能产生改变学生生活状态的积极影响。

（六）主题确立阶段的指导要点

一个主题的好坏可以体现出一堂综合实践活动课程的教学效果，因此，教师要充分认识到主题确立对整个综合实践活动的重要意义。主题确定是有效开展活动的前提条件；活动的一切内容和形式都是围绕主题展开的。[①] 为了做好主题确立阶段的指导工作，教师必须掌握主题确立的基本过程，把握主题确立的基本原则。

1. 掌握主题确立的基本过程

通过问题产生阶段提出问题以后，要指导学生将杂乱无章的各种问题加以归类和整理，并按一定的原则及要求加以分析和梳理，初步分析概括出主题以后，依据一定的标准，确认主题，并对主题进行分解，从而使主题活动更具方向感及操作性。然后，指导学生用恰当的方式把主题准确地表述出来，尽可能避免选择主题常见的错误，指导学生对主题进行力所能及的必要论证，最终选择具有研究价值和可能实行的综合实践活动主题。

2. 把握主题确立的基本原则

小学综合实践活动主题确立，不是先决定教师能够做些什么和先决定学生应该学些什么，而是研究学生关心什么，对什么感兴趣等。主题确立要重视那些来自学生的问题，关注学生的兴趣、经验，以及学生的现实生活。主题确立应遵循以下几个原则：

一是源于生活的原则。生活是重要的丰富的教育资源，综合实践活动着眼于学生的生活，成为学生学习生活的教科书，也是学生学习的重要场所。因此，教师要善于引导学生从日常生活中选取探究的问题，引导学生将所学的知识运用到日常生活中去，到真实的世界进行各种体验，灵活地适应实际生活的需要。在生活的课堂中从学校走向大自然，去锻炼以增长才干，去创造以完善自我。

二是可行性原则。综合实践活动主题确定，要考虑活动的现实指向性、可行性。在确定活动主题时，要注意选择一些对学生自身、家庭、学校以及所在

---

① 薛红. 综合实践活动指导策略初探. 中国校外教育（上旬刊），2012(4).

地区具有实际意义的，有价值，值得研究，内容积极，对学生的成长有利的活动及课题。综合实践活动，需要一定的条件和经费为基础，活动是否可行，也是选题时要考虑的一个问题。另外，还要考虑小学生年龄、知识等特点。

三是尊重学生主体性的原则。每个孩子都是一个独立的人，拥有独一无二的"我"。人的主体性是各种潜能中最重要、最高层次的潜能，是素质结构的核心。综合实践活动为培养学生的主体性提供了条件，开发、提高学生的主体性是综合实践活动的重要功能。自主性、能动性和创造性是培养学生主体性的基本内容。然而主体性是不能"教"给学生的。只有营造良好的环境和氛围，给孩子提供实践的温床，才能确立自主性，培养能动性，提高创造性。

四是立足学校特色的原则。对于任何一所学校来说，综合实践活动都是学校文化的有机构成，集中体现了学校的特色，因此，综合实践活动内容的开发要立足于学校的特色和反映学校所在社区的特色。这就要求在活动主题的选择时，要因地制宜，充分考虑本校、本地的实际情况，只有充分了解这些情况，经过认真分析后制定出来的主题活动，才有利于今后的开展和实施。

【范例5-6】

在小学综合实践活动中，主题到底怎么确立？如何从学生提出的诸多问题中确立有价值的主题呢？王晓娜老师发表在《小学青年教师》上的教学案例的后面一部分也许有参考价值，这里选取了该文的主题确立部分，且部分内容略有扩展，相信会对大家有所启发。

从问题的提炼中确立主题[①]

在问题产生的讨论过程中，同学们提出了与人类环境、花草树木等方面的许多问题，提问的积极性高涨。万事俱备，此时此刻，我只需要顺水推舟、抛砖引玉了。我对同学们说：那么，同学们，我们班本学期下次的综合实践活动主题……还没等我说完，下面的学生已嚷成一片了。"老师，就搞这个吧！""老师，我们想到了！""老师，我们来围绕……"我请马超同学作代表发言，他振振有词地讲道："老师，以前我们都是喜欢开展像'卡通王国''寻找春天'这一类轻松有趣的活动，可是，现在我们发现自己对生活中的很多东西知道得太少了。虽然以前也对'植物'的世界很感兴趣，可我们从来没把树木和人类、环境联系起来。我们觉得这次非要把树木与环境之间的问题弄清楚不可！这不仅关系到环境，更关系到我们人类自己！老师，我们就研究这个吧！"他慷慨激昂地

---

① 王晓娜. 用情境开启心灵之窗——谈"人·树木·家园"综合实践活动主题的确定. 小学青年教师，2005(3).

说着，其他的学生在下轻声附和着。看到同学们能够达成共识，寻找到一致的方向，我内心十分高兴。于是，我微笑地看着同学们，点头表示同意了。学生们立刻欢呼起来。中心内容确定了，我们还要拿出一个漂亮的题目出来。学生们自由讨论起来，大家都认为这个题目必须覆盖树木、环境与人类三者之间的重要联系，我指导学生们继续讨论。最后，我班本学期下次的综合实践活动的主题"人·树木·家园"就被学生们这样确定了下来。

三、小组组建阶段的教师指导[①]

小学综合实践活动课程提倡小学生开展合作学习，针对比较复杂的，学生个人无法单独完成的综合实践活动课题或项目，教师应指导小学生进行小组合作。小组的组织和建设是开展合作学习的前提和基础，其质量直接影响到合作学习的效果。在进行合作学习时，很多教师往往忽视对合作学习小组的划分、组织和建设，而多采用原有的传统分组方式。一个传统小组并非只要贴上合作的标签就可以成为合作学习小组。传统分组虽有利于教师对课堂和学生的控制，但却往往无法满足学生在综合实践活动过程中的交往学习需要，因而难以满足有效合作学习的要求。因此，要想有效实施合作学习，首先要科学合理地划分合作学习小组，并引导学生进行小组建设。

(一)小组划分环节的教师指导

在小组划分环节，教师要在确定小组规模、如何进行分组和选定小组组长等方面加强指导，特别是如何确定小组规模方面，要防止可能会出现一个小组内人数过多或过少的情况，教师应进行适当调整，考虑小学生的自身特点。一方面，小学综合实践活动的开展往往需要学生走出校园，进入社会，展开广泛的社会调查和参观访问，而小学生的独立活动能力又较弱，需要有人陪同和监督。另一方面，由于小学教师数量有限，出于安全考虑，如果人数过多会带来很多困难，所以应适当限制小组人数[②]。

1. 确定小组规模的指导

在小学综合实践活动中，应该说小组的规模并没有绝对固定的标准，教师指导学生分组时应综合考虑以下因素。

(1)学生的交往技能。如果学生的交往技能水平较高，小组规模可适当扩大；而当学生交往不够密切时，小组规模就要有所减小。

---

① 蒋波. 谈合作学习小组的组建. 教学与管理，2009(12).
② 潘洪建，李庶泉等. 小学综合实践活动指导. 镇江：江苏大学出版社，2010.

(2)小组活动的时间。如果小组活动的时间较多，小组规模可以扩大，反之则要减小。

(3)活动任务的难易程度。如果活动任务较难、涉及范围较广、需要时间较长，小组规模就要适当减小，反之可适当扩大。

(4)学生的年龄情况。一般看来，低年级的学生由于缺乏必要的人际交往技能和控制力，小组规模要略小一些，而高年级学生的小组规模则可适当扩大。

(5)合作活动的类型。不同类型的合作活动对小组规模的要求不同。一般来说，综合实践活动小组以 3～7 人为宜，参观学习时，小组规模为 6～7 人；社会调查时，小组规模为 5～6 人；小组游戏竞赛时，小组规模为 3～4 人。

(6)学生的参与程度。从理论上讲，每个学生积极参与的机会是随着小组人数的增加而减少的。小组规模越大，某个学生被隐藏或被忽略的机会就越大。

2. 进行异质分组的指导

在小学综合实践活动中，合作学习通常也是和异质分组联系在一起。异质分组如此被合作学习普遍接受，以至于它已成为合作学习概念的一部分，教师在指导小组划分时应特别注意这一点。组内异质将含有更多的合作性思维、更多的信息输入和输出，便于学生全方位、多角度地看问题，提高学生知识理解的深度和推理的质量，从而为合作学习奠定坚实的基础。而借助组内异质连带产生的组间同质，则为全班各小组之间在综合实践活动过程中展开公平竞争创造了条件，使得所有学生都能在竞争中最大限度地发挥出潜力。异质分组需综合考虑以下学生的因素。

(1)学习成绩。教师要尽量保证每组都有学习成绩优、中、差的学生。一方面，优等生通过辅导同伴，可巩固学习效果，还可增强责任感与利他行为。另一方面，成绩较差的学生能得到同伴帮助，可提高成绩，增强信心，降低焦虑程度。

(2)性别搭配。男女生在认知、情感和个性等方面存在一定的差异，能产生互补共进、相得益彰的效果。很多研究发现，不同性别的混合搭配小组合作学习比相同性别的小组合作效果更为显著。

(3)能力互补。将不同能力优势的学生组合在一起，不仅能提高小组活动的效率，更有助于学生各尽所能和全面发展。能力互补的学生比非互补的学生更能有效地通过合作完成学习任务。

(4)气质性格。不同气质和性格的学生可以在合作学习小组中承担不同性质的任务，有利于合作学习的开展。教师要注意将不同气质和性格类型的学生组合到一起。

(5)家庭背景。学生的行为习惯、思维方式和个性特点往往带有家庭的烙印。从本质而论，合作不仅仅是一种学习方式，更应该扩展为一种生活方式。来自不同家庭的学生在小组中合作学习的经验将有助于他们应对真实的社会生活。

3. 选定小组组长的指导

小组划分后，教师要根据实际情况，指导每个小组选定一名小组组长，或者一名组长和一名副组长。在选定小组组长环节，要注意小组组长的产生方式、小组组长的基本任务以及小组组长的培训工作。

(1)小组组长的产生方式。小组组长的产生方式有三种：一是老师指定。老师可以在适当征求意见的基础上，为各组指定一个比较有才能的小组组长。在合作学习的开始阶段，特别要求小组长应该由成绩优、能力强、威信高、人缘好的学生担当。二是选举产生。老师可以制定简单的选举规则，指导小组学生自己选出一名小组长。三是择优竞选。在开始或者第一次活动，先可由教师指定临时的代组长；以后，教师可公布组长候选人的标准，采用自荐和竞选的方式，让有意向做组长的同学担任。当然，根据小组人数的多少，可增设副组长，副组长可由组长找搭档或者选举产生。

(2)小组组长的基本任务。小组长主要负责召集并主持小组综合实践活动；领取与分配综合实践活动任务；组织小组讨论综合实践活动中遇到的问题；组织和安排小组成员在活动中所负责的工作；协助老师做好小组成员培训工作，做好综合实践活动总结等。随着合作学习的深入，小组长可以由所有成员轮流担当，小组成员之间的分工可以不断变换。以充分发挥更多学生的积极性，锻炼小组成员的组织领导能力。必须注意的是，各组更换小组长最好不要在同一时间，以免顾此失彼。

(3)小组组长的培训工作。教师要对小组长进行相应的角色和技能培训，既要给他们一定的权力，又要预防他们成为垄断和包办小组学习任务的"小权威"。教师不仅要善于发现，更应该用心培养，并做小组长的坚强后盾，教师在培训小组长时，可以考虑以下几种措施：一是通过座谈、誓师等，使组长明确其责任和作用，鼓励要求组长做同学的表率，让同学们服气，得到好评（口碑），树立良好形象，使他们提升境界并珍惜机会。二是通过个别指导、示范引路、榜样展示、交流研讨、活动锻炼等方式，帮助他们掌握方法、提高他们策划、组织、协调、控制和鼓动能力，树立威信。三敢于放手，善于放手，让他们自主开展小组综合实践活动和管理工作，适时地肯定、表扬、激励，使他们体会到自我实现的心理满足与荣耀感，激发他们更加尽心尽力工作。

(二)小组建设环节的教师指导

现在的小学生基本上都是独生子女，独生子女常常缺乏与同龄人交往的机会和能力，容易形成孤僻、自我中心、不擅合作等缺陷，而综合实践活动中的小组本质上讲是一个学习共同体，教师应指导学生学会与人相处、增进同学友谊、发展协作能力、体验共同进步。综合考虑组内成员的互补与搭配问题，使各个小组中均能有不同专长的学生。指导组内成员合理分工，明确自身所承担的职责和任务，调动每个成员的积极性，发挥每个成员的特长，在团结、融洽的气氛中分工协作，从而有效地开展活动。在小组建设环节，教师可以从以下几个方面加强指导：

1. 创建小组形象的指导

小组形象的创建能增强小组成员的凝聚力和归属感，并能指明小组的努力方向。教师在指导学生创建小组形象时，要注意从组名、组训、组标和奋斗目标等四个方面加强指导。一是取好组名。较好的组名能象征小组互助共进、积极向上的精神面貌，还能昭示小组发展的方向。二是创建组训。组训就是小组的口号，能振奋人心，增强学生的凝聚力和进取心。三是设计组标。组标既可以是小组的组牌、组徽，也可以是组旗。组标上面有组名、组训，还有小组成员的名字以及一些图片。通过组标把小组形象生动地表现出来，可让老师和其他同学直观地了解本组情况。四是确立目标。每一次综合实践活动，各个活动小组都有自己的目标。一旦目标确立，小组成员就能够学习有方向，行动有力量。

2. 组员角色互换的指导

根据角色互换原理，需要对小组成员进行角色分工。在综合实践活动小组中，所有成员均需承担一定的角色，并履行相应的职责。就 6 人组而言，除小组长外，还可设协调员、监督员、记录员、统计员、检查员和观察员等角色。协调员负责调解纠纷；收集意见，并向老师反馈。监督员负责监督本组同学遵守小组活动规则，控制噪音，制止个别不守纪律的现象，督促同学专心学习。记录员负责记录小组讨论结果；为小组发言人写提纲。检查员负责检查小组成员对知识的掌握程度；确保小组成员全部参加学习活动。如果小组人数不满 6 人，则可以将角色整合，如果超过 6 人，则可将角色细化。在学生能熟悉原有角色并能熟练履行相应职责的情况下，使学生能有机会扮演更多角色，丰富角色体验，强化交往意识和角色规范，增强沟通、理解和合作等社交技能，培养其良好的价值观、情感体验和社会态度，形成作为社会成员的责任感和义务感，必须定期对活动小组成员进行角色互换。

3．小组定期重组的指导

综合实践活动小组成员应该有足够长的时间在一起学习，以便小组完全成熟。一般来说，小组必须保持完整和足够长的时间，以形成一种舒适和承诺的感觉，获得一种同一性的感觉，给小组成员提供被接纳的感受。但在经过一段时间的合作学习后，小组成员在综合实践活动的成绩和综合能力的同质性会增加，而异质性相应减少。为了保证小组之间竞争的公平性，防止因组间差距拉大而使落后小组失去进取的信心和勇气，也为了避免产生小团伙而影响班集体的团结，教师需要定期指导重新组建合作学习小组。小组重组能使学生与更多的拥有不同特质的人进行合作学习，从而学会与更多人相处和交往，特别是要学会和那些自己"不太喜欢"的人相处。小组重组能使学生意识到他不仅是在与小组同伴进行合作，也在与全班所有同学进行合作。一般情况下，综合实践活动合作学习小组每10周左右可重新组建一次。

4．明确活动责任的指导

综合实践活动的一种重要目标是培养每位学生对公益事业及自己的行为具有责任感。学生只有能自觉担负起活动的责任时，学习才能成为一种真正的有意义的学习。所有的合作学习方法都包括这样一种思想，即学生在一起共同学习，并对自己和同伴的学习负责。在综合实践活动的合作学习中，教师要指导小组组长向每个小组成员明确必须承担的责任，同时，明确小组组长的责任。一是个体责任。每个学生都要为自己的学习负责，都必须尽最大努力完成活动小组布置的学习任务。因为个人的成功将成为被同伴接纳的条件，而不负责任的失误则可能成为同伴排斥的因素。二是小组责任。教师要向学生明确奖励评价是以小组集体成绩为依据。每个学生都要为同伴的学习负责，个体与同伴之间是"荣辱与共"的关系。要想获取小组成功，在自己学会的基础上，他们还必须帮助同伴，以保证本小组所有成员都能学会。

5．小组合作技能的指导

为了确保提高学生的合作能力，教师必须对参加综合实践活动的学生进行正式的小组合作技能的指导。只有当学生具备了一定的合作技能时，才有可能顺利开展小组合作学习。一项有效的干预是必须训练学生的社会技能，他们需要以此来建设性地与同伴互动并提供参与机会。首先，教师要使学生认识到合作技能的重要性，帮助学生理解每一种技能。其次，教师要给学生创造一个运用合作技能的情境，可利用班会课、社会课和课外活动等来引导学生加以练习，在综合实践活动教学过程中加强指导。最后，教师要引导学生做小组总结，不断进行反思和改进。

一般而言，小组合作技能有四个维度。①基本礼貌，包括表达感谢——接受感谢、诚心道歉——接受道歉、鼓励赞赏——接受鼓励、公开认错——谅解宽容、耐心等候——尽快答复等。②交流沟通，包括先想后说——仔细聆听、积极提问——合理应答、合理建议——接受建议、分配任务——优化组合、据理说服——接受说服等。③控制协调，包括解决冲突——接受调停、适度批评——接受批评、委婉拒绝——接受拒绝、礼貌打断——接受打断、部分否定——反思让步等。④互助共进，包括寻求帮助——提供帮助、同伴支持——表示感谢、主动检测——接受检测、寻求反馈——提供反馈、主动监督——自控自律等。

6．小组合作规则的指导

没有规矩，难成方圆。在综合实践活动中，小组合作规则能规范小组合作活动，提高学习效率，主要包括六个方面。一是统一行动。包括遵守纪律，保持联系，按照分工，完成任务。二是互帮互助。包括虚心请教、关心同学、主动热情、耐心细致。三是说服别人。包括学会质疑、先同后异、尊重诚恳、以理服人。四是自我管理。包括不讲废话、控制音量、不扰他人、发言有序。五是听人发言。包括不要插嘴、边听边想、听完再议、恰当评价。六是自己发言。包括口齿清楚、耐心解释、独立思考、先想后说。

四、活动方案制订阶段的教师指导

在小学综合实践活动方案制订阶段，教师要指导学生制订合理可行的活动方案，以培养学生的规划能力。合理可行的活动方案也是综合实践活动得以成功实施的前提条件。

(一)小学综合实践活动方案的内涵和作用[①]

顾名思义，小学综合实践活动方案就是为实现某次小学综合实践活动而制订的书面计划。它是实施活动前的必要准备，体现出整个活动的预设性，以保障活动的有序进行。通常来讲，一个完整的小学综合实践活动方案应包括以下几个基本要素：活动主题、活动目标、活动适用对象、活动设计与指导者、活动准备、活动时长、活动实施过程、活动实施建议、活动评价建议等。通过对上述基本要素的明确而形成活动方案，使学生对活动本身加深认识，能清晰了

---

① 钟秀萍. 小学综合实践活动方案探究. 科技创新导报，2012(1).

解活动步骤和过程。

古人云："凡事预则立，不预则废。"为了让"预"的效果更好，可以开展方案制定课的教学。在课上，教师要让学生明白制订计划的重要性和必要性，指导学生正确把握活动方案的基本要素和基本格式，自主、规范地进行活动设计或修改活动方案草稿，再通过交流、合作、论证，进一步完善活动方案。

(二)学生制订活动方案时可能出现的问题[①]

在制订小学综合实践活动方案的过程中，小学生由于自身知识和能力的限制，可能出现的问题主要有以下几方面：

1. 目标不够明确

学生确定综合实践活动主题以后，对于进一步的目标设计往往不够明确。因此，教师应在学生制订方案时加强指导，启发学生认真思考活动要达到的目标，包括知识目标、技能目标以及情感态度和价值观方面的目标。

2. 方法不够科学

由于经验和能力的不足，小学生在设计综合实践活动步骤时，往往考虑得不够合理，所选方法欠科学。因此，教师可以通过讲座或利用课堂教学的机会向学生介绍科学研究的基本步骤与方法，使学生对制订综合实践活动方案的方法与步骤有一个基本的了解。

3. 困难估计不足

由于年龄的限制、社会经验和人生阅历不足，小学生考虑问题往往比较简单，对综合实践活动过程中可能出现的困难估计不足，而且一旦碰壁，很容易心灰意冷。因此，教师应及时向学生提示可能遇到的问题，提醒学生充分考虑活动过程中可能遇到的困难，及早做好准备。

(三)制订合理、可行活动方案的指导原则[②]

为了制订合理、可行的综合实践活动方案，教师在指导小学生制订活动方案时，应注意遵守以下三个基本原则：

1. 具体细致的原则

在制订综合实践活动方案时，尽可能力求具体细致，如活动时间的安排、组织的形式、人员的分工合作、活动的内容、活动的总目标和具体目标等，都要一一细化，便于在活动中有的放矢。

---

① 潘洪建，李庶泉等. 小学综合实践活动指导. 镇江：江苏大学出版社，2010.
② 潘洪建，李庶泉等. 小学综合实践活动指导. 镇江：江苏大学出版社，2010.

2. 切实可行的原则

学生制订的综合实践活动方案有时只是为了达到活动目的，而缺乏对主客观因素的充分估计与分析，这样制订出来的方案不具有可操作性，无法保证活动的顺利进行，这时教师的指导作用显得尤为重要。教师可向学生提出问题，例如本次研究的主题是什么？采取什么方法？活动目标是什么？具体实施的过程如何？怎样写活动报告？怎么对活动进行评价？等等。

3. 仿照模本的原则

在制订综合实践活动方案时，教师不要凭空想象，尽可能找一个比较好的综合实践活动方案的模本，按照模本讲解，把模本给学生参考。表5-2是学生制订综合实践活动方案的模本。

表 5-2 综合实践活动方案自查表

我们的活动主题				
我们的活动目的				
我们的合作伙伴				
我们的任务分工				
我们的智囊团 （填上人名）	与专家面对面			
	与老师聊一聊			
	与伙伴对对碰			
我们的活动方法	调查法（ ）问卷法（ ）访谈法（ ）实验法（ ） 观察法（ ）我还有好方法：			
我们的求助方式	网上探索（ ）专家访谈（ ）实地调查（ ）小组讨论（ ） 试验研究（ ）资料搜索（ ）图书查询（ ）			
我们的活动计划	步骤	时间	内容	目标
	第一步			
	第二步			
	第三步			
我们的成果展示	图片音像让你眼前一亮（ ）文字报告让你不敢小瞧（ ） 试验演示让你拍手称好（ ）实物模型让你耳目一新（ ）			
家长的话				
指导教师的话				

（四）制订合理、可行活动方案的指导策略[①]

科学而新颖的小学综合实践活动方案，是上好小学综合实践活动课程的关键。设计一个成功的活动方案，不但能激发学生们参与活动的兴趣，而且在参与活动的过程中，能使他们体验到活动所带来的乐趣，探究新的学习方法，在尝试的过程中发现问题，通过思考解决问题，从而使他们各个方面的能力不断提高。在指导策略上，教师可以从活动选材、目标制定、活动准备和环节设计四个方面对学生进行详细指导。

1．活动选材的指导策略

教师在活动选材方面的指导策略是：选材要贴近生活，符合小学阶段学生的思维特点。人是现实世界和社会实践中成长起来的精灵，是生活于自然中的高级动物。学生更是如此。可是传统教育往往让学生远离现实世界，封闭在课堂内，课堂学习成为隔离学生与世界的屏障。而综合实践活动则是为小学生们开辟的一条与生活于其中的世界交互作用、持续发展的渠道。因此，在制定小学综合实践活动的选材时，要贴近实际生活，在生活中教育学生。要充分考虑到小学阶段学生思维特点，不要选择那些较为复杂的社会活动，而应截取一些相对简单有趣、能够让小学生通过思考获得启示的活动。例如开展一些参观、观摩、走访等形式的比较简单的综合实践活动。

2．目标制定的指导策略

教师在目标制定方面的指导策略是：活动目标要恰当，能够较好地指导整个活动过程。小学综合实践活动方案中的活动目标是整个综合实践活动教学过程中的核心和灵魂，它直接涉及活动对学生培养的定位、情感发展及教育的价值观等问题，是教师完成综合实践活动教学内容的鉴定标准，在教学活动中起着定向的作用。所以，方案中活动目标必须要恰当，要能够较好地指导整个活动过程。具体来说，首先，活动目标制定要来源于课程标准，符合新课改纲要的精神。其次，活动目标制定要具体明确，可操作性强。最后，活动目标制定要把握好"度"，体现新经验的同时不能盲目扩散。

3．活动准备的指导策略

教师在活动准备方面的指导策略是：活动准备工作要细致，师生共备为活动服务。工欲善其事，必先利其器。小学综合实践活动的有效开展，有赖于充分做好实施综合实践活动前的准备工作。有效地准备工作保证，是教师引导学生顺利开展综合实践活动的必要条件，是学生真正在实践活动中促进个性发展

---

① 钟秀萍. 小学综合实践活动方案探究. 科技创新导报，2012(1).

的重要保证。这里的活动准备工作，既包括教师的方案制定、备课等准备工作，也包括学生活动前的预备活动。这一阶段，教师要加强对学生做好准备工作的指导，尤其注意不能把该工作作为是对学生进行简单的方法介绍，而应作为一次以"开展实践活动前准备"为内容的综合实践活动课来进行，让学生在"调查""探究""讨论""设计""操作"和"制作"等一系列活动中发现问题，拟订解决问题和促进自身发展的计划，为有效实施综合实践活动做好充分准备。

4．环节设计的指导策略

教师在环节设计方面的指导策略是：活动过程要有序，考虑周全，时间分配合理。一般来说，小学综合实践活动过程要有激趣导入、合作探究、交流归纳、实践操作、展示评价和拓展创新六个方面内容。当然，在这六个环节中任何一个，也可以根据实际情况进行再细分。例如，在合作探究环节中，可以进一步再次细分出两个环节：其一，交流汇报、质疑互补环节；其二，模仿演示、整体回顾要领环节。在制定小学综合实践活动过程时，要紧紧围绕教学目标，层层深入，突出各环节的重点及渐进性、衔接性。事先考虑好时间分配，合理展开。对于小学综合实践活动教学，教师的导入和示范讲解时间约占10％，学生们的操作时间占80％，讲评环节最多占10％。只有这样，才能真正实现实践和动脑相结合，才能让学生成为课堂的主体。

综上所述，随着课改的不断推进，小学综合实践活动课必然会被更广泛地应用到教学实践中去。这就更要求教师要很好地指导学生制订活动方案，以实现教学目的。

第二节　小学综合实践活动实施与评价的指导

小学综合实践活动实施是按照小学综合实践活动所制订的设计方案，组织小学生进行实施的过程。方案顺利实施后还要对实施成果进行展示与评价。在小学综合实践活动实施、展示与评价过程中，都需要教师给予有效的指导。

一、活动实施阶段的教师指导[①]

在小学综合实践活动的实施阶段，教师应根据学生开展不同主题遇到的不同问题，进行有针对性的指导，这些指导主要包括研究方法指导、资料收存指

---

① 潘洪建，李庶泉等．小学综合实践活动指导．镇江：江苏大学出版社，2010.

导、课堂活动指导、调查活动指导、访谈活动指导、实验活动指导和活动记录指导七个方面。

(一)研究方法指导

研究方法是在小学综合实践活动过程中,学生发现问题、分析问题和解决问题的探究、讨论方法。小学综合实践活动要求学生积极参与、自主实践,但并不是脱离教师的学生自主自发过程,教师的有效指导是必要的前提。活动中尤其应该加强对学生活动方式和研究方法的指导,对活动进行宏观调控,将能力的培养、方法的掌握摆在与知识积累同样重要的地位。如何发现和提出问题,如何设计活动方案,如何搜集与处理资料,如何撰写活动总结报告,如何表达活动成果,如何开展小组合作,如何调查、访谈、试验、利用网络等,都需要教师给予指导。

为使学生在综合实践活动实施过程中掌握一些基本方法,教师往往要对学生进行知识讲授,那么,如何避免方法指导陷入知识讲授呢?教师需要围绕如何撰写活动总结报告、表达与交流等进行活动设计。这些设计要将方法指导与方法实践结合起来,同具体主题活动结合起来。例如,自然科学问题的研究与人文社会科学问题的研究在研究方法上就存在很大差别。一般而言,自然科学研究更侧重数字和证据,往往较多采用实验法、观察法、统计法等;而人文社会科学研究则更侧重资料的搜集与整理,所以较多采用文献法、比较法等。

此外,综合实践活动过程中研究方法的选择,还要注意学生年龄的特点和研究的进度。一般而言,对于小学低年级学生,实验法要求相对过高,因此要多使用一些简单的方法,如观察法;而对于小学高年级学生而言,则应更强调科学性和严谨性,可采用科学性较强的实验法、统计法等。在综合实践活动课实施的不同阶段,学生选择的研究方法应与之对应。例如,在活动实施的初始阶段,学生以搜集资料为主,所以资料搜集与调查采访法采用较多;而当资料数据收齐后,则更多采用统计和比较分析的方法等。

(二)资料收存指导

资料收存指导即资料的收集、保存的指导。小学综合实践活动在实施过程中,会有许多原始资料,例如文本资料(各类书籍、调查问卷、试验数据、活动记录等)、影像制品(光盘、录音带、软盘等)以及各类实物资料。这些原始资料是活动过程的真实记录,也为活动总结阶段寻找出规律、得出结论、撰写各种报告提供重要依据,同时,这些资料本身也是活动评价的重要依据。因此,教师应指导学生做好这些资料的积累保存工作:①明确资料搜集的目标和方向,并围绕该目标有针对性地加以搜集,以提高效率,避免作无用功。②指导学生养成边搜集、边整理的习惯，及时对所搜集到的众多资料进行归类整理，必要时还可以建立目录，以便一目了然。③鼓励学生以开放的心态对待自己所搜集到的资料，积极与同组同学或其他同学进行资料的交流和分享。

为合理、有效搜集资料，教师还可以鼓励学生从小学起建立综合实践活动档案袋，档案袋资料可以分成两部分，即过程性资料和方法性资料。其中，过程性资料包括：活动主题确定阶段的资料，例如，主题确定的背景、原因等；活动策划阶段的资料，例如，活动策划方案、小组活动计划等；活动实施阶段的资料，例如，活动实施的每个阶段记录、活动实施过程中发现的问题、反思体验等；活动成果交流阶段的资料，例如，活动成果类型记录、活动总结报告等。方法性资料包括：如何进行调查、如何设计调查问卷、如何进行实验、如何撰写总结报告等。

（三）课堂活动指导

从综合实践活动的几个基本阶段来看，每个阶段都有在课堂中进行的部分，如何指导学生有效开展课堂活动呢？综合实践活动的课堂形式主要分为两种：封闭式课堂活动和开放式课堂活动。开放式课堂活动指走出课堂进行的活动，如到图书馆、阅览室、书店、网络查资料，进入社会进行调查、采访、参观、考察，自己动手进行设计与指导，投身社区进行社区服务和社会实践等；封闭式课堂活动指在教室内的活动，包括教师的指导与学生的积极活动。无论是开放式课堂综合实践活动还是封闭式课堂综合实践活动，教师都应该遵循"突出学生主体地位，引导学生主动发展""注重学生的亲身体验和积极实践，发展创新精神和实践能力"等原则。

（四）调查活动指导

在小学综合实践活动过程中，有时候需要组织小学生对某些问题进行调查研究。对学生在综合实践活动中所开展的调查活动，教师应进行如下指导：

1. 调查方法论的指导

调查法是一种实证研究的方法，强调客观性和科学性，教师要向学生介绍调查法的基本步骤及其基本要求，使学生能正确使用调查法。

2. 培养学生的社会责任

开展调查研究的目的是帮助学生接触社会、了解社会。通过调查研究，学生能够更好地认识社会、了解社会，包括社会生活的各种现象及其变化，增强社会责任感和对他人的关爱之心。

3. 正确设计调查问卷

在开展调查过程中，往往需要使用问卷进行调查。教师要指导学生进行问卷设计，问卷中的问题要表述清楚、明确，问卷上的题量要适当控制，避免占用被调查人过多时间，使他们失去耐心。

4. 正确撰写调查报告

在调查报告中标题的表述要清晰、明了，直接点明主题，使人一目了然；前言部分要简要说明本次调查活动的背景、目的、意义等；主体部分要体现整个调查活动的过程，包括时间、地点、人物、调查的主要内容等；结论部分要对调查结果进行分析和探讨，提出自己的观点和建议。另外，还可以将本次调查活动的有关问卷、量表等以附录的形式附在报告后。

(五)访谈活动指导

访谈是调查者通过与被调查者面对面的交谈以了解情况、搜集资料的一种调查方法。访谈可以个别进行，也可以集体进行。在小学综合实践活动课程中，访谈法也是学生常用的一种研究方法。教师在指导小学生运用访谈法的过程中，应注意以下内容：

1. 选择访谈对象的指导

由于小学生生活阅历和社会经验不足，因此，在选择访谈对象时，出于安全等因素的考虑，教师要提醒学生尽量采访一些有正规单位的、有一定文化水平的社会人士，尽量避免与一些社会闲杂人士接触或前往一些偏僻的场所。

2. 掌握访谈技巧的指导

访谈过程中学生要掌握一些基本的访谈技巧，例如，尽可能获得被访者的信任、在访谈前要先预约、访谈时注意个人的仪态仪表、善于围绕关键问题进行发问、态度诚恳、言语谦和、不要随意打断对方发言等。

3. 做好访谈记录的指导

访谈记录的方式有文字记录、录音和录像记录等。录音、录像记录直观而生动，但需要能熟练操作器材；作文字记录时，应注意掌握速记的方法，注意要点记录、分头记录等，尽可能完全记录下访谈内容。为使访谈活动有效，还可以预先设计好访谈表，如表5-3所示。

表 5-3　访谈记录表

主题名称						
访谈者		班级			指导教师	
访谈方式：□电话　　□书信　　□面谈　　□网络　　□其他						
受访者资料	姓名				单位	
	职务或职称				电话	
	选择对象的理由					
访谈日期		地点			时长	
活动准备						
拟访谈的问题						
访谈记录						
访谈结果	（是否达到目的、有什么收获等）					
意见或建议					签名：	

（六）实验活动指导

小学综合实践活动课程中的实验法类似于自然学科课程中的实验法，它强调实验过程的科学性与规范性，强调用科学的实验来验证结论或说明问题。但两者也有不同之处，自然学科课程中的实验法，是对学科知识和结论的验证或解释，具有验证性的特点，同时对实验的要求也比较严格。而综合实践活动课程中的实验法一般结合学生所开展的探究活动而进行，没有预定性的结论，也不是验证某一已知结果，更多的是探索或求证，目的在于寻找答案或获得启发。例如，对长江中下游水质检测的综合实践活动，目的就不是为了学习各种检测工具的使用，而是为了检测江水是否受到污染以及受污染的程度，它没有预设性的结果，而是一种探索性的实验活动。

（七）活动记录指导

综合实践活动实施之后，教师不能让学生处于"失控状态"，而应该关注学生的整个活动过程，指导学生根据不同活动任务，及时做好活动过程的记录。参观、调查、采访活动记录的内容一般包括活动主题、活动时间、地点、对象、调查项目、实况记载、结果分析。其他如倡议书、新闻稿，可以采用仿写的方式来记录。然而活动记录的方式并没有统一的格式，可因人而异，其记录也不一定要求全面、完美，学生平时通过写作训练，掌握一定的写作技巧，善于沟通，能清晰地表达观点即可。

二、交流展示阶段的教师指导

在小学综合实践活动的交流展示环节，是学生对自己在开展综合实践活动过程中所取得的各种活动收获的集中体现，同时也是学生与老师、同学与同学之间相互学习和交流的重要机会，通过这一阶段，学生可以发现自我、欣赏他人。因此，组织好交流展示阶段的活动，是教师有效指导综合实践活动的一项重要内容。

（一）交流展示的形式选择

小学综合实践活动的成果展示主要是学生通过各种方式进行现场展示，让别人了解他们在主题活动中所收获的成果和碰到的困惑等，展示形式可以说多种多样，可以是语言、图片、现场情景再现，也可以是录像视频、表演或者实物等。对于每个内容展现形式的选择，也是教师指导时所要关注的一个重要内容。哪些成果的呈现我们需要情景再现（录像或学生表演），哪些需要照片，哪些需要实物，哪些兼而有之等等，有的用图片能说明问题的不一定要用到视频。要体现教师指导学生成果呈现方式的有效性，展示过程中采取多种多样的形式是需要的，对于不同内容展示形式的选择则是根据内容的实际情况进行选择，不必一定要采取复杂的方式。一句话：只要能较好地展示内容就可以了。综合实践活动展示课是一个非常复杂的课型，如何更好地让学生在展示活动成果同时培养学生的问题意识、解决问题的能力等，是教师在指导过程中必须思考的问题和努力的方向。

（二）交流展示的指导原则

在开展小学综合实践活动的交流展示阶段，教师的有效指导是展示得以顺利进行和有效开展的重要条件，教师在指导过程中应遵循以下原则：

1. 形式与内容统一的原则

展示的目的是为了获得交流成果和体会，其目的在于相互学习、借鉴和提高，因此，展示过程中学生所呈现的内容是最重要的。但是，由于综合实践活动主题多样、内容丰富，学生可以采用多样化的形式来进行展示。

2. 过程与结果兼顾的原则

学生开展综合实践活动，重要的是获得一种经验与体会，其目的在于转变学生的学习方式，提升学生的创新精神与实践能力，而不是通过综合实践活动使学生能进行发明或创造。因此，对于学生而言，综合实践活动课程的过程比结果更有价值。为此，教师在学生的交流展示阶段，应坚持"注重过程、兼顾结果"原则。

3．真实与自然交流的原则

交流展示的目的在于学生之间相互交流、取长补短、共同学习，无论成功与失败，对学生而言都是一种收获，都有价值。因此，教师要指导学生摒弃那种为展示而展示的形式主义的做法，要坚持实事求是的原则，鼓励学生生将自己最真实的一面展示出来，加强与同学的交流沟通。

（三）交流展示的指导策略

交流展示是小学综合实践活动的重要环节，教育部《综合实践活动指导纲要（3－6年级）》指出："在指导过程中，教师要努力成为一个倾听者和交往者，重视小学生的内心世界，倾听他们的认识和感悟，并给予相应的认可和鼓励，使他们的天性得以充分发展。在倾听学生自己的想法的基础上，帮助学生在活动中产生新的、更精彩的观念。"可见，加强交流展示的指导具有重要意义。交流展示的指导策略主要有：

1．引导学生充分交流

教师一定要给学生作为表达者和倾听者交流的时间与机会，这样，既可以解决倾听者的问题，使他们从同学那里获得更多的信息，又可以让表达者有补充、完善的机会，他们的表达能力也会在这种交流中得到进一步的提高与进步。

2．给予学生及时鼓励

对于学生以个性化的方式表达出来的活动结果，可以邀请多方面的人员来观摩，以提高学生的成就感。例如，根据活动内容的不同，教师可以邀请其他学科的教师、学校领导、社区有关人员、家长等人来共同参与，及时对学生的成果给予肯定，提高学生对综合实践活动的兴趣。

3．适时调控交流内容

为了让学生们更乐于听取别人的成果、引起学生们相互学习的兴趣，表达活动成果的方式宜丰富、多样，全班同学最好不要都采用单一枯燥的方式进行表达，教师应指导学生用丰富多样的方式来表达自己的活动成果。展示形式从另一角度上可以分为动态和静态，在进行成果展示时，则应注意有动有静，动静结合。由于学生开展一个活动，最后的活动成果以什么方式来呈现、表达，存在多种可能性，教师要对学生的展示交流进行必要的指导，帮助学生选择恰当的呈现方式。展示交流既是对学生在综合实践活动中的各种表现和活动产品（如研究报告、模型、主题演讲等）作一个小结，同时也是一种师生之间、学生同伴之间共同学习和交流的机会，是学生学会发现自我、欣赏别人的过程。教师在组织学生进行交流时务必要认真、灵活。

4. 正确认识活动结果

小学综合实践活动要十分重视学生在过程中的体验和感悟，但也不能忽略对活动结果的关注。除了在活动过程中要尽量创造条件、提供机会帮助学生获得一个积极的活动结果外，最重要的是要指导学生正确认识活动结果，对活动结果的认识态度决定着综合实践活动对学生成长效益和情感体验形成的水平高低问题。因此，教师在指导学生正确认识活动结果方面不能一刀切，要从不同角度对学生的活动结果进行肯定评价。

三、反思与评价阶段的教师指导[①]

反思与评价是完整综合实践活动课程的最后一个环节。通过反思与评价，学生对所参加活动的全过程进行系统的总结与回顾，包括自己的收获与体会；同时，通过了解同学、教师、家长从不同角度对自己的评价，学生可进一步发现自己的优点与缺点，从而促进自己在以后的综合实践活动中加以改进。因此，对学生而言，反思与评价具有非常重要的意义。

(一)教师指导学生进行反思

反思是学生把自己的综合实践活动作为认识对象而进行全面而深入的冷静思考和总结，从而进入更优化的活动状态，使自己得到更充分的发展。它可以激活学生的学习智慧和学习的积极性。

1. 反思的特征

反思具有三个基本特征：一是自觉性。当然，小学生的自觉性需要教师的指导和激发。二是超越性。反思是一种手段。反思后则奋进。存在问题就整改，发现问题则深思，找到经验就升华。三是个性化。反思具有别人不可替代的个性化特征。反思是一种有益的思维活动和再学习活动，是综合实践活动不可缺少的一个重要环节。

2. 反思的内容

反思的内容包括活动过程中的表现、劳动态度、活动是否具有创造性以及活动收获等。教师应注重指导学生对综合实践活动本身进行反思，同时，教师自身也要进行反思，发现问题，思考成因，找到改进方法。在反思过程中，不断提高学生的综合素质和自身的教学技能。

---

① 潘洪建，李庶泉等. 小学综合实践活动指导. 镇江：江苏大学出版社，2010.

3．反思的方式

反思的方式包括目标对比、互找问题等。目标对比的方式主要来源于差距评价模式，教师指导学生将最后的结果与原来的预期目标进行对照，寻找差距和问题并分析其原因。互找问题主要是为了集中他人的智慧，从不同的角度来审视自身，以发现不足。在反思过程中，要注意指导学生树立正确的心态，懂得通过反思找出问题。

（二）教师指导学生进行评价

小学综合实践活动课程的评价，除了评价活动的结果，更重要的是应该评价其过程，包括在过程中的各种表现、与他人合作交流的情况等，绝不能把评价仅仅窄化为活动成果的评价。

评价的内容和方式应根据不同的学生、学生的不同年级等加以区别。对低年级学生而言，综合实践活动由于简单，所以评价可以采用一些口头、随机的方式来进行；而对于高年级学生而言，简单的口头评价已经不能符合学生的实际，故评价的内容必须具体、全面。

总之，综合实践活动的评价目的，并不在于给学生评出优劣，而是要通过评价，使学生更好地认识自己、了解自己，及时进行自我改进，同时也能发现他人的长处，学会欣赏他人。因此，综合实践活动课的评价方式不可能是单一的，而应是多元的；其评价对象也不仅仅是学生自己，还应包括教师自身。

【范例 5-7】

下面的例子是《玩具互换 Party》的活动过程片段，供教师在指导综合实践活动时参考。

玩具互换 Party(片段)

活动过程

第一阶段：玩具的搜集和统计(一课时，课内课外兼有)

(1)具体目标：激发对玩具互换的兴趣，并通过分类统计对玩具有个初步的了解。

(2)学生主要活动：收集玩具可安排在课外，课内用较短时间进行统计，并分类统计。

(3)教师指导重点：①要知道玩具有哪几种，给玩具分类，分类前要制定分类标准。②分类统计要有科学性，培养学生对科学的严谨态度。

第二阶段：对玩具互换 Party 的认识和探究(两课时，课内外兼有)

(1)具体目标：通过对玩具互换 Party 这一活动的认识和探究，培养学生提出问题的能力，并使学生建立自己的问题记录本，尝试运用各种研究方法解决问题，培养小组合作意识。

（2）学生主要活动：①通过对玩具互换 Party 这一活动的认识和探究，提出问题（课外完成）。②分组调查研究（课外完成）。③进行汇报交流（课内用一课时完成）。

（3）教师指导重点：①着重指导调查方法，如查找文献、上网搜索、调查等。②每一组调查要有各组的计划或方案，注意分工合作。③筛选、处理信息，并形成自己的观点。

第三阶段：玩具互换 Party 的体验（三课时完成，课内外兼有）

（1）具体目标：体验布置聚会场所、互换玩具的过程，感受到互换在现实生活中的重要意义和互换的乐趣。

（2）学生主要活动：①亲身实践，体验布置聚会场所、互换玩具的过程用卡的乐趣。（课内外二课时）。②交流体验的感受（课内一课时）。

（3）教师指导重点：布置聚会场所、玩具互换过程中注意的细节，引导学生提出新的问题。

第四阶段：对玩具的设想（课内两课时）

（1）具体目标：通过自主设计玩具，激发对玩具进一步深入的研究。

（2）学生主要活动：设计环保玩具，对当前的玩具提出改进意见。

（3）教师指导重点：提炼总结设计的基本思路，引发学生创造性思维。

第五阶段：活动的总结（课内两课时）

（1）具体目标：①通过课题的研究性学习、动手参与的实践性学习、实际应用的设计性学习等几种学习活动方式，以一篇体验日记、一份调查报告、一个自己制作的环保型玩具、一份小报等多种形式展示自己的成果，并交流自己在活动中的心得体会。②进行活动评价。

（2）学生主要活动：以一篇体验日记、一份调查报告、一个自己制作的环保型玩具、一个板报等多种形式展示自己的成果。

（3）教师指导重点：指导学生对自己在经历过程中的表现和收获进行反思；引导学生学会自我评价，并学会对他人的成果提出建设性意见。

复习与思考

1. 在小学综合实践活动过程中，如何处理教师有效指导与学生主动探究、体验的关系？

2. 在主题确立、实施与评价过程中，如何发挥学生小组合作的作用？

3. 为确保学生在综合实践活动过程中的安全，教师应该做哪些准备工作？

4. 爱因斯坦曾经说过：提出一个问题往往比解决一个问题更重要。在小学综合实践活动过程中，如何培养学生的问题意识呢？

5. 请运用综合实践活动指导相关知识，对本章的案例进行简要评析。

推荐阅读

1. 教育部. 综合实践活动指导纲要(3—6年级).

2. 国家中长期教育改革和发展规划纲要(2010—2020).

3. 郭元祥，沈旎. 综合实践活动教师指导用书(3—4年级). 太原：山西科学技术出版社，2011.

4. 郭元祥，沈旎. 综合实践活动教师指导用书(5—6年级). 太原：山西科学技术出版社，2011.

5. 潘洪建，李庶泉等. 小学综合实践活动指导. 镇江：江苏大学出版社，2010.

第六章　小学综合实践活动领域（一）
——研究性学习

本章重点

- 综合实践活动的主要领域
- 研究性学习的定位及特点
- 小学阶段研究性学习的目标和研究内容
- 研究性学习教学设计与案例

第一节　综合实践活动的主要领域

2001 年教育部颁发的《基础教育课程改革纲要（试行）》中指出：从小学三年级至高中设置综合实践活动为必修课程，平均每周三课时，其内容包括"研究性学习"、"社区服务与社会实践"、"劳动与技术教育"、"信息技术教育"四大领域。新课程改革的实施，开发和实施综合实践活动成为 21 世纪基础教育课程改革的新视点。其开发与实施，既为学校、教师和学生的主体性、创造性的发挥开创了弹性的空间，但是也让许多老师感到无所适从。一方面，综合实践活动作为一门国家规定、地方督导、校本开发的三级课程，与学校的其他学科课程处于并列地位，共同发挥着育人的功效。如图 6-1 所示。

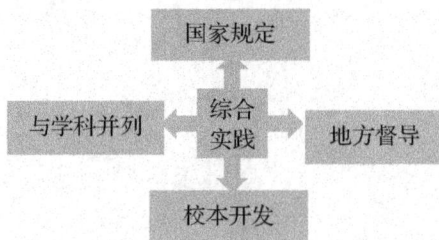

图 6-1

另一方面，综合实践活动不同于学科课程，它不以知识为中心，也不同于分科化的实践课程。作为一门没有教材的新课程,中小学老师该如何上好综合实践活动课?四大领域该如何把握和操作?

综合实践活动课程以学生的直接经验、体验为基础,通过密切联系学生的生活世界和社会生活实际,在以学生自主探究活动为特征的实际操作过程中达到对知识的综合运用,从而实现学生自我知识的建构。所以,课程的实施一直面临着老师对课程内容的选择,而课程内容又是实现课程目标的重要保障。因此要确保综合实践活动课程目标的实现,按照一定的标准选择、确定相应的课程内容至关重要。

综合实践活动课程在国内出现得较晚,但是它在国外和我国的台湾地区却早已实施,并且显示出了该课程对培养学生的创新意识和实践能力的独特魅力。

一、国内外综合实践活动课程的领域

(一)主题探究或课题研究

主题探究所涉及的问题领域主要包括:自然现象或问题的研究和社会问题的研究。具体如下表 6-1、表 6-2 所示:

表 6-1　国内外中小学生的自然探究领域及问题[①]

自然探究领域	问题举例
粮食资源	粮食生产、农业、耕地保护
人口与生存	地区、国家或世界人口增长、移民、承载能力、建筑
空气质量与大气	酸雨、汽车尾气与空气污染、CO_2、臭氧层衰竭、地球变暖
水资源	废水处理、河口或港湾、水供应与分配、地下水污染
战争技术	神经错乱型毒气、核发展、核武器威胁
土地使用	水土流失、开垦、城市发展、森林砍伐、盐碱化
能源短缺	合成燃料、太阳能、化石燃料
有害物资	废物垃圾处理、有毒物品及其预防
植　物	城市植被与绿化、植物多样性遗传与保护
动　物	野生动物保护、动物特征研究
人类健康和疾病	传染与非传染疾病、噪声与健康、饮食与营养、锻炼、精神健康

---

① 郭元祥,沈旎. 小学综合实践活动. 上海:华东师范大学出版社,2008.

表 6-2　国内外中小学生的社会研究领域①

社会探究领域		问题举例
历史探讨	社区和乡土历史	社区或故乡的地理变迁、历史考察
	民族与国家历史	国家与民族的形成（我的祖国）、重大历史事件研究
经济探讨	产业	社区的产业结构、新兴产业设计与开发、旅游业、生物农业、产业的竞争力、IT 产业
	市场	证券与股票、电子商务、市场开发策略
	职业	性别与职业、职业的适应性、职业设计与选择
政治探讨	政府	政府结构调整、军事策略、国际关系
	民主制度	儿童利益、妇女问题、少数民族、新闻传媒与批评、法律、什么人能当总统、选举与生活
	决策	历史上的决策反思、战争问题
文化探讨	民族文化	饮食文化研究、黑人音乐与经济、黑人音乐与政治、今天的印第安人文化、信仰、古代建筑、现代建筑艺术、文化遗产遗址研究
	文化交流	外国文化问题、理解外国（国际理解）
社会危机探讨	政治危机	政治家丑闻、种族歧视、避免战争、地球村
	经济危机	经济萧条、失业问题、股市星期五
	生存危机	毒品问题、环境保护、AIDS 预防、校园暴力

（二）生活学习

生活学习是与学生生活能力、适应能力相关联的实践性学习。国外生活学习主要包括生活技能的训练活动和生活科技与创造活动两大方面。生活技能的训练活动在低年级中有食品制作、缝纫、简单手工等活动，5～9 年级有家庭理财、家庭投资、家庭生活文化设计、野外生存等活动。生活科技与创造活动有服装设计、居室装饰设计、生活建筑设计等活动内容。

（三）社会实践学习

其基本特征是社会参与性，即学生作为社会成员参与到整个社会生活之中，融入社会政治生活、经济生活、文化生活中。其途径主要有社会服务活

---

① 郭元祥，沈旎．小学综合实践活动．上海：华东师范大学出版社，2008.

动,如老人服务、育幼服务、交通服务等。社会考察活动,如就社区或地方历史演进、校园暴力问题的现状及政策进行调查研究性考察。社区公益活动,包括学校组织学生群体活动、学生个人活动等,如台湾的"义工"、美国的为非洲灾民募捐活动等。

在研究和学习国内外综合实践活动课的开发和实施基础上,我们提出了我国小学综合实践活动课程的四大领域。

二、我国小学综合实践活动课程的领域

(一)内容领域

包括信息技术教育、研究性学习、社区服务与社会实践、劳动技术教育。根据新课程联系生活的理念,这四个领域主要围绕进行活动的主体——人展开。即"人与自然""人与社会""人与自我""人与文化"四种关系来组织活动内容、确定活动主题。

1. 与自然的关系——自然体验领域

人与自然的关系主要采取自然体验的方式,认识和了解大自然领域。其中包括水资源的开发和利用、植树造林、气候变迁、能源开发和节省、环境保护、自然灾害、栽培活动、饲养活动、野营活动等课程内容。

如主题《饮食与健康——蔬菜的营养》:就是通过观察、体验自然中的蔬菜,了解蔬菜的营养及与人体成长的作用,养成科学的饮食习惯。

主题《感受环境·关注环境·保护环境》:就是通过感受大庆的环境,让学生在观察中发现大庆在环保方面存在的问题,想办法解决问题。

主题《特色农业土壤研究》:让学生关注北碚的特色农业,探究北碚的土壤奥秘。

主题《寻找春天》:就是通过学生走进大自然的春天、体验与感受社会中的春天。

2. 与社会的关系——社会亲历领域

人与社会的关系主要通过社会亲历的方式去认识和了解社会领域,常见的活动形式有服务活动、社会实践、劳动教育、义务活动、职业教育等。

如主题《关爱残疾人》:通过活动,引导学生走进社会,关注社会上的弱势群体,体验、理解他们的艰辛和痛苦。

主题《税费改革后农民生活变化的调查》:学生走进成都温江地区,了解社会、关注社会,体会国家改革带来的变化。

3. 与自我的关系——交往活动领域

人与自我的关系主要通过交往活动，帮助孩子认识自我领域，了解自我的优点、长处、不足等。活动主题可以是：名字的由来、我的兴趣、我的小秘密、我的一日生活、我的身体、我的内心世界。活动方式可以是畅想、感悟、交流、体验、探究、对比、反思等，也可以是协作活动、福利教育、捐献活动等。

如主题《认识父亲》：通过观看父亲与子女一起玩的录像，收集、查阅有关父亲节的资料，观察父亲高兴和不高兴的表情、动作，采访父亲最得意、最难忘、最讨厌等事，走进父亲、体验父亲、认识父亲、理解父亲。

主题《我是家庭理财小能手》《我们和小树一起成长》等等都是增进对自我的认识和了解，发现自我。

4. 与文化的关系——文化实践领域

人与文化的关系则通过文化实践去了解人类的文化成就、文化的发展、演绎和变迁等领域。常见的活动方式有鉴赏活动、国际理解、民族文化教育、创作活动等。

主题《走进回族》《秋天我们穿什么》《大冲现状调查》等都属于这个关系领域。

(二)小学综合实践活动课程的内容

综合实践活动课程强调基于学生的直接经验，通过对活动主题进行综合性的探索与研究，重视学校与社会、人文与科学、认识与情感的有机结合。因此，老师对课程内容的选择上尽量体现这种整合的特点，做到多学科知识的整合，科学与人文精神的融合，社会与科技的协调发展以及知、情、意、行的统一。而选择标准首先就是课程目标，课程目标是选择课程内容的重要依据。

从构成来看，小学综合实践活动课程的内容难以序列化。它没有清晰的起点和终点，也无法通过演绎推理形成严密的知识体系，缺乏学科课程的稳定性。

从范围来看，小学综合实践活动的内容富有弹性。可以是自然现象的研究，也可以是对社会问题的探讨，还可以是对学科领域的深入研究。

从时空来看，小学综合实践活动的内容可以是过去的，也可以是现在的，还可以是将来的；可以是本土的，也可以是他乡的，还可以是国外的。

总之，只要符合小学生年龄特点、具有潜在教育价值的任何主题均可以成为小学综合实践活动的课程内容。

重庆市朝阳小学三年级的综合实践活动教材目录，一定程度上反映出小学综合实践活动课按照四种关系组织课程内容的思路：

综合实践活动

单元一　家庭圆桌会：我是父母的调解员

　　　　　　　　　谁来做家务

　　　　　　　　　家庭小蓝图

单元二　好朋友的秘密：身边的植物

　　　　　　　　　　小树的奉献

　　　　　　　　　　给花草树木做名片

单元三　玩中的科学：不倒翁为何不倒

　　　　　　　　　有趣的影子游戏

　　　　　　　　　我的发现

单元四　领略重庆风：观魅力重庆

　　　　　　　　　话重庆"言子"

　　　　　　　　　访山城"棒棒军"

单元五　谈天说地：访问星座

　　　　　　　　泥土"求职"记

　　　　　　　　海底动物之"家"①

下面这个案例节选更充分地展示了小学综合实践活动课程内容的来源。

《中国的春节》

一、主题的产生与设计

教学的空暇之余，在和学生交流之中，我发现孩子对过年很感兴趣，特别是回老家过年的孩子更是有讲不完的故事，问不完的问题。我萌生了一个念头：何不让孩子走进中国古老的历史文化，探讨中国春节的由来、发展及一些习俗与传说等文化？

二、活动主题：中国的春节

三、活动目标

(1)让学生在活动中了解中国春节的由来与发展等，了解中国民俗文化。

(2)进一步培养学生收集、处理信息的能力，从中学会与人交流、与人合作。

(3)培养学生的团队精神和竞争意识。

---

① 综合实践活动三年级(上册).重庆：西南师范大学出版社，2003.

四、活动设计

活动内容的设计：分为四个部分，即春节的起源、春节的习俗、春节的发展和一些传说。让学生自由选择组成活动小组。

活动主要采取三大环节：一是学生自选活动内容；二是利用过春节，体验中国春节习俗，感悟中国文化的历史悠久；三是课题的汇报展示，交流活动成果，畅谈活动感受。

五、活动准备（教师和学生）

照相机、录像机、访谈记录表、活动记录卡、计算机等。

六、实施过程（略）

七、汇报、展示

（1）观看录像（春节中的不同画面）

（2）汇报交流

四个课题组的代表汇报小组活动过程和结果。

八、评价总结（教师、学生、专家点评）①

从上面这个活动案例，我们可以明显看出，综合实践活动的主题和课程内容来源于学生身边的生活。从活动主题的确立到活动内容领域上，具有非常明显的自主性和开放性。只要学生感兴趣，对其发展有意义和价值，符合学生年龄特点的问题、话题或项目，都可以作为课程内容进行综合实践活动。为了更好地指导课程的开设和实施，减少盲目性、随意性和形式性，更好地发挥综合实践活动课程的价值，国家从课程纲要上、宏观地作了一个方向性地规定。即规定我国中小学的综合实践活动课应该围绕四大内容领域进行开发和设计，选择恰当活动内容，有效开展综合实践活动。

第二节　研究性学习概述

在哈佛大学师生中流传着这样一句名言："教育的真正目的就是让人不断提出问题，思索问题。"的确，一个人从会说话起就会不断提问，那就是在思索；就是一个伟大科学家，他的知识也只是整个知识海洋中的几个小贝壳，仍然要不断地思索。可是，在我们的学校里，这样的提问和思考少了，是不是我们的学生什么都懂了，不需要问了呢？显然不是，是我们的学生不会问了！这

① 李森. 综合实践活动课程实施案例. 重庆：西南大学出版社，2004；15.

要归结于我们的教育形成的这样一种思维定势：学习和研究是两个阶段，学生只是学，学书本知识，学好书本知识将来自然就会用；中小学阶段只是打基础，搞研究是上了大学、当了科学家以后的事。但是，我们的先人并不这样认为，在他们看来，"问"就是"学"的一种，也是研究，所以学习叫做"问学"，学习和研究获得的知识叫"学问"。在英文中，"study"的意思既是学习也是研究，这也表明学习和研究是有着密切关系的。所以，把学习和研究截然分开，并不符合学习的规律。从生理学上说，上了大学才去开发研究潜能，也会错过头脑中研究性才能开发培养的最好时机，失去一生中良好思维品格养成的最好时机。现在，人们终于提出了研究性学习！这是教育观念的一个可喜的进步。

一、什么是研究性学习

1. 研究性学习的内涵

研究性学习有广义和狭义之分。广义上，研究性学习泛指学生主动探究问题的学习。那么这时它就属于一种学习方式。狭义上，研究性学习是指学生基于自身兴趣，在教师指导下，从自然、社会和学生自身生活中选择和确定研究专题，主动地获取知识、应用知识、解决问题的学习活动。这时它是基于研究性学习方式的一种课程类型，其核心是改变学生的学习方式，促进教师教学方式的变化。

作为综合实践活动领域的研究性学习属于狭义的涵义。对于小学生来说，"学习"是研究性学习的重点，"研究"只是研究性学习的手段和途径。这是与我们的科学研究本质的区别。对于中小学生来说，他们无论是在知识基础、技能品质和思维品质方面，还是在实验设备、信息资料、合作伙伴等条件上，都不具备进行真正意义上的研究的必要条件[①]。

两者的关系在于：广义的研究性学习更具有学科学习的意义，主要在学科内部或学科学习的某一阶段、某一环节展开。而狭义的，作为课程领域的研究性学习却超越了现有的学科体系、传统的班级授课制和课堂教学模式，在时间、空间、内容、形式等要素上重新整合，具有最大意义上的开放性。两者相辅相成，推动新课程改革的深入实施和落实。

2. 研究性学习的定位

2001年新课程改革实施时，综合实践活动作为义务教育阶段的一门必修课，与其他课程同时安排进了实验区的学校课程。2002年课程改革推向全国，

---

① 肖成全. 综合实践活动课程教学实施指南. 武汉：华中师范大学出版社，2003.

当时的《九年制义务教育课程计划》开课情况如下图 6-2 所示：

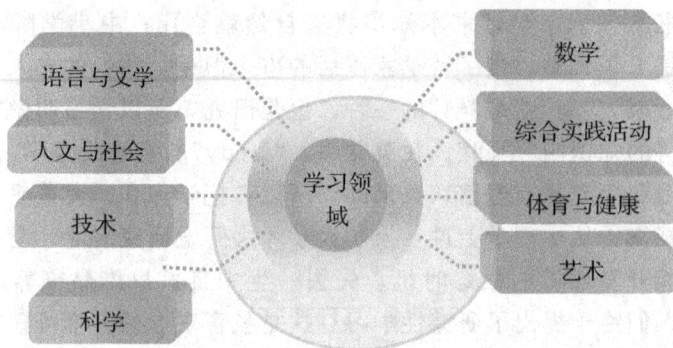

图 6-2

教育部《义务教育课程设置实验方案》中明确规定：义务教育阶段综合实践活动课的课时总量是 570～760 节。显然，课时总量达到了和英语课总量一样多的程度，仅次于中小学的语文、数学等课程，具体见表 6-3：

表 6-3　义务教育课程设置及比例

课程门类	九年课时总计（比例）	九年课时总计
思想品德(1～9 年级)	7%～9%	667～857
历史与社会(7～9 年级)	3%～4%	286～380
科学(3～9 年级)	7%～9%	667～857
语文(1～9 年级)	20%～22%	1904～2095
数学(1～9 年级)	13%～15%	1238～1428
外语(3～9 年级)	6%～8%	571～762
体育(1～9 年级)	10%～11%	952～1047
艺术(1～9 年级)	9%～11%	857～1047
综合实践活动(3～9 年级) 地方与学校课程(1～9 年级)	(6%～8%) 16%～20%	1524～1904

研究性学习在综合实践活动中所占比重如何？国家《九年制义务教育课程计划》《普通高中课程方案（实验）》中都明确指出，研究性学习是《综合实践活动》必修课程的核心组成部分，"研究性学习每周安排 2 课时，可以集中安排，也可分散安排"。图 6-3 说明了研究性学习在综合实践活动课程中的这种核心地位：

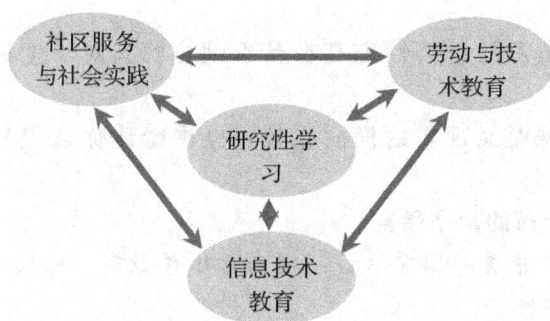

图 6-3

2003 年，教育部课程改革组对综合实践活动课又进行了调整，其中颁布的教育部《普通高中课程方案(实验)》(2003)中对研究性学习更是做了明确的要求，研究性学习属于普通高中学校的必修学分，且其学分在必修 116 个总学分中占 13％左右，远远超过其他科目的学分，也超过了综合实践活动的其他领域，成为普通高中课程安排中必修学分最高的课程领域。因此，透过这个课程方案及其课程结构(图 6-4)，我们也可以看到研究性学习的重要性。

普通高中课程结构

学习领域	科目	必修学分 共116学分，占总学 分的61.4%	选修I学分 共55学分，占总 学分的29.1%	选修II学分 共18学分，占 总学分的9.5%
语言与文学	语文	10	每个科目都在 必修的基础上 设置了若干个 提高的选修模 块，供学生根 据自己的学习 兴趣和未来发 展需要选择。	学校根据当 地社会、经 济、科技、 文化以及自 身条件开设 的校本课 程，供学生 选择。
	外语	10		
数学	数学	10		
人文与社会	政治	8		
	历史	6		
	地理	6		
科学	物理	6		
	化学	6		
	生物	6		
技术	信息技术	4		
	通用技术	4		
艺术	艺术或 音乐、美术	6		
体育与健康	体育与健康	11		
综合 实践活动	研究性学习	15		
	社区服务 与社会实践	2+6		

图 6-4

总之，从上面的中小学课程的安排以及课程安排的总量、学分所占比例等，我们可以清楚地看出，研究性学习在综合实践活动课中占有非常重要的地位。

但是研究性学习的重要性究竟在什么地方？其对学生的意义和价值是什么？

下面两个残酷而又现实的横向比较，也许能让你认识到研究性学习的价值：

案例1：30年前的两个预言

1979年6月，中美两国曾派访问团互访小学教育。回国后，两国的教育家们做了如下教学预言：

中国预言——美国小学二年级学生大字不识一斗，加减法还在掰手指头，就整天奢谈发明创造，简直是异想天开！最后他们得出结论：再过20年，中国的科技和文化必将赶上并超过这个所谓的"超级大国"。

美国预言——中国的小学生在上课时喜欢把手端在胸前，中国的学生喜欢早起等等。结论：中国的学生是世界上最勤奋的，他们的学习成绩和任何一个国家的同年级学生比较都是最好的。因此，再用20年时间，中国在科技和文化方面，必将把美国远远甩在后面。

30年过去了——实际情况是：在1979年到1999年的20年间，美国共培育了43位诺贝尔奖获得者和197位知识型亿万富翁。2003—2007年，世界上共产生49位诺贝尔奖获得者(和平奖未统计)，美国占去55.1%。但是中国一个诺贝尔奖获得者也没有！

案例2：获得诺贝尔奖的日本人

1949—2010年，先后有18位日本籍(或日本裔)科学家获得诺贝尔奖，其中物理学奖7人、化学奖7人、生理学或医学奖1人、文学奖2人、和平奖1人。下图是2010年，根岸英一、铃木章获诺贝尔化学奖，发明有机合成中钯催化的交叉偶联方法时的相关报道(图6-5)。

图6-5

这两个例子反映出当今中国学生在国际领域的生存危机。应该说造成这种危机的因素很多。但是，教育绝对是一个重要因素，被功利主义扭曲了的教育价值观是重要根源之一。环顾国内，分数不但是学生在学校生活的全部，而且几乎成为了学生成长过程中的全部。基础教育、家庭教育的根本问题就是从小就开始追求的高分。正是在这种扭曲了的教育价值观引导下，我们的家长、我们的老师、我们的学校、我们的地方政府，最后是我们的学生，他们都把视线落到了那个可怕的分数上了，从而在学生身上出现了一系列问题。

我们的学生究竟存在哪些问题？主要表现为：被动与依赖，缺乏主动性，过于服从权威；学生经验世界的贫乏与苍白，缺乏对知识的个性化理解；学习兴趣狭窄且不稳定和深刻；缺乏创新意识和创新能力。由此导致的结果必然是远离同时代的国际人。

学生是教育的产品，由此不得不反思我们的教育？发现学校教育长期以来，过分重视基础知识和基本技能，而学生的情感、态度、价值观等方面没有得到应有的关注；课程内容过于繁杂、艰深、陈旧，很多时候脱离学生的生活经验，缺乏对学生学会学习的有效指导；考试代替了评价，同时考试结果的处理使学生过度焦虑。这种状况在 2002 年全国青少年创造能力培养社会调查中，也得到了印证。

2002 年，专家们对全国 31 个省市、1.2 万名大中学生进行了问卷调查，调查结果显示：

亲身体验过科学探究全过程的青少年数量并不多，无论是正规教育和非正规教育，都低于 29%；

亲身体验过技术创新全过程的青少年数量更低，无论是正规教育和非正规教育，都低于 26%；

约半数学生生存在过于拘谨、思维定势，从众心理和信息饱和等影响创造性思维的四种主要障碍。

任何教育的发展和改革都是在适应现有教育现状下提出和实施的，为了及时地顺应世界发展潮流，提出了研究性学习。

3. 研究性学习的价值

(1)培养学生的创新精神和实践能力。通过学生对身边和现实生活中的现象和问题的研究性学习，亲身经历和体验用所学习的知识、方法、技能解决实际生活、社会等问题的过程，从而使学生的探究精神、科学态度、创新意识和动手能力等得到训练。

(2)有利于转变学生的学习方式和教师的教学方式。长期"应试教育"下，中国形成了两种占统治地位的学习方式和教学方式：一种是学习过于注重知识结论的记忆，忽视对知识发现、发展过程的探究，形成了以接受式学习和死记硬背、机械训练为中心的学习方式。以及与此相对应的是一种以"讲授式"、"填鸭式"、"灌输式"为中心的教学方式。两者相互影响构成了中国的主流教育（见图 6-6、图 6-7）。

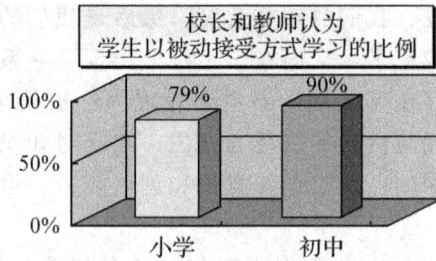

图 6-6

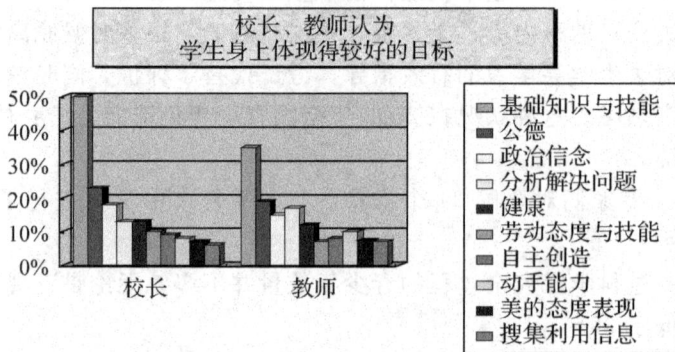

图 6-7

两个调查表充分而直观地显示出当今学生学习和成长、发展的现状，即如下图 6-8 所展示的：中国的学生有许多长处和优势，循规蹈矩、学习刻苦、知识扎实等，但是我们的学生缺乏关心、同情、创新等优秀品质和能力。

优　势	问　题
知识	实践能力
技能	创造性
解题能力	情感体验与自尊自信
勤奋与刻苦	人生观与价值观

图 6-8

出现这些问题的关键在哪？学生是如何学的？是记忆，被动学习？还是探究，自主学习，或者主动接受式学习？同时我们的教师是如何教的？是传授，灌输，还是引导探究、实践？

显然，不同的教和学会带来不同的结果。而培养学生创新精神和实践能力的研究性学习，能够逐渐地改变学生上述状况。为此教师角色必须发生变化：从知识权威的拥有者到平等参与学生研究活动的参与者、协作者、促进者、组织者、指导者，从知识的传递者到学生学习的指导者，从局限教科书到关注学科前沿和学科交叉的学习者，从单纯教学到同时开展科研的研究者。

（3）有利于全面提高学生的综合素质

学生的综合素质包括应用知识、方法解决实际问题的能力和创新精神，热爱家乡，关注社会，亲近自然，社会责任感和使命感，体会成功和挫折，团队的交流合作和互助精神，身心健康等。

总之，研究性学习对学生发展的价值是很突出的，它有助于保持学生独立的、持续探究的兴趣，能不断丰富学生的学习体验，有助于学生养成合作与分享的个性品质，还有助于学生建构合理的知识结构。

二、研究性学习的特点

1. 问题的开放性

问题开放。研究性学习是解决问题的学习。发现身边学习生活和社会生活中的问题或有价值的课题是开展研究性学习的前提，而每一次研究性学习活动又都是围绕问题展开的。没有问题，也就没有研究性学习。不过，学生的问题却是五花八门、千奇百怪的。课程的特点也决定了研究性学习内容的开放性。研究性学习以项目、课题、主题或问题为载体，超越严密的学科知识体系和书本中心。

课题组开放。课题组可以是学生学习小组，可以是师生课题小组，可以是学生和校外专家或者相关人士的组织，也可以是学生和家长的研究小组。

活动范围开放。研究性学习的活动范围，可以是教室或者学校，可以是社区，也可以是某一个学习场所或者是某一个社会机构。

活动形式、地点、时间安排开放。研究性学习的活动形式呈现开放，可以是探究发现、参观服务、调查研究、实验论证、文献查阅等等。时间和空间安排上，地方、学校、教师和学生拥有完整意义上的自主权。

成果形式及评价开放。研究性学习的成果形式多样，可以是内化于学生认知和能力结构之中的成果；也可以是对象化于过程的学生行为表现方面的成果，还可以是物化于对象的研究方案、研究小论文等纸质成果或产品成果等等。在评价上更是体现出开放的显著特征。研究性学习的评价主体可以是学生自己、老师、社会人士；评价方式可以是汇报、成果或作品展示、研究报告答辩、演示、表演、竞赛评比等；评价内容可以是方法、态度和体验的评价，也形成性评价与终结性评价的结合，它也是开放的。

总之，研究性学习关注学生在这一过程中获得的丰富多彩的学习体验和个性化的表现，在开放的活动内容中激发小学生的综合素质。从目标、内容、整个过程的实施到最后的评价实现全方位的开放。这也是学科课程的研究性学习与综合实践活动领域的研究性学习的不同。

具体来说，学科课程具有系统性、逻辑性、封闭性的特点，而研究性学习却是超越学科的现实生活。活动内容上：前者是在特定的学科知识体系学习中展开，活动内容都与其相应的学科领域直接相关。而后者的内容是面向学生的生活、面向实际、面向社会，学生运用所学的各类学科知识，但不受体系化知识框架的局限。目的上：前者必须以掌握系统的学科知识为基础，同时发展学生在某一特定学科领域的能力，以及独特领域的综合素养。而后者的目的是以发展创新精神、实践能力为主要目的，它更直接地指向于满足学生的个性需要。在学习方式上：前者学习方式往往具有鲜明的学科特征。后者的学习方式则因活动主题而具有多样化的特点，它不受学科特征的局限。

2. 探究性

研究性学习的过程类似科学研究的过程，即发现探索性问题——引发思考——组织讨论——找出不同观点差异——论证自己的观点——表达自己的观点。

这种学习方式能引起学生积极思考，自然的、社会的、自我的各个领域的问题，由于该课程上没有现成答案，学生必须与学科教学内容密切联系起来，才能解决问题，找出答案。这个过程学生一直处于探究之中，从而从强调知识的灌输到转变为着重学生"学会学习"，强调学生综合实践能力、情感、态度和价值观的发展。

研究性学习重视学习过程，而不只是结果，强调学生经历和体验研究或探究的过程。表现为过程与结果的综合、知识的综合、学习方式的综合等。研究性学习不以掌握间接经验或书本知识为目的，但研究性学习也并不排除对知识的掌握。研究性学习中的知识，是学生通过探究实践而获得的程序性知识和领悟性知识。

3. 实践性

"研究性学习"注重学生对生活的感受和体验，强调学生的亲身经历，让学生在实践中去发现和探究问题，体验和感受生活，发展实践能力和创新能力。丰富多彩的探究发现，个体各异的实践体验，为学生的生活经验的积累和社会实践能力的锻炼开辟渠道。

通过"调查"、"考察"、"实验"、"探究"、"设计"、"操作"、"制作"等等实践性活动方式，去解决来自周围的真实世界的学习的内容。因而更注重学生的体验和经验，学生对知识的联系，综合和应用等。

下面以主题活动《鹏城归国热探秘》为例，说明研究性学习的实践性特点：

深圳市育才一小四年级的学生发现，校园中的金发碧眼的外国学生数量有所增加，从港澳台来深圳读书的同学也增加了不少，这些人为什么要从经济发达的国外或中国香港澳门台湾回来呢？深圳有什么诱惑力？……于是《鹏城归国热探秘》活动由此产生了。

学生进行了哪些研究性实践活动？有的充当小记者进行调查访问；有的深入到家庭、社会中作调查问卷；有的到工厂、渔村、港口实地考察。这一切都是在教师的指导下，学生自主的实践、自主的学习。

他们学到了什么？在统计数据时，学生充分认识到了数学的重要性；在有疑问时学生更多采用的是上网查找资料；学生大胆地想象深圳的未来，并为城市献计策。

总之在《鹏城归国热探秘》活动过程中，活动的主要目的并不仅是让学生接受中国改革开放之后深圳的变化、中国走向富强等知识，而是通过具体活动，通过直接的经历和体验去感受上述关于家乡的变化；感受人与人的交流与合作，如活动需要采访小队、摄影小队、上网查资料小队、编辑《探秘集》小队、设想未来蓝图小队等相互合作，需要教导处提供数据，在编辑《探秘集》时需要美术教师对其美工排版上作指导。认识到学校图书馆、电脑室是查找资料的好场所。同时体会到家庭资源的重要性，如学生的父母来自各行各业，有着丰富的家庭教育资源，家长们的配合能为实践活动提供帮助等等。还认识到活动的深入需要社会资源的介入，共同完成。一个主题活动通过多种活动方式，让学生学到或者体会到了许许多多的知识和感悟，而这种知识和感悟是学生经过自己的加工和提炼产生的，深深打上了自我对知识的处理、过滤和吸取的烙印，最后演变为学生内化的知识。这比老师的告诉要直观和生动得多。比如"他"心中的鹏城，"她"心中的深圳是不同的，是各式各样的。这才是研究性学习要达到的目标。

4. 自主性

研究性学习尊重学生的兴趣、爱好，注重发挥学生的自主性。

学生主动参与实践性学习的全过程，是在教师的有效指导下自主学习、自主实践、自主反思的过程。指导教师对学生实践学习的全过程进行有针对性的指导，不包揽学生的活动。具体来说，培养学生自主性需要坚持以下几个原则：

给学生一个空间，让他们自己往前走；

给学生一个条件，让他们自己去锻炼；

给学生一个时间，让他们自己去安排；

给学生一个问题，让他们自己去找答案；

给学生一个机遇，让他们自己去抓住；

给学生一个冲突，让他们自己去讨论；

给学生一个权利，让他们自己去选择；

给学生一个题目，让他们自己去创造。

在国外的活动案例中，更体现了研究性学习中学生的自主性特点。

一篇最让我感兴趣的论文

矿矿上小学二年级时，八岁就开始搞"研究"了。

"老师说了，研究论文至少要有三个问题，要写满两页纸。"……

"如果市里的公共图书馆找不到好的资料，你们可以到迈阿密大学图书馆去看看。"

两个多小时后，母子两人抱着十几本书回来了。"矿矿非让我带他跑了两个图书馆，还说老师说过参考资料要来自不同的地方。"

……

随着儿子对那十几本书的阅读及"研究"的深入，我和妻子也不断从矿矿那儿获得有关蓝鲸的知识：蓝鲸一天要吃四吨虾；寿命是 $90\sim100$ 年；心脏像一辆汽车那么大；舌头上可以同时站 $50\sim60$ 人……我以前只知道蓝鲸很大。

矿矿终于完成了他有生以来的第一份研究报告："蓝鲸"。论文由三页活页纸订成。第一张是封面，上面画着一条张牙摆尾的蓝鲸。蓝鲸的前面还用笔细细地画了一群慌慌张张逃生的小虾，在封面的左下方，工工整整地写着——作者：黄矿岩。论文含 4 个小题目：介绍；蓝鲸吃什么；蓝鲸怎么吃；蓝鲸的非凡之处。

……

孩子从一开始就摆开了一副正经八百做课题研究的架势。收集资料，阅读，找观点，组织文章……一步不差，一丝不苟。从决定题目，到从那十几本书中发现对自己研究有用的资料，到着手写文章，孩子始终处在一个独立工作的状态下。他必须用自己的脑子去思考，去筛选材料，去决定"研究"方向……这个收获要比知道蓝鲸有多重、多长更具有价值。[①]

这就是美国的小学教育。小学二年级、8岁的孩子开始了他们的问题研究，很正式、很规范的研究过程。从何处着手进行探究和研究，怎样进行研究性活动，研究的程序性知识在他们幼小的心里扎下了根。这远远超过了单纯地对蓝鲸这种动物的认识。也体现出了教育的差别。可以说，研究性学习是改革传统的教学模式，实施创新教育的突破口之一。

三、研究性学习的本质

马克思主义的哲学观告诉我们，本质是一事物区别于其他事物的质的规定性。纵观研究性学习从提出到实施的实际情况，我们可以从以下两个方面来理解研究性学习的本质：

1. 从教学的实践层面上看，研究性学习是一种以"研究"为手段的创造性学习方式

学习是人类获取知识、经验、文化最主要的手段，也是促使人社会化必不可少的手段。人们在学习文化知识、培养和发展能力的时候，可以采用各种各样的形式，研究性学习就是其中的一种方式。在这种方式中，强调"研究"和"创造"的成分。这种方式与传授——接受的学习方式截然不同。在传授——接受的学习方式中，教师是主导者，学生是承受者，教师给学生传授书上现成的已经被实践反复证明了的科学知识；学生被动地接受教师传授的知识。教师的目的是教会学生知识，学生的目的是学会知识，他不用去怀疑、去探索，一切都有现成的答案。而在研究性学习中，教师是指导者，学生是活动的主体，它要求学生主动地从自然、从生活、从社会、从教材各个方面去寻找问题，运用各种已有的知识和科学的方法去分析问题和解决问题。它十分强调学习中研究性实践活动的过程。

研究性学习作为一种新的学习方式，是在主体性教育和创新教育的背景下提出来的。它强调学生在学习活动中的主体性行为，使学生积极参与到教学中来，让学生用自己的眼睛去看世界，用自己的头脑去思考问题，积极地寻找、获取各种资料和信息，培养学生的动手能力和创新能力。

---

① 黄全愈. 素质教育在美国. 广州：广东教育出版社，2000.

2. 从教学的内容层面上看,研究性学习是一门以研究性学习的原理和方式为内容的课程

任何一种事物的存在,都需要一定的载体,研究性学习作为一种新的学习活动的方式,它又要依赖于研究性学习课程这个载体。前面我们已经提到,很多国家和地区都在中小学开设了专门的以研究性学习为内容的课程,如美国、法国、日本以及中国香港地区。我国也已正式将研究性学习作为一门课程列入了中小学课程计划,开设研究性学习课程。这就表明了人们对研究性学习作为一门课程的认同。

研究性学习作为一门课程,它是"指向研究性学习方式的走向型课程"。它具体研究"研究性学习"的基本原理、程序和方法,并从自然、社会、生活中选取一定的问题或课题,围绕如何解决这些问题或课题而展开研究性的学习,培养学生如何开展研究性学习和进行科学研究的能力。研究性学习作为一门课程,它与以知识的获得为主的学科课程的差异是显而易见的。学科课程重视现成的知识的学习,它强调的是学习的结果——知识的数量,虽然它也把发展学生的创造性思想和培养学生的能力作为其教学目标之一,但在实际的教学中却并没有落到实处。研究性学习课程重在学生的学习态度和学习方式的改变,强调培养学生的研究问题的意识和研究问题的方法,重视的是学习活动的过程而不是最终的结果。开设研究性学习课程既能促进学校课程的改革,又能促使研究性学习这种学习方式渗透到各科教学之中,从而更好地实施创新教育,为我国培养适应知识经济需要的创造型人才服务。

从上面的分析中可以看出,研究性学习是一个综合性的概念。所谓研究性学习,是指教学过程中学生在教师的指导下,以问题或课题为内容,以研究为手段,主动地分析问题、解决问题,创造性地获取知识和经验的学习活动。因此研究性学习实质是一种基于课题、项目或主题的探究性学习活动,也是一种实践性学习活动。作为一种基于探究的学习活动,既可以融合到各门具体的课程之中实施,也可以独立设课来实施。

四、研究性学习的原则

研究性学习作为一种新的教学模式,尚处于一种探索和试验阶段。如何有效地开展研究性学习?开展研究性学习,首先要注意以下几个原则:

1. 主体性原则

主体性原则是指研究性学习要以学生为主体,充分发挥学生的主动性、独立性和创造性,积极地去发现和解决问题,使学生成为学习的主人。主体性是

人的自觉意识和主观能动性。研究性学习是以主体性为前提条件的，没有学生主体性的发挥，学生就不能积极地参与教学过程，也就无法去研究，更谈不上创造，研究性学习当然无从谈起。因此，开展研究性学习，就必须在教学过程中正确处理好教师的指导作用与学生的主体作用的关系，做到以学生为主体，突出学生的主体地位。虽然在其他学科教学中我们也强调学生是主体，但其传授知识的课堂教学模式有利于教师的主导作用，却限制了学生主体作用的发挥，常常是教师的活动多，学生的活动少，学生只是接受现成的已有定论的书本知识。而研究性学习是让学生主动去探索和发现新问题、新知识，学生面对的是不确定的、未知的世界，因此，它的教学方式与传统的教学方式是截然不同的。它要求充分发挥学生的主体性，同时也要发挥教师的指导作用，教师要从方法、技巧上给学生以帮助，教会学生学习。

2. 问题性原则

问题性原则或叫课题性原则是指在研究性学习中，教师要引导学生善于从自然、社会生活或教科书中去选择问题或课题，围绕问题或课题去寻找资料和提出解决问题的方案。

问题是研究性学习的中介，没有问题就谈不上研究，这是由研究性学习的特点决定的。研究性学习中，教师不给学生直接而具体的学习内容，只提供有关情境或线索，或者引导学生自己从自然、社会、生活中去发现和确定问题，围绕问题去开展研究性活动，从而解决问题，获得新的知识和经验。因此，问题就成为研究性学习的一个关键，如何引导学生寻找和发现问题呢？首先，要培养学生的观察能力，提高学生的问题意识。指导学生经常观察自然和社会生活中的人和事，注意捕捉各种信息，收集各方面的信息资料，大胆怀疑，敢于质疑。"别人没讲过的不敢想，老师没做过的不敢做"的学生是永远也发现不了问题的。其次，要培养学生思维的独立性和批判性。积极地、独立地思考问题的人才会形成自己的思想和观点，这样的人才会从平常的事物中找出问题，不人云亦云。最后，培养学生创造性的个性。我们应采取民主等的教育方式，营造自由、安全、宽松的教育环境，培养学生强烈的好奇心和冒险精神，以及敢于怀疑、敢于向权威挑战等创造性个性品质。

3. 开放性原则

研究性学习的开放性原则是指研究性学习的思维方式、问题、内容和活动空间的不确定性和无限性。这个原则突出反映了研究性学习的特点和要求，它表现在以下几个方面：

第一，思维方式的开放性。研究性学习是学生积极主动去发现问题、分析问题和解决问题，这就要求学生在思维过程中把思考的对象当作一个开放性的系统来认识，用发散性思维来寻找、探索问题的多种答案，而不是单一地寻找标准答案。

第二，问题、内容的开放性。教师要指导学生根据自己的观察和思考去发现问题、提出问题、提出研究性学习的计划、步骤，而不是教师去指定某一个内容让学生去学习。同学科性教学内容相比，研究性学习的内容是不确定的、开放性的，它更富有时代性、生活性和变化性。

第三，活动空间的开放性，研究性学习的活动空间既可以是在课堂，也可以是课堂之外，并且更多的是走出课堂，面向社会、面向生活，即在开放的学习环境中去进行学习，让学生主动地参与教学，独立地思考问题，从而激发学生的创造性，培养学生分析问题、解决问题和从事实践活动的能力。

4. 创造性原则

创造性原则是指研究性学习以"研究"为手段，通过研究性的学习来充分发展学生的创造潜能，培养学生的创新能力。"研究性学习中的'研究'不是目的而是手段"，创造离不开研究，研究是为了创造，培养学生的创造性是研究性学习的重要目的之一。

心理学认为，创造性是人类一种普遍存在的潜能，它是人类最宝贵的财富和资源。人类的创造潜能是创造力的基础，是人类社会不断生存和发展的动力源，人本主义心理学认为，儿童的创造潜能像一粒种子，在适当的条件下有长成一棵大树的趋向。研究性学习是发展学生创造性的最重要的方式。在研究性学习中如何来激发和培养学生的创造性呢？首先，激发学生的创造动机，引起学生的好奇心，使其产生一种欲望；其次，创设有利于学生创造性发挥的环境，鼓励学生积极思考、大胆想象、勇于探索；最后，对创造给予积极的评价。创造有"类创造"和"真创造"之分，学生在研究性学习中的创造大都是"类创造"。凡是学生通过自己积极主动，独立地探索、研究提出的观点、答案，都可以算是创造，从而让学生获得创造的成功体验。

五、研究性学习的目标

（一）研究性学习的一般目标

1. 获得亲身参与探究活动的体验

学生通过自主参与探究活动，亲历探究过程，获得探究体验，加深对自然、社会和人生问题的思考与感悟，激发探索、创新的兴趣和愿望，逐步形成喜爱质疑、勤于思考、乐于在探究中获取新知的意识和习惯。

2. 提高发现问题和解决问题的能力

学生在探究活动中，学会发现并确定探究问题，提出探究设想并自主开展探究活动，提出解决问题的合理策略，表达探究成果。

3. 培养收集、分析和利用信息的能力

在研究性学习活动中，学生学会利用适当的工具和技术、通过多种途径获取信息；学会整理与归纳信息，学会判断和识别信息的价值；学会运用获得的信息描述或说明问题，并做出恰当的解释。

4. 学会分享与合作

学生在探究活动中，既独立思考、积极主动，又乐于与伙伴互相帮助、彼此协作；自觉遵守合作规范，正确对待个人与集体的关系；学会处理人际关系，主动与同伴分享信息、创意和成果等。

5. 养成科学态度与科学道德

学生在探究活动中，要形成"崇尚真理、尊重科学"的科学态度和科学道德。不盲从、不迷信；实事求是、不弄虚作假；认真踏实、善始善终，胜不骄、败不馁；善于对学习过程与结果认真反思和自我评价；了解并尝试运用问题解决的基本科学方法，具有一定的方法意识，体验研究的基本过程；尊重他人的思想与研究成果等。

6. 增强公民意识与社会责任心

通过研究性学习的实践，帮助学生正确认识个人成长与社会进步的关系，学会关心科学和社会的发展与进步；初步形成维护社会进步、承担社会义务、服务社会的公民意识。

(二)小学阶段研究性学习的具体目标

1. 自主获取信息的能力

收集资料或信息，并妥善处理资料的能力。获取信息的途径有哪些？能够利用资料室、图书室、博物馆、网络等资源，形成自主获取信息的能力。

2. 提出有一定研究价值的研究课题

学会运用所学知识和能力，主动地从现实生活中发现问题，提出有一定研究价值的问题或研究课题。

3. 自主制定研究方案的能力

包括安排研究活动的时间、具体过程、基本方法、参加人员、条件等要素。

4. 初步了解和运用一般的研究方法

有哪些一般的研究方法？比如，三查(调查、观察、考察)、实验、测量、分析、归纳等等，知道其基本操作方法，能够模仿这些研究方法的基本程序，展开研究过程。

5. 写出有一定价值的研究报告或研究小论文，并得出结论

6. 养成合作、交流、分享的良好态度和能力

交流能力的养成，如大胆地向他人汇报自己的研究成果。集体项目的比赛、评比，如小组活动方案的设计和完善就需要大家的合作等等。

7. 形成探究学习的习惯

让学生通过探究的过程中体验到研究的乐趣，增强探究的愿望，大胆质疑、敢于提出新的设想或思路，养成凡事形成探究学习的习惯，不断地养成探究兴趣，具有较强的探究意识。

其实，研究性学习与探究学习是有区别的：研究性学习是围绕生活实际中的、还没有明确结论的现实问题展开学习，需要有计划的、完整的探究过程，还需要较长的时间，一般 2 周以上。而探究性学习主要围绕学科领域内的、已经有明确结论的问题开展学习，这种学习可以是完整的探究，也可以是部分的探究，并且不受时间的约束。

8. 使学生具有环保意识、国家意识、世界意识、竞争合作意识，强烈的社会责任感

以上这些具体目标，我们在研究性学习案例的制定过程中，可以根据主题内容套用。

六、小学阶段研究性学习的研究内容

研究性学习研究什么？研究性学习研究的自然是"问题"。那么，研究的是什么样的问题？这些问题又从哪里来？

可以毫不夸张地讲，研究性学习研究的问题没有界限，只要想得到的、具有研究的可能性和研究价值的问题都可以作为研究性学习的问题。

1. 研究性学习的类型

(1)按照内容划分为两种

认识世界的课题研究类：包括调查研究、实验研究、文献研究和综合实践等。

操作实践的项目(活动)设计类：包括社会性活动设计和科技类项目。

(2)按照组织形式划分有三类

小组合作研究：一般 3～6 人组成研究小组。

个人独立研究：也称为开放式长作业。

个人研究与全班集体讨论相结合：全班进行同一主题，个人收集研究，全班讨论探究。

2. 研究性学习内容选择的原则

(1)重视与学生个人经验的联系。研究性学习内容的选择应该与学生的学力水平和个性特点相适应。同时关注学生的生活经验和兴趣爱好，在选题内容上，既要有趣味性，也要逐渐重视社会性；在研究范围上，要在考虑可行性的基础上逐步扩展。

(2)重视与社会生活实际的联系。要引导学生从身边的生活实际出发，发现和提出问题。从自然现象到社会生活，从身边小事到国家大事，从现实世界到历史和未来，都可以是研究性学习的对象和内容。

研究性学习是学生参与社会生活的实践活动，必须强调课内外学习相结合、校内外活动相结合。要结合学校教育的各种活动，包括班队活动、文体活动、参观访问、社会服务等，拓展探究的内容。

(3)重视与现代科学发展的联系。小学生想象丰富、大胆，在许多方面表现出强烈的探究和创造欲望。反映现代科学发展成果与趋势的内容，是学生渴望了解的，也是教科书所不能及时容纳的。可以通过创设情境让学生了解一些当代科技发展的最新成就，如航空航天、生物工程、计算机技术、环境保护、新材料新能源等，并把这些内容与现实生活结合起来，以满足学生的探究需要和兴趣，启迪思维。

通过这些活动增进学生对科学发展的了解和认识，鼓励学生大胆地提出问题，激发他们参与研究的兴趣和热情，从而拓展研究性学习的领域。

(4)重视与各科知识的联系。要注意从学科知识的拓展和应用中生成研究性学习的内容；在研究和解决生活中的问题时，要引导学生有效地利用各科知识，做到活学活用，真正体现教育改变生活。

3. 研究性学习内容开发的维度

越是宽泛的活动领域和空间，越是难以确定活动的内容。因此研究性学习内容的开发，可以围绕下面的方向来确定开发的维度：

与学科领域相关的研究性课题

与学校教材内容相关的研究性课题

与学校活动有关的研究性课题

与家庭生活、健康有关的研究性课题

与环境和可持续发展有关的研究性课题

与社区课程资源有关的研究性课题

总之，开发出来的研究性学习内容要具体，由易到难，形成序列，这可从方法、难度、学科等角度设计。如北碚朝阳小学的序列研究性学习内容（图 6-9）。

北碚朝阳小学"爱北碚爱家乡"系列主题活动

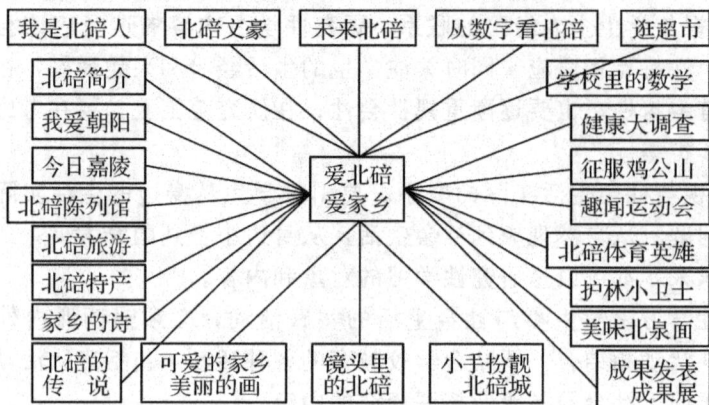

图 6-9

也有的学校采取下面的方式进行研究性学习选题：

结合教科书中学科知识和概念来确定主题，如：共同的家、走进戏曲

结合青少年的作品和读物，如：走进《西游记》、我眼中的三国人物

结合当前发生的事件确定主题，如钓鱼岛事件、雾霾、"两会"

学生感兴趣的问题，如：恐龙的灭绝、飞碟

结合时令、节庆以及地方民俗活动和庆典，如：四季、春节、灯谜、中秋节

善于用地方或者是社区资源文化遗产，如：傣族采风、走进青藏高原

某种物体或者器物，如：小小鸡蛋知多少

结合学校日程或者是重大活动，如：春游、参观博物馆

学生生活中的经验，如：购物、运动会等

调查类研究性学习课题，以化学学科为例

调查太阳能热水器的优缺点，分析太阳节约电能或热能的量

调查本地区燃料的种类、性能、发热量、价格以及燃烧物对环境的影响，提出合理使用的建议

调查市售补钙保健品的种类，钙的存在形式和钙元素的含量

调查自来水使用什么物质作消毒剂，分析自来水的成分，以及在不同用途中还应做如何处理

调查本地区的水泥厂的环保问题，厂址选择的适宜性，工厂发展的前景，

产品原料分布、纯度、含量等缺点

调查常用洗涤剂的品种,主要化学成分、性质和价格,如何识别它们

调查常用电池的种类,使用范围,性能、价格比以及电池中的氧化剂和还原剂,了解回收废旧电池的意义和价值

与初中生物学教材相关的课题举例

《生物圈中有哪些绿色植物》:某些植物的药用价值

《生物的遗传和变异》:研究人类基因组的意义

《人体的营养》:饮用水与健康

《生物圈中的人》:有性生殖与无性生殖在进化上的比较研究;双胞胎研究

《藻类、苔藓和蕨类植物》:水体富营养化对藻类数量的影响

《调查我们身边的生物》:调查学校生物种类(植物、动物、真菌)

《根据生物的特征进行分类》:校园植物分类调查

《探究环境污染对生物的影响》:调查环境污染的状况

《关注合理营养与食品安全》:为父母设计一份食谱

《爱护植被,绿化祖国》:调查当地"植树造林、绿化祖国"活动的开展情况

《传染病及其预防》:有关"艾滋病"常识

《生物的遗传和变异》:了解转基因技术

《选择健康的生活方式》:酒精或烟草浸出液对水蚤心率的影响

《生物圈是所有生物的家》:模拟生态系统实验

《保护生物的多样性》:尊重动物生命,让地球自由呼吸

七、研究性学习的实施

(一)影响研究性学习实施的因素

研究性学习对培养学生的创造性具有重要的意义。但在我国,从全国各地的实际情况来看,除极少数省市的一些学校之外,研究性学习还未有效地开展起来。其影响的因素主要有以下几个方面:

1. 人才培养方式

众所周知,我国人才培养基本上是一种"应试教育"的培养模式。"应试教育"就是一种以升学为目的,以学生的考试分数为评价教育质量的标准的教育。"应试教育"以统编教材为中心,强调书本知识的学习,教师向学生传授知识,学生被动接受书本知识。这种教学极易造成教师"满堂灌"的"填鸭式"教学,学生很少参与教学过程,主体性得不到发挥。学生很少去思考教师所讲的内容,以记住教学的内容为目的,考试也是以检查学生对知识掌握的数量为标准,掌

握的知识多，考试成绩好，学生的水平也就高，而对学生的创造力和实践能力则很少去关注。有些教师因我国学生考试的分数高就自豪地宣称，我国的基础教育是世界上一流的，实际情况真是如此吗？

由于我国的教育在人才的培养上过分强调"知识的学习"、"知识的拥有"，从而引起教师和学生对"分数"的过分重视和追求，而对人才的重要特征——创造性，没有给予实质性的重视。"发现式教学"、"研究性学习"被一些老师认为是费神费力，浪费时间，是"不经济"的学习，不情愿指导学生开展研究性学习。

2. 教学质量评价标准

用什么样的标准来评价教学质量，它直接影响教学的内容和方法。长期以来，尽管我们的教学质量评价标准从理论上讲是全面的、科学的，从知识、技能、智力、能力等各方面都作了要求，但在实际的评价中，常常偏向于对知识、技能的检查，把它们当作"硬指标"，用学生的考试分数作为评价的标准，而对能力的评价缺乏具体明确的标准，常常把它当作"软指标"，这就造成了重知识的学习、轻能力的培养的倾向。这也是我国学生考试成绩好，而研究、创新能力差的主要原因之一。

3. 教师

缺乏研究型师资是影响研究性学习的直接原因。要有效地开展研究性学习，就必须有研究型的师资。教师自身的科研创新能力是指导学生进行研究性学习的首要条件。但从目前我国中小学教师素质的现状来看，绝大多数教师缺乏科研和指导学生进行研究性学习的能力，不能适应创新教育的研究性学习的需要。具体表现为以下几个方面：

(1)教学观念陈旧，对研究性学习的认识不足，甚至产生错误的认识。如有的教师对研究性学习的含义不了解，认为研究性学习只是学生课外科技活动的一种方式；有的教师认为研究、创造只是少数高级人才能做到的事，中小学生不具备研究、创造的能力，研究性学习不适合中小学的教学；还有的教师认为研究性学习费时费力，效果不能立竿见影，倒不如给学生传授具体的、现成的书本知识等。

(2)强调教师的主导作用，忽视学生的主体作用。教学模式落后，习惯于传统的以教师讲授为主的课堂教学模式。教师给学生单向传授知识，教给学生大纲统一规定的标准答案，学生忙于接受死记硬背教师讲授的知识，很少积极主动地去思考学习的内容，更谈不上去发现、研究问题，学生成了被动接受知识的容器，研究创造能力受到了压抑。

(3)教学改革与创新的意识淡薄，缺乏指导学生进行研究性学习的能力。我国中小学教师的课堂教学任务特别繁重，很少有时间和精力去进行教研、教改和科学研究，其创新和科研能力普遍较差。他们不知道如何在学科教学中指导学生进行研究性学习，这在很大程度上影响了研究性学习的实施。因此，提高教师的科研能力，培养研究型师资是研究性学习的关键。

总之，研究性学习课程对教师提出了挑战：教师是否具有正确的教育观念，教师是否具有终身学习的理念，教师是否具有一定的科研能力，教师是否具有从事研究性学习指导能力，这一切都成为课程实施的教师影响。

4. 学生因素

研究性学习的课程实施对学生的学习也提出了新的要求，学生主动学习的愿望、自主参与、创新精神、合作态度等都影响着课程的深入开展和实施。老师和学生都必须明确学生在研究性学习中的任务，从学生参加研究性学习的准备工作，学生是否明确研究性学习活动主题的意义、方法、知识，到学生的选题、实施，成果展示与评价等，都影响着课程的实施。

5. 选题的因素

研究性学习的选题非常重要，具体包括选题的合适性，即符不符合小学生的年龄和心理特征、符不符合学生的现实生活；选题的明确性，即学生是否能清晰地认识到自己要研究什么？选题的可操作性，即选题在即时即地的情况下能够实施；选题的一致性等，这四大特性构成了研究性学习能否顺利开展和实施的选题因素。

6. 学校内部的管理以及条件因素

如管理体制、管理机构与流程、相关制度建设等影响着课程实施。现代化的教学条件是实施研究性学习的必要条件，研究性学习对教学的设备、环境和学习的手段提出了更高的要求，如图书馆、实验室、实践活动的场所和必要的经费等。要实现教育的现代化，就必须为教育提供现代化的物质条件。但我国的教学条件离现代化的要求还相差甚远，适应不了研究性学习的需要。

7. 各种外部因素的影响，包括家长、社会媒体、社会团体、企业等因素。他们是否支持，支持的程度如何？这一切都影响着研究性学习的开展和实施。

(二)研究性学习课程实施的对策

1. 加大宣传的力度，转变人们对研究性学习课程的认识

研究性学习课程的实施需要得到学生家长和社会各界的广泛支持，因此为了改变人们对研究性学习课程的看法，为了寻求学生家长和社会各界的支持与帮助，应该利用报纸、广播、电视、网络等宣传媒体以及家长会议、与社会各

界的座谈会等形式广泛地宣传研究性学习课程的重要性；同时要及时地向家长汇报课程的进展情况，并征求家长的意见；另外还可召开由家长和社会各界人士以及宣传媒体参加的有关学生研究性学习课程学习成果的展览、演示会等，把学生取得的可喜成果向人们展示，从而得到家长和社会各界的认同、理解和支持，减少给这门课带来的各种不必要的困难和麻烦。

2. 因地制宜地改善学校办学条件

为研究性学习提供良好的物质环境，保证研究性学习的顺利实施。

3. 加强教师培训

这是研究性课程实施的重点和前提，培训结果就是要让老师充分把握整个研究性学习过程的具体任务。

前期指导阶段教师要做好：课程实施动员，保障学生以饱满的情绪和热情投入活动中；课程实施的相关准备，包括研究内容的选择和确定的指导，研究方案的设计和制定的指导，学习小组建立的指导，相关人、事的联系和指导等。

中期监控阶段教师要做好：研究活动的具体指导→质量检查→提供相关研究条件→小组内部系统的协调和完善等。

后期总结阶段教师要做好：学生研究成果表述的指导，成果的交流与展示的恰当方式、方法指导，提出建设性意见，推广研究的成果等。

4. 改革学校内部的管理体制

根据研究性学习特点，建立以学校校长或分管副校长为首的，包括学校各个部门的课程管理小组的领导体制；同时建立校外指导委员会，协调实施工作。对于研究性学习的管理机构采取指导教师的管理与班主任、年级组的管理两个流程实施的模式，从而充分利用学校内部资源，发挥课程实施的合力。

5. 相关制度建设

制度建设包括教师管理政策、分配政策、评价政策的制定等，突出激励的原则和核心。强化对学生的创新能力和实践操作能力的评价，从而使我国的教育真正地从"应试教育"转移到"素质教育"的轨道上来。

(三)研究性学习实施前的准备

1. 四个层次的动员与说明

(1)学校管理层达成对综合实践活动课程的共识

(2)全体教师层达成共识

(3)学生理解与接受综合实践活动课程

(4)家长理解与接受综合实践活动课程

2. 学生知识与技能的准备

(1)选择研究性学习课题的基本思路

(2) 从事研究性学习的背景知识

(3)研究的基本方法

选题 → 获取信息 → 实施探究 → 成果表达 → 成果交流

3. 管理者、教师、教辅人员的安排

(1)课程管理者。综合实践活动课的课程管理者可以是校长或分管校长，也可以是校外专家，还可以是家长代表、社区代表。

(2)教师。综合实践活动课的指导教师包括班主任和其他各专业指导教师。班主任负责组织和管理学生参与整个活动过程，专业指导老师负责协调校内外专家和专业指导，这样学生的活动开展会更有效和更有深度，探究也会更宽广。

(3)教辅人员。综合实践活动课的教辅人员包括图书管理员、实验员和网络人员。他们对于学生实施和开展综合实践活动的过程可以在资料收集、手工制作和实验以及信息技术方面发挥积极的协助作用。

以上三类人员构成了综合实践活动课实施的服务方，学生是综合实践活动课程的受惠方，服务方的三类人员缺一不可，只有完备组合才能让学生充分地感受到综合实践活动课程的魅力，体会到学校、社会是一个完整的整体。学校、社会两方的综合就形成综合实践活动课程的实施。其中教师在课程实施中占有主导和决定作用。

教师(或教师小组)的指导工作任务和要求：

◇教师指导小组集体撰写"活动设计"、建立备课制度，教师小组要写好"备课笔记"

◇教师指导小组内部既合作又分工，明确每位教师责任

◇教学管理职能部门按时检查教师的工作情况，并计入教师工作量。

4. 课程资源的准备

课程资源——有利于实现课程目标的各种因素，也是课程实施过程中所需各类资源的总称。包括：人力资源、物力资源、财力资源、校内资源、校外资源等。课程资源的准备是对现有各方面资源的充分挖掘，形成合力，完成课程的实施。

5. 教师明确组织实施步骤：

(1)课程内容的组合

(2)学生独立选题

（3）学习组织形式

（4）选聘指导教师

（5）制定研究方案

（6）课程实施

（四）研究性学习的具体实施过程

1. 搜集相关的信息资料

（1）文献资料的来源。文献资料可以是书籍、期刊、报纸、报刊复印资料、特种文献资料等。老师还可以给学生提供研究性学习经常使用的中国十大科普杂志，它们是：Newton 科学世界、Popular science 科技新时代、Discover 科技与生活、环球科学（《科学美国人》中文版）、大科技－科学之谜、中国国家地理、图形科普、科幻世界、科学画报、小哥白尼等。

知道去哪儿查找资料只是问题的一个方面，还必须了解怎样找到文献资料，这就牵涉到原则与方法的问题。当代社会是信息化社会，如何不迷失于浩瀚的信息大潮，尽快查找到对自己最有用的资料，就要求掌握一定的原则与方法。

（2）资料搜集的原则。迅速地获得准确、完整、充分的情报是搜集文献资料的总要求。迅速，是要求搜集的文献能够提供及时的情报。准确，是要求搜集的文献资料，能够针对特定的需要。完整是要求搜集的文献，能够提供全面的情报。这就要求搜集的文献资料具有全面性和系统性。全面，并非无所不包，而是要反映有关学科或有关课题的全貌，有助于揭示问题的本质。系统，就是要求搜集的文献能反映有关内容来龙去脉的发展历程。充分，是要求搜集的文献资料具有多样性和较高的累积性。多样性指的是文献类型、形式、性质和学科的多样。

逆时性原则。在搜集资料时，首先查最近的 5～8 种参考资料。最新的资料反映了该研究问题的当前思想动态；而最新的参考资料中会有最新的书目目录，便于研究者从中了解从事相同或相似课题的其他研究者的课题。一般来说，如果一个参考资料反复出现在同一目录中，那就说明很值得查阅。逆着时光"隧道"搜集资料有助于全面把握研究问题的进展情况。

全面性原则。查阅文献资料怎样才算是"足够"呢？文献数量的多少取决于查阅文献的目的。换言之，就是所搜集到的资料要能反映研究问题的全貌，揭示其本质。

选择性原则。能从浩如烟海的资料中剔除无用的资料，挑选出有价值的资料。有选择与全面性并不是相对立的，选择性是就文献资料的价值而言的，而全面性则着重强调资料的内容是否能充分反映研究问题的实质。

直接性原则。搜集的文献资料最好是原始文献。因为二、三级文献不能像一级文献那样提供研究者研究的全貌,它通常是针对特定需要加工而成的。

(3)资料搜集的方法。文献查阅是资料搜集最重要和最直接的方法之一,因此查阅文献的同时,要做好做摘录和提要,把对你启发性大的、你认为有利于研究活动深入开展的相关信息记录下来,这既是研究过程,也有利于研究成果的形成和发展。

查阅文献时,应注意充分借助别人在文献资料方面已经做过的工作,特别是要善于使用索引、书目、文摘、提要,以及查阅专业文献的各种指导书。查阅时,最好循着一定的流程系统地进行,而不是东抄一段、西抄一段,这样才能提高工作效率。首先,要确定与课题相关的内容,找关键词。然后,根据内容和关键词确定适当的材料,同时剔除无关材料。找到材料后,可以把比较重要的材料复印下来以备用。与此同时,可以对包含相关信息的材料做摘要或总结,写综述,并记下书目目录。这样就免得最后到写参考文献时再回头编目录。以这样的方法查阅文献,可以节省不少时间。

在查阅文献时,要注意本学科中的空白点,以及本学科同其他学科的结合点。在这些领域从事研究,比较容易发现问题并产生成果。当代,学科在高度分化的同时也在不断地综合。事实上,不少新学科都是在两门学科的边缘处生长起来的。例如管理心理学,它是心理学的一个分支,主要是研究企业中人的心理活动规律,用科学的方法改进管理工作,充分调动人的积极性的一门学科。但是,不能产生一种误解,即研究领域越是空白就越好,事实上,如果研究条件不成熟(包括资料缺乏),研究是很难进行的。

在查阅资料时,应注意把事实同事实的解释区别开来。这样,即使在错误的理论体系中,仍旧可以搜集到许多可以利用的资料。正是因为如此,要尽量搜集第一手的原始资料,其目的就在于使资料尽可能贴近事实。

查阅文献资料的同时,应将有用的信息记录下来,实际上就是做读书笔记。

第一种,写批语或做记号。在所读著作的空白处写上自己的见解,或者评语,或者解释,或者质疑。对重点、难点、精彩之处或自己感兴趣的内容画上各种标记。如直线、双线、曲线、红线、圆圈、箭头、括号、着重号、问号、感叹号等等。这些记号代表什么意思可自己规定,不过,使用此法,仅限于在自己的书籍上进行。

第二种,做摘录。记下原文重要处、精彩处的内容,以作为今后写作时论证、引证之用。摘录时应注意不要断章取义，不要改动原文的字句和标点。此外，还要注明出处，包括书名或论文题目、作者姓名、出版单位、版本、出版时间(期刊年号、期号；报纸年、月、日)等等，而且要查对无误；否则日后使用就没有价值了。

第三种，做提要。把原文的基本内容、主题思想、观点、独到之处或其他数据，用自己的话加以概括(或引用原文也可以)。做提要时必须注意，概括一定要忠于原文的作者的观点。

第四种，做札记。在笔记本上随时记下自己读书时的心得体会和各种想法。不少作者的作品，就是将札记整理成文的结果。

使用网站

中国基础教育网　http：//www.cbe21.com

中国中小学教育教学网　http：//www.k12.com.cn

中国中小学教育教学网　http：//www.k12.com.cn/

中国中小学信息技术教育网　http：//www.nrcce.com/

初中综合实践活动网　http：//zhsj.ywcz.cn/

还有一些重要科普网站：中国科普网、中国数字科技馆、新华网—科普博览、中国地震科普网、新浪科学探索、索尼探梦、北方网—科技频道、北京科普之窗、苏州科普网、人民网科技频道、三思科学网站，等等。

2. 研究性学习常用的研究方法

(1)调查法。调查法是研究性学习最常用的方法，根据课题研究的不同要求，应采取不同的调查方法，比如跟踪调查、重点调查、抽样调查、实地考察、个案调查、访谈等。问卷调查是一种既经济又实效的常用调查方法，也是一种重要的主题活动方式。其中问卷设计很重要，所以一定要事先设计好问卷并进行试测摸底，然后再进行调查、统计和分析，最后得出结论。

不管哪一种调查法，其实施的程序一般按照制订调查计划 → 选择调查对象 → 搜集资料 → 整理分析资料 → 撰写调查报告进行。

(2)实验探索法。实验探索法指根据研究目的，利用仪器、设备，人为地控制或干预研究对象，使某种事件或现象在有利于观察的条件下发生，从而获得实验事实，研究自然规律的研究方法。实验探索法具有可操作性、可控制性、可重复性的特点。因此是一种比较常用的研究性学习方法。

实验探索法主要有四种类型：

按照实验中量和质的关系，实验探索法可分为定性实验和定量实验两种。定性实验是测定物质的性质，即有或没有，存在或不存在。定量实验是测定物质性质的大小,如质量、体积等有多少,有多强等。比如对某溶液进行定性分析,就是要知道其中有没有 Na 离子,有没有钙离子等等,要定量分析,则是要知道其中有多大浓度的钠离子和钙离子。

按实验在认识过程中的作用又可分为析因实验和比较实验两种。这是寻找主要原因或因素的实验。例如 1864 年法国巴斯德证明食物腐败主要原因是微生物的作用。这一个实验肯定了几个世纪悬而未决的难题:生命不可能短时间内从无生命的物质中产生。

析因实验是一种将两个或多个因素的各水平交叉分组,进行实验(或试验)的方法。它不仅可以检验各因素内部不同水平间有无差异,还可检验两个或多个因素间是否存在交互作用。若因素间存在交互作用,表示各因素不是独立的,搜集整理一个因素的水平发生变化,会影响其他因素的实验效应;反之,若因素间不存在交互作用,表示各因素是独立的,任一因素的水平发生变化,不会影响其他因素的实验效应。

比较实验一般是通过大量的实验比较而得出结果的实验方法。如中国消费者协会注重学习和借鉴国际消费者组织通行的消费品比较试验方式,独立开展和组织、指导地方消协开展的大量比较试验。然后公布比较试验结果,向消费者提供消费信息。又如:水稻遗传育种学家赵连芳,他通过大规模稻种比较实验,确定了良种的适应范围,对中国稻作区域的划分,做出了重要的贡献。

实验探索法在学习和生活中的应用非常广泛。学生学会这种研究方法对于学习和生活,都将带来很大帮助,尤其是有利于创新意识和能力的培养与发展。

"童鱼"的诞生

听说过吗?"童鱼"是我国著名细胞遗传学家童第周辛勤培养出来的一种奇异的金鱼新品种,它披着一身金灿灿的鳞片,没有一般金鱼所具有的那长长的纱裙,取而代之的却是一条单尾,并且长得非常直峭、锋利。

为什么"童鱼"会有这种极不寻常的外形?这里凝聚着重童第周的思维、意志和心血,是发明创造的结晶。在这项科学创造中,析因实验法具有重要的作用。那是 20 世纪 70 年代初,童第周把从鲫鱼卵的细胞质里取得的核酸,用一根比绣花针还细的玻璃针,注入了只有小米粒大的金鱼受精卵的细胞质内,整个实验只有短短的几十分钟。但随之产生了一种新鱼类。金鱼的头和身子,鲫鱼的尾巴,奇妙的变异出现了——"童鱼"就这样诞生了。

童第周的实验说明了,从鲫鱼细胞质中提取的核酸,对改变金鱼的遗传性起了显著的作用。这种为了找出引起某种或某些变化的原因而安排的实验,就是析因实验。但是析因实验并非都是上面这种模式,其中大量的是由已知的结果去寻找未知的原因。

发明创造者,通常具有刨根究底的习惯,这种习惯加上析因实验,就有可能摘取发明创造宝座上的明珠。这也是我们为什么现在要在学校教育中,增加研究性学习课程内容的重要原因。研究性学习具有培养学生创新意识和能力的重要作用。大千世界,充满着无数令人困惑的问题。解决这些问题,就是一个发明创造。而发明创造者在刨根究底时是离不开析因实验法的运用的。

据报道,一位工程师到内蒙古奈曼旗出差时,发现那里有个山村与众不同:全屯男女老少个个明眸皓齿,特别是妇女,颜面红润细嫩,白皙如玉。统计一下年龄,更有惊人之处,人均寿命高达 83.14 岁,比当时全国人均寿命68 岁足长十四五岁,许多人四世同堂,连家畜家禽也从未发生过瘟疫。那么,是什么原因造成这个长寿村呢?假如有人对此有兴趣,又舍得花时间和精力去刨根究底进行研究,是不愁找不到长寿原因的。

实验探索法的应用程序:

实验探索法一般按照制定的实验方案→ 实施实验→ 整理实验资料(事实、数据)→ 分析实验结果→ 撰写实验报告,这样的应用程序来实施。

实验研究结束,我们需要对研究成果进行总结表述。表述时一般要求研究成果要具有鲜明的创新性,研究方法科学规范,材料具体翔实、证据充分、论证深刻,论文文字精练、简洁流畅,具有可读性。

3. 小论文写作的三种格式比较(图 6-10):

课题研究论文	科学实验报告	调查报告
● 题目	● 题目	● 题目
● 作者、指导教师	● 作者、指导教师	● 作者、指导教师
● 摘要	● 摘要	● 摘要
● 关键词	● 关键词	● 关键词
● 引言	● 引言(实验目的)	● 引言(调查目的)
● 正文	● 实验用品	● 调查方法
● 致谢	● 实验方法	● 调查内容与分析
● 参考文献	● 过程步骤	● 结论和建议
● 附录	● 结论与讨论	● 致谢
	● 致谢	● 参考文献
	● 参考文献	● 附录
	● 附录	

图 6-10

(五)避免研究性学习实施中的误区

(1)在获取资料的过程中,重视网上"拿来",轻视阅读分析

(2)在学习方式的变革上,重视课外实践,轻视课内探究

(3)在课题研究形式的选择上,重视调查研究,轻视科学实验

(4)从研究性学习实施的过程来看,重视开头结尾,轻视过程

(5)从研究性学习的实施者来看,重视学生的参与,轻视教师的作用

第三节　研究性学习教学设计与案例

一、"研究性学习"教学设计的内容

(一)课题名称

所拟定的课题名称应该具有正面陈述性,具有研究价值,具有可研究性。要指明研究的重点,研究的方向。下面列举 11 种常用的课题陈述形式:

$$\times\times的现状和展望$$
$$\times\times的调查研究$$
$$关于\times\times的思考$$
$$关于\times\times的研究$$
$$\times\times的实验研究$$
$$\times\times的分析和对策研究$$
$$\times\times的初探 / 初探\times\times$$
$$\times\times对\times\times的影响(研究)$$
$$\times\times的\times\times测定$$
$$\times\times的处理方法的研究$$
$$\times\times在\times\times中的应用$$

(二)课题背景及意义

课题背景,即怎么会想到本课题的,陈述研究课题产生的状况。

课题的意义,即为什么要进行本课题的研究,它对学生或者学校以及社会有什么价值和意义。可以从研究意义与价值,研究兴趣,研究的可行性三个方面陈述,侧重于研究的意义与价值。

(三)教学目标

包括知识与技能目标、过程与方法目标、情感态度与价值观目标。

上述三个维度的目标在课程设计和实施中，都是缺一不可的整体，其中知识与技能是基础性目标，但服从和服务于后两个目标的需要；过程与方法目标是组织教学内容的主导目标，情感态度与价值观是贯穿活动过程始终的目标。注意三个维度目标的融合与协调，实现三者的整合统一。

（四）学习者特征分析

重点分析对开展研究性学习有影响的因素。可以从智力因素和非智力因素两方面去分析和考虑。智力因素方面，主要分析学生的知识基础、认知能力、认知结构变量等因素。非智力因素方面，比如学生学习的动机水平、归因类型、焦虑水平、学习风格等因素的分析。这是开展研究性学习的前提和基础，它对于学生的选题、选题之后研究性活动的开展影响都很大。

当然，这方面的设计不是每个案例都要涉及。如果是自己长期面对的学生，对学习者有比较深入的了解和认识后，也可以不设计这方面内容。

（五）研究内容

这部分设计包括，课题研究所要解决的主要问题是什么，通过哪些内容的研究来达成这一目标，学生可能的选题内容是什么等。

（六）研究的预期成果及其表现形式

小学生研究性学习的研究预期成果，可以是小论文、小报、调查报告、实验报告、实物（比如图片、标本、书签等）、也可以是网站、多媒体等的表现形式。

（七）资源设计

从两个方面设计，一是根据主题，教师提供的资源有哪些？比如哪些人、财、物等。二是学生自行准备的资源有哪些？比如人、财、物等又是哪些？

（八）研究性学习的阶段设计，即研究计划

主要包括研究性学习的阶段设计、学生活动的设计、教师活动的设计、起止时间的设计等几大方面。相当于把课题分解为几个方面，注意研究过程的逻辑性，层次性。这属于设计的主要内容部分。

（九）总结与反思

包括对学生活动的评价，以及对整个研究性学习过程进行总结和反思，提出意见与建议。

二、"研究性学习"教学设计案例

案例6-1：《美丽的黄旗山》

设计者姓名　　　苏丽冰　　　　所在学校　　　　东莞市东城区东城小学

所教年级　　　四年级

一、课题背景、意义及介绍

1. 课题背景

东城区位于东莞市东部。在漫长的岁月中，生活在这片土地的居民，用自己的勤劳和智慧，创造出灿烂多姿的文明成果。这里风光秀丽、繁荣昌盛，有同沙生态公园、黄旗山城市公园和虎英郊野公园等，有东城风情步行街、世博广场和君豪商业中心等。东城小学就在美丽的黄旗山脚下，学生对黄旗山耳濡目染，并且大部分学生经常会去黄旗山玩乐和爬山，对黄旗山非常熟悉，也对黄旗山有一种深厚的情怀。学生对黄旗山只是表面上的认识，并没有深入了解黄旗山，让学生走进黄旗山，欣赏它、赞美它，从而激发学生热爱家乡、热爱大自然，这些都是我们不容推卸的责任。

2. 课题的意义

孩子们热爱大自然！带领孩子们走进黄旗山、拥抱大自然，呼吸着清新的空气，欣赏着大自然的生机盎然。登上山顶，迎面扑来的是一阵阵微风，让人清爽凉快；山脚下的游乐场上更是欢声笑语，吸引着许许多多的孩子。通过设计本次《美丽的黄旗山》的研究性学习，让学生了解黄旗山的历史，并从多角度多渠道挖掘黄旗山的美（如描写黄旗山的形状、山上的古庙、古亭等，赞美黄旗山的诗歌、故事、图画、歌曲、影片等），感受大自然的美，感受黄旗山的美，让学生学会细心观察、用心感受、体会生活。

二、研究性学习的教学目的和方法

（一）知识与技能

（1）了解黄旗山的历史文化。

（2）欣赏黄旗山的风景秀丽。

（3）收集黄旗山的诗歌、故事、图画、歌曲、影片等。

（4）撰写赞美黄旗山的诗歌和文章，描绘黄旗山的美丽风光。

（二）过程与方法

（1）学会利用多种途径收集资料（上网下载、查阅书籍、调查访问等），并能对各种资源进行筛选、整理、总结。

（2）经历发现问题、分析问题、解决问题的研究过程，初步学会探究学习的方法，能写出活动记录和总结报告。

（3）经历小组合作学习、实地考查，初步学会如何与人交流、与人协作。

（三）情感态度与价值观

（1）通过了解黄旗山的历史文化，让学生更好地认识家乡、热爱家乡和为家乡做贡献。

（2）通过欣赏黄旗山的美，激发学生热爱大自然、保护大自然的情操，提高环保意识。

（3）通过研究性学习活动，增强学生相互关心、团结协作的集体精神。

三、参与者特征分析（重点分析学生有哪些共性、有哪些差异，尤其对开展研究性学习有影响的因素）

小学四年级的学生是儿童成长的一个关键期，他们喜欢对自己感兴趣的事物进行分析、求知欲强，思维活跃，他们善于探索、敢于质疑、勇于创新，知识增长速度快，已具备一定的阅读理解和分析问题的能力。四年级学生已经有了一定的合作意识，但是孩子们还难以处理如何科学合理的分工，因此本次研究要强调学会分工与合作，并对存在困难的小组提供相应的帮助策略。

四、研究的目标与内容（课题研究所要解决的主要问题是什么，通过哪些内容的研究来达成这一目标）

了解黄旗山、欣赏黄旗山的活动旨在让孩子们在课程研究的活动过程中走进黄旗山、走进大自然，感受黄旗山和大自然的美。通过小组成员的协作互助，收集黄旗的历史故事、描绘黄旗山的秀丽风光、赞美黄旗山的诗文与歌曲等，增强学生课外知识量，开发返璞归真大语文教学观；通过学生自己撰写赞美黄旗山的文章和亲自绘制的图画，提高学生的写作能力和绘画水平。这样从多方面挖掘学生的潜能，培养学生综合素质和人文素养。通过上网查资源、阅读书籍、调查访问、网站建设、上传资料、展览交流、成果汇报等一系列活动来达成预定的目标。

学生可能选择的子课题有：

（1）寻找黄旗山的足迹

（2）黄旗山的诗情画意

（3）黄旗山的历史文化

（4）黄旗山的未来蓝图

……

五、研究的预期成果及其表现形式（研究的最终成果以什么样的形式展现出来，是论文、实验报告、实物、网站、多媒体还是其他形式）

通过本次研究性主题学习,搜集黄旗山的资料,制定小组研究方案,并按照自己的活动方案进行调查研究,克服困难,最终取得研究成果,过程是辛苦的,成功是快乐的。在研究性学习过程中,让学生亲身体验学习的乐趣,积累和丰富课外知识,开阔视野,培养创新能力、实践能力和终身学习能力,提高学生的人文素养,激发学生热爱家乡、热爱大自然的情感。学生在合作研究学习中,做到资源共享,学会与他人分享,同时通过收集、分析、整理信息和网站建设、上传资料,提高学生使用信息技术来分析问题和解决问题的能力。

本次研究的最终成果会以调查研究、诗歌朗诵、歌曲欣赏、故事会、作文评比、图画展览、摄影大赛等形式展现出来。最后集中各小组的研究成果,通过课题网站的建设,上传资料、展示交流,分享成果的喜悦。

六、资源准备

教师提供的资源:书籍《东城故事》、东城文化网站、辅助研究的量表和样张。

学生自备的资源:笔、纸、相机、摄像机等。

七、研究性学习的阶段设计

研究性学习的阶段		学生活动	教师活动	起止时间
第一阶段:动员和培训(初步认识研究性学习、理解研究性学习的研究方法)		1. 认真听取课题介绍。 2. 了解本次活动的学习目的。 3. 积极思考,提出问题、分析问题。	1. 展示黄旗山的照片,激发学生学习的兴趣。 2. 介绍本次研究学习的任务和目标。 3. 组织学生就问题谈感受,解决问题。	1课时
第二阶段课题准备阶段	提出和选择课题	针对研究的课题,全班讨论提出子课题(头脑风暴)比如: 寻找黄旗山的足迹 黄旗山的诗情画意 黄旗山的历史文化 黄旗山的未来蓝图 ……	1. 揭示研究内容,与学生一起筛选课题,确定研究的子课题。 2. 组织学生讨论,选取子课题。	4课时

研究性学习的阶段		学生活动	教师活动	起止时间
第二阶段课题准备阶段	成立课题组	1. 学生根据自己的专长和喜好确定自己的选题，并根据选题形成学习小组。 2. 各小组成立后，确定组名，选好组长，组长根据组员的特长进行分工。	1. 进行分组指导，介绍小组成立的原则、分工的技巧，帮助学生建立学习小组，同时也帮助个别同学加入学习小组。 2. 制订合作学习规则，提供学生学习评价量规表。	4课时
	形成小组实施方案	1. 各小组根据分工制定研究计划，分配研究时间，细分研究内容，制作调查表，预定成果等。 2. 小组内部讨论、交换意见，写开题报告，并给老师和全班同学汇报研究方案。	1. 提供附表1："美丽的黄旗山"研究计划书。 2. 组织学生聆听各组的活动计划，并填写研究计划书。 3. 组织开题报告和评审工作。 4. 为学生提供研究结果的评价量规表。 5. 设计网站模板，为学生上传资料作准备。	
第三阶段：课题实施阶段		1. 组织旅游，亲临黄旗山，拥抱黄旗山，感受黄旗山风景美、人文美，用手去触摸、用心去感受，在黄旗山尽情地观赏、玩乐。 2. 收集资料：充分利用网络、图书馆收集有关黄旗山的资料，如黄旗山的历史、黄旗山的诗歌、故事、图画、歌曲、影片等。也可以通过观察、调查访问等形式收集多方面的资料，再对资料进行分析、整理、总结。 3. 思考本学习小组成果展示的方法，并做好充分的准备，还有做好网站上传资源的准备工作。 4. 研究过程中要拍好照片，有条件的可以用摄像机拍下录像。	1. 组织学生到黄旗山玩乐和爬山，亲近大自然，欣赏大自然的美。 2. 指导学生上网收集资料和阅读书籍，了解黄旗山的历史文化。 3. 给组长发放"活动记录表"，以用作每次小组活动后收集整理信息。 4. 及时跟踪了解各小组活动进行情况，为学生出谋划策，当好参谋指导作用，让学生随着活动的开展，不断修改活动方案，调整活动方式，保证活动的顺利进行。	一个月

八、总结与反思(实践后总结、反思整个研究性学习过程，提出改进意见)

《美丽的黄旗山》这一研究性学习是根据学生熟悉的事物提出的，符合学生认知水平。活动中，学生通过亲临黄旗山，游玩黄旗山，攀登黄旗山，欣赏黄旗山和大自然的美丽，让学生觉得在这美丽的环境里生活、学习无比自豪，从而激发学生热爱家乡、热爱大自然的情怀，并提高学生的环保意识。学生通过收集黄旗山的历史故事、诗歌、图画、歌曲等，并以自己喜欢的方式表达对黄旗山的喜爱，用心去描绘黄旗山。本次实践活动是成功的，学生在活动中，各方面都有不同程度的提高，视野开阔了，知识丰富了，观察分析能力、合作学习能力、动手操作能力、艺术鉴赏能力、阅读写作能力等都得到了提高，同时学生的思想情感也得到了升华。

学生经历了这次的研究性学习活动之后，热情高涨，心情难以平静，学生都很有成就感，觉得自己可以做研究了，觉得自己长大了。在上课时，更加认真听讲，总是喜欢以研究者的身份思考问题，并且会从多角度、多渠道分析问题，进而解决问题。学生在与人合作方法上表现得不太理想，还需要加强，有待在以后的研究性学习活动中继续改进。

《美丽的黄旗山》研究计划书

小组名称：　　　　　　　　　　　　小组成员：

	正组长	副组长	记录员	联络员	资料整理
小组分工					
研究内容					
研究方法					
成果展示的方法					

案例 6-2：《简化包装，低碳生活》

一、课题背景、意义

1. 背景说明

近些年来，随着物质文化生活水平的快速提高，人们开始生活讲质量，讲高贵；使用产品讲品牌，讲高档；产品包装也相应地讲精美，讲豪华。于是为了迎合人们高质量、高档次的生活，获取高额利润，厂家商家想方设法在产品包装上做文章，先是月饼包装过度；接下来是白酒包装太奢侈；服装、鞋帽、手提包，层层包装还填充；一粒药丸不得了，有的包装大过本身十几倍。产品包装日趋复杂、夸张，且在包装的过程中要耗费大量的人力、财力、物力，是极大的资源浪费，还会产生大量的垃圾，污染环境。这样不仅严重违背了自然的低碳生活，而且还破坏了生态环境。面对快速发展的新时代，我们每一个人都应该关注环境，保护环境。要保护环境，就得简化包装，低碳生活。为此，我们对这一课题进行研究。

2. 课题的意义

通过对简化包装，低碳生活的研究性学习活动，让学生知道低碳生活的概念，保护环境的重要性，引导学生深入调查了解产品包装的现状及其造成的资源浪费和对环境的污染，从而开阔学生视野，提高学生观察记录、调查访问、收集处理信息、与人沟通，以及互相合作的能力，使学生能真正的发展自己。

二、教学目的

1. 基础知识

(1)知道什么是低碳生活；

(2)了解过度包装对环境的破坏情况；

(3)知道如何简化包装，节约资源，减少垃圾，过自然的低碳生活，从而保护环境。

基本技能

(1)自主、探究、合作的能力；

(2)观察记录，调查访问，收集、整理和加工信息的能力。

2. 过程与方法

(1)学生通过观察记录，调查收集数据与材料的活动，经历研究的全过程；

(2)学生通过上网、调查收集有关过度包装对环境的影响的材料；

(3)通过小组同学的协作互助，共享如何过自然的低碳生活，简化包装，节约资源，减少垃圾，从而保护环境的调查研究成果。

3. 情感态度与价值观

(1)通过和小组同学的协作互助，培养学生团结合作的精神；

(2)教育学生立志坚持做简化包装的宣传者、监督员，并学会控制自我，正确选择低碳生活；

(3)帮助学生树立节约能源，保护环境的正确理念。

三、参与者特征分析

该班学生是五年级的学生，知识量和能力有限，具有初步辨别是非的能力，好奇心强，思维活跃，大部分同学想象丰富，善于观察思考，敢于探索质疑。部分学生有一定的计算机操作能力，能通过网络查找资料，进行调查。但归纳整理资料、社会调查能力都十分薄弱，教师在活动过程中需耐心给予指导，且一定要指导到位。

四、研究的目标与内容

本研究性学习活动的目的是：通过研究简化包装，过自然的低碳生活，从而达到节约资源，减少垃圾，保护环境的目的。培养学生做简化包装的宣传者、监督员，并学会控制自我，正确选择低碳生活。通过小组之间的协作去观察记录和收集资料，通过访问调查，对长辈或相关专家进行访问，宣传交流等活动来达到目标。

研究的内容：

(1)低碳生活的好处；

(2)过度包装对资源的浪费，对环境的污染；

(3)产品必须包装，生活中应尽量简化包装。

五、研究的预期成果及其表现形式

通过本课题研究，通过小组之间的协作去观察记录、收集资料，通过访问调查，对长辈或专家进行访问等活动，最终成果将以调查报告、小论文、网站发布、视频展示、宣传单展示等形式呈现。

六、资源准备

教师提供的资源：相关的主题活动网站、辅助研究的量表和样张。

学生自行准备的资源：笔、纸、计算机、照相机等。

七、研究性学习的阶段设计

研究性学习的阶段		学生活动	教师活动	起止时间
第一阶段：动员和培训(初步认识研究性学习、理解研究性学习的研究方法)		听介绍、提出自己的疑难和想法	激发兴趣，选定课题 范例引路，激发学生活动的兴趣 举例： 1. 通过视频介绍过度奢侈包装浪费资源，污染环境的情况； 2. 用具体事例说明简化包装，低碳生活的好处。	第6周
第二阶段课题准备阶段	提出和选择课题	全班讨论提出子课题(头脑风暴)	揭示研究内容，选定课题：了解了过度包装对资源的浪费，对环境的污染，你们认为是否要简化包装呢？那么我们通过全班的讨论决定，以《简化包装，低碳生活》为我们本次课题研究的内容。	

续表

研究性学习的阶段		学生活动	教师活动	起止时间
第二阶段课题准备阶段	成立课题组	学生选择自己感兴趣的课题，或者参与同伴的课题	分组指导：成立小组的原则、技巧等介绍，以及帮助学生建立学习小组等	第6周
	形成小组实施方案	根据附表1，形成小组的实施方案	1. 结合学生已有的知识，引导学生写活动计划； 2. 教师提供几个小组研究计划书的样板； 3. 指导学生根据自己组的特点写好活动计划。	
第三阶段：课题实施阶段		1. 观察记录有关包装的现实情况； 2. 摘抄、自主采访、收集各方面资料； 3. 开展调查访问活动； 4. 写有关活动的体会。	1. 指导研究方法、指导解决研究过程遇到的问题的方法； 2. 提供相关访问的网站地址参考； 3. 指导活动心得体会的撰写方法：及时撰写、真实反映； 4. 指导填写小组活动情况记录表。	第7周—第10周
第四阶段：评价、总结与反思阶段		各小组汇报。 1. 视频：过度奢侈包装现状； 2. 讲述过度奢侈包装浪费资源，污染环境的情况； 3. 倡导简化包装，低碳生活； 4. 后续活动反思交流：心得体会的展示与交流； 5. 填写评价表（学生评价量表）	1. 总结：简化包装，低碳生活的好处： 第一，可以节约资源； 第二，可以保护环境； 第三，可以让人们更加亲近大自然，有利于身心健康； 第四，继承发扬了勤俭节约的光荣传统。 过度奢侈包装的危害： 第一，浪费资源； 第二，污染环境； 第三，容易导致人们攀比，社会风气奢靡； 第四，影响不好，不利于学生养成勤俭节约的好习惯。 2. 评价表：（研究性学习设计方案） 3. 提供讨论区：我们班的Q群	第11周

八、总结与反思

总结：

教师根据教学计划和分析学生特征给学生一个研究性学习的主题，帮助学生拟订好课题，并诱导学生顺利进入研究性学习，从而，让学生真正成为学习的主人，自主地有效地完成学习任务，老师起到指导者、促进者的作用。

在老师的指导下，学生确立了课题：简化包装，低碳生活的研究，学生通过观察记录、上网查找资料、调查访问等方式收集数据和资料，并自主分析数据和资料，从而，知道了低碳生活的概念，保护环境的重要性，了解到产品包装的现状及其造成的资源浪费和对环境的污染，从而开阔了视野，提高多方面的能力，真正的发展了自己。

反思：

在学习过程中，大部分同学很认真积极地参与其中，也有少数学生显得不积极不主动，这个时候，老师应及时去鼓励和关心他们，帮助他们融入这样的研究性学习活动过程中来。

虽然小学生对研究性学习这样的方式很感兴趣，但是由于他们自理自学能力还不是很强，家庭和学校的沟通不够，某些家长对这样的活动不理解，对孩子支持不够，导致部分同学不能体验整个研究过程。

学生通过这次的研究性学习后，学习热情高涨，思维更加活跃，各小组更加团结协助，因此，在以后的教学过程中还将继续开展研究性学习，让学生得到更多的锻炼机会。

"《简化包装，低碳生活》"研究计划书

小组名称					
小组成员及分工	正组长	副组长	发言人	联络员	资料保管
研究的内容					
研究的方法					
成果展示的方法					

观察记录表

日期	家里	班级	产生包装垃圾的重量（千克）

采访表

地点	采访时间	采访对象	对象回答	采访体会

研究性学习设计方案评价表

课题名称			
所属年级		所属班级	
对课题方案设计的评价			
研究目标	□清晰 □一般 □模糊	进度安排	□合理 □一般 □不合理
资源准备	□丰富 □一般 □很少资源	选题的可行性	□好 □一般 □较差
选题是否与学生生活经验与认知水平相符合	□相符 □一般 □不符合	活动过程是否按照研究性学习的步骤进行	□好 □一般 □较差
研究环节	□明确 □一般 □不明确	为学生活动提供了可行性支持与指导	□好 □一般 □较差
学生是否能经历所有活动并有所收获	□是 □一般 □较差	预期成果	□合适 □一般 □不合适

学生评价量表

课题＿＿＿＿＿＿＿＿＿＿＿　　　研究阶段＿＿＿＿＿＿＿＿＿＿＿

姓名＿＿＿＿＿＿＿＿＿＿＿　　　日期＿＿＿＿年＿＿月＿＿日　第＿＿周

内容	评分权值及标准 (满分：20分)	自评	互评	教师评	综合评
课前准备	3分(知识、工具、材料等完备，3分；缺一，2分；缺二，1分；无准备，0分)				
参与程度	3分(积极参与任主角，3分；积极参与任助手，2分；有参与1分，不参与，评0分)				
实践能力	3分(动手能力强，3分；动手能力有提高，2分；动手能力一般、无提高，1分)				
协作性	3分(协作好，3分；有协作，2分；协作性较差，1分)				
创新精神	3分(创新意识强，3分；有提出改进建议，2分；创新意识较差，1分)				
方法掌握	2分(学习方法和研究方法掌握得好，2分；方法一般，1分)				
完成程度	3分(能按要求完成，3分；经过努力虽然未能按要求完成，但有进步，2分；经过努力未能按要求完成，1分；未经过努力，或态度不认真，0分)				
总评等级	合计总分18分以上为A，14~17为B，10~13为C，9以下为D	总分： 等级：			
学生自评	总结进步：				
	课后反思：				
教师评语	鼓励：				
	建议：				

案例 6-3:《到民间采风去》

所属年级:初中二年级

一、研究性学习开展的背景

1. 背景说明

《到民间采风去》是语文八年级下册第四单元的综合性学习内容,体现的是"人与社会"这一板块,共由五大方面进行。本单元主要截取了其中"乡土发现"这一分项结合语文学科的特点开展相关的表达活动与写作活动。要深入研究这一课题,学生必须走进社会、走进生活,带着问题与思考,以全新的视野来重新审视生活中的民风民俗以及社会发展中出现的新的观念与做法,是一个与学生生活息息相关也是一个很具有研究空间的主题。

2. 课题的意义

课题的意义与价值就在于让学生在大语文观的理念指导下,把社会实践与语文学习相结合,达到语文新课程标准的要求。在这个活动中,我们的学生将到当地民间进行调查访问,了解当地各民族同胞的信仰、禁忌,婚嫁寿诞、衣食住行等方面的民俗特征。并汇集采访笔记、摄影作品、配有文字介绍的实物,举办一次民俗文化展览。为了引起人们对这次活动和民俗文化的关注,学生们还将写作新闻通讯稿或小评论、制作旅游宣传册在学校内进行宣传。通过这次活动,学生们在口语表达、写作能力、与人沟通、与人合作、了解社会等方面得到很多的收获,并体验到成功的喜悦。

二、研究性学习的教学目的

三、学习者特征分析

本班学生普遍对社会实践怀有很浓的兴趣,问题意识较强,能围绕主题提出较有价值的问题,比较关心当代文化生活,与人合作、交流能做到团结有礼,口语表达能力较强,计算机技术能力也较强。但是在写作方面还需要老师适时提供帮助,个别能力强的学生有主观的倾向,会影响团队的整体合作,还有一些性格较内向的学生羞于与外界的交往,需要老师和同学的鼓励。

四、研究的目标与内容

1. 研究的总目标

走进东莞民间,了解本土民风民俗的传统与发展,调查现代人对传统所持的观点;在校园内举办一次民俗文化展览;并能通过写作新闻通讯稿或小评论、制作旅游宣传册等方式向广大的师生展示东莞的民风民俗,从实践中学语文、用语文。

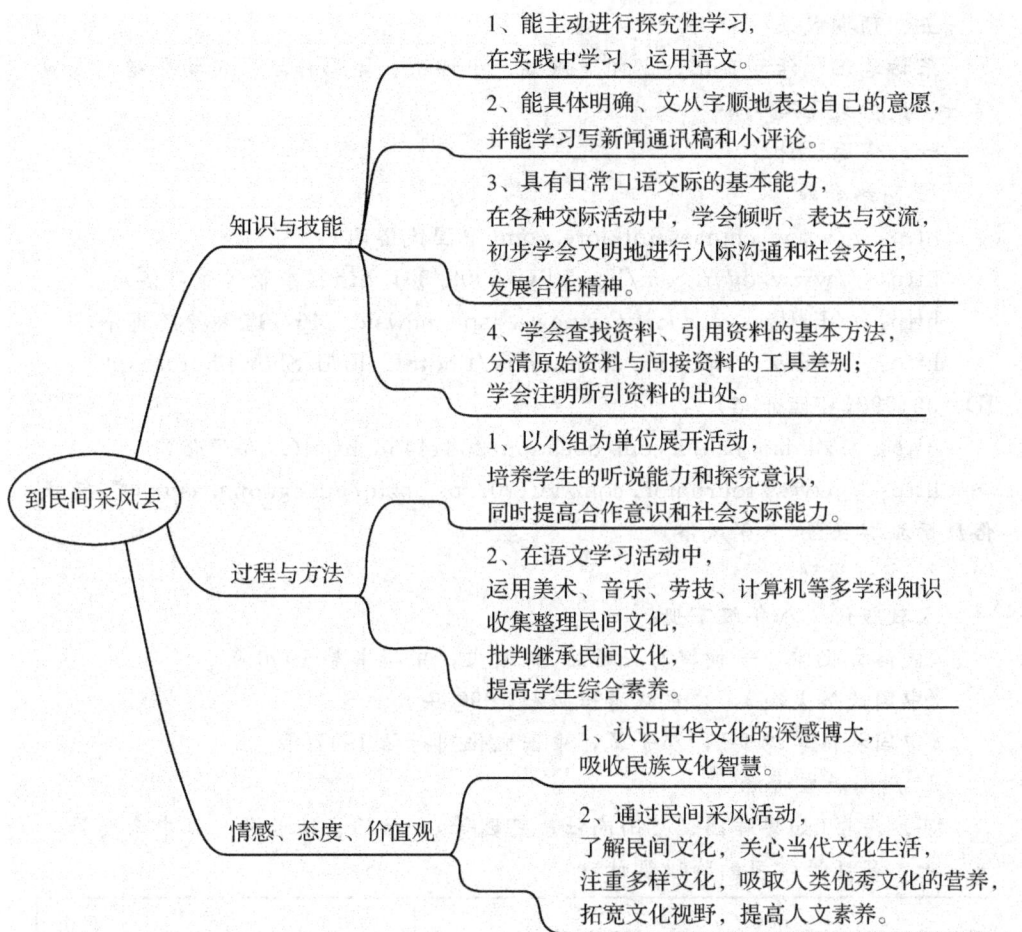

```
                                    1、能主动进行探究性学习,
                                    在实践中学习、运用语文。

                                    2、能具体明确、文从字顺地表达自己的意愿,
                                    并能学习写新闻通讯稿和小评论。

                                    3、具有日常口语交际的基本能力,
                    知识与技能         在各种交际活动中,学会倾听、表达与交流,
                                    初步学会文明地进行人际沟通和社会交往,
                                    发展合作精神。

                                    4、学会查找资料、引用资料的基本方法,
                                    分清原始资料与间接资料的工具差别;
                                    学会注明所引资料的出处。

                                    1、以小组为单位展开活动,
                                    培养学生的听说能力和探究意识,
                                    同时提高合作意识和社会交际能力。

  到民间采风去        过程与方法         2、在语文学习活动中,
                                    运用美术、音乐、劳技、计算机等多学科知识
                                    收集整理民间文化,
                                    批判继承民间文化,
                                    提高学生综合素养。

                                    1、认识中华文化的深感博大,
                                    吸收民族文化智慧。

              情感、态度、价值观        2、通过民间采风活动,
                                    了解民间文化,关心当代文化生活,
                                    注重多样文化,吸取人类优秀文化的营养,
                                    拓宽文化视野,提高人文素养。
```

2. 研究的内容

(1)东莞人有什么信仰和禁忌?

(2)东莞在婚嫁寿诞等方面有什么传统习惯?

(3)你知道哪些东莞本土的传统节日或景点?

(4)你收集到哪些东莞本土的民谣、民谚、民间传说、民间手艺等?

(5)从你收集了解到的民间风俗资料中,你产生了一些什么想法?你对本土风俗的继承与发扬有什么好建议?

(6)现代人对这些传统风俗持怎样的态度?从中反映了什么?

(7)你怎么看待现代人的这些态度或想法?从这次活动中,你发现了什么新的现象或问题?

五、预期成果

采访笔记、活动日记、新闻通讯稿、小评论、摄影作品、实物介绍词、宣传册、民俗文化展……

六、资源设计

1. 网络资源

http：//www. chinaesefolklore. com（中国民俗网）

http：//www. dgyr. com/html/liyi/2008/381. html（东莞婚嫁习俗）

http：//dj. flyskye. com/viewnews. asp? newsid＝467（道滘特产简介）

http：//www. ctrip. com/community/PhotoUpload/ShowPhoto. asp? ID＝361090（可园介绍）

http：//zhidao. baidu. com/question/20844468. html（过年习俗）

http：//www. tourunion. com/uu110/spe/mzfq/guangdong. aspx 广东民俗风情旅游联盟（东莞风俗）

2. 书刊资源

人教版语文八年级下册

《民俗文化学——梗概与兴趣》，钟敬文，中华书局 1996 年。

《中国民俗大观》，广东旅游出版社 1997 年。

《中国礼俗学纲要》，邓子琴，中国文化刊行社 1947 年。

3. 周围泛在资源

实地考察（如粤晖园、茶山南社、可园等）；访问当地长辈、家中亲友等

七、研究性学习的阶段设计

研究性学习的阶段	学生活动	教师活动	起止时间
第一阶段：（动员与培训阶段）"走近主题"	1. 学生分组，选出组长，填写小组分工合作表，制定研究计划表。 2. 制定外去采访、调查公约。 3. 了解相关技术的要求，小组商议解决技术问题的方法。	1. 利用主题网站激发学生探究的兴趣，初步认识研究性学习，并理解其研究方法。 2. 利用教师演示文稿或主题网页引入活动内容，小组进行初步讨论，学生提问，教师释疑，初步理解活动要求。	课堂一节

续表

研究性学习的阶段		学生活动	教师活动	起止时间
第二阶段 (准备阶段) "理解主题"	提出课题	1. 东莞人的信仰和禁忌; 2. 东莞的婚嫁寿诞习俗; 3. 东莞本土的传统节日; 4. 东莞本土民谣、民谚、民间传说、民间手艺; 5. ……		课堂二节
	成立课题组	每五人组成一个课题小组,充分交流与研究,确定研究课题	指导小组明确分工	
	形成小组实施方案	制定初步的课题研究实施方案	与学生交流实施方案的可行性与科学性	
	开题报告和评审	在班上各组向教师及全班同学陈述研究设想与预期效果,并由全班同学、指导教师评审其科学性与可行性	调控学生开题报告中出现的偏差,以及评审中出现的误区,引导学生学习正确的研究方法和评价方法	
第三阶段 (实施阶段)		"研究主题"		一周 (含课堂二节)
1. 走进民间		课外活动: ★分组探究,修改研究计划,初步收集相关资料,撰写采访笔记、新闻稿、小评论等。 ★把收集到的资料整理成旅游宣传册,在课室一角进行展示,让全班同学观看。 课堂: ★各小组扼要汇报研究情况,重点是各小组向其他小组提出观看作品后的意见和建议。	★教师通过口头面谈、QQ、短信等方式及时了解学生的活动情况和帮助学生解决困难。 ★提供支持材料(新闻稿小评论向导、宣传册向导、学生支持材料、调查问卷、访谈表、评论写作指南、新闻稿写作指南等)	

研究性学习的阶段	学生活动	教师活动	起止时间
2. 举办文化展	★ 各小组根据别的小组提出的意见和建议对作品进行讨论和修改，进一步完善作品。 ★讨论民俗文化展相关事宜，全班分工，填写分工表。 ★写展区导语及有关的实物介绍词，布置展厅。 ★ 举办民风文化展，并发放观众评选表。	指导展区布置的相关工作，关注被动学生的参与情况，及时给予鼓励。	
第四阶段 （评价、总结与反思阶段） "升华主题"	课堂： ◆全班分享优秀作品，包括采访笔记、活动日记、新闻稿、小评论、宣传册等。 ◆ 根据"现代人对传统风俗的看法"调查表，开展关于现代人对传统风俗所持态度的讨论。 ◆ 交流个人对现代人所持态度或想法的看法，并谈谈在活动中产生的新的研究问题。 课外活动： ◆通过上网或其他方式查阅其他国家或地区对保护传统风俗的做法，进一步加深对保护传统文化的理解。 ◆ 把收集到的资料及各组不同的意见与建议补充到宣传册中。	教师对学生进行终结性评价；做好学生学习记录表；反思学生学习效果。	一周（含课堂二节）

八、总结提高

经过这次研究性学习，学生们走进社会、走进生活，了解了很多东莞本土的传统文化与传统习俗。学生们以全新的视野来重新审视他们日常生活中的民风民俗以及社会发展中出现的新的观念与做法。学生的参与面广，积极性高，提高了调查、访问、合作、分析、评价等的能力；同时，经过了一系列的写作活动与展示活动，学生们懂得了在生活中学语文、用语文的方法与意义。在活动中还有待加强对学生团队的指引，以及对一些较被动学生的鼓励与帮助。评价方面要提高评价的有效性和全面性。

复习与思考

1. 网络是我们这个时代最显著的特征之一，青少年是网络世界的主体，网络塑造青少年，青少年推动网络发展。据中国青少年网络协会调查，13.2%的青少年网民存在"网瘾"倾向。

请围绕"关注青少年网民网络成瘾"这一话题，选择一个角度进行相关研究。

(1)请拟定你的研究课题：_____

(2)简述你选择该课题的理由(至少两项)：

①_____

②_____

③_____

(3)你准备从哪几个方面进行研究(至少三项)

①_____

②_____

③_____

④_____

(4)请制订你的研究计划(至少四项)

研究顺序	研究任务	采用的方法
1		
2		
3		
4		
5		

2. 为了调查小学生的消费行为，研究性学习小组决定设计一份调查问卷，请你根据调查目的，撰写调查问卷的导语，仿照已经给出两个调查问题，再拟定3个调查选择题。

学生消费行为调查问卷

问卷范围：××学校×年级学生　　　　日期：×年×月×日

导语：_____

(1)你的性别：

A. 男　　　B. 女

(2)你的钱的来源是：

A. 父母　　B. 其他亲属　　C. 自己的劳动所得

(3)_____

(4)_____

(5)_____

谢谢你接受本次调查！

(6)仿照下表，根据你所涉及的调查内容，再设计一个调查统计表，以便于对调查的结果进行统计分析。

调查统计表

钱的来源	所占百分比
父母给的	
其他亲属	
自己的劳动所得	

(7)撰写调查报告(请列出调查报告的提纲，至少3项)。

3. 由于各种原因，我国近几年来中小学生的肥胖率一直居高不下，肥胖已成为危害青少年健康的三大杀手之一。预防肥胖、增进健康迫在眉睫。某研究性学习小组决定围绕"青少年肥胖现象"这一课题进行相关研究。假如你是课题组成员，请你完成下列活动。

(1)你可以选择的研究方法有_____、_____、_____。

(2)进行课题研究，需要搜集资料，掌握课题研究的背景，你计划搜集哪方面的信息资料？请简要列出提纲。(至少4点)

(3)课题小组获得了以下信息。阅读下列信息后回答问题。

资料1：中华预防医学会儿少卫生分会主任委员季成叶指出：1985年全国学生体质健康调查的资料表明，即使是在大城市，7～18岁的男/女儿童青少年肥胖发生率也分别仅为 0.2％和 0.1％。但从 1991 年起，儿童超重的情况开始在中国城市中显著增多；到 1995 年，肥胖开始在大城市的儿童中流行。

资料 2：据教育部体卫艺司司长杨贵仁介绍，在 2005 年第二次国民体质监测中，我国青少年学生的肥胖和视力不良检出率在 5 年间持续上升，已经成为青少年体质和健康的最大问题。监测结果显示，在 7 岁到 22 岁的汉族学生中超重和肥胖率继续增加。其中城市男生的超重率达到了 13.25％；而肥胖率比 2000 年增长了 2.7％个百分点，这也成为城乡男女生中肥胖率最高的群体。

资料 3：2000 年国民体质监测显示，7～18 岁男性儿童青少年(学生)人群的肥胖率比 1995 年有大幅度增长，城市男性由 5.9％增加到 10.1％，女性由 3.0％增加到 4.9％；农村男性由 1.6％增加到 3.7％，女性由 1.2％增加到 2.4％。这次监测与 1985 年、1995 年全国学生体质健康调研比较，儿童青少年(学生)身体素质呈全面降低趋势，特别是肌力、耐力和柔韧性下降幅度较大。本次监测显示，我国儿童青少年(学生)的肺活量比 1985 年同龄人群低。

①请用表格表示出 1985 年至 2005 年城市男生肥胖发生率的变化情况。

②用最为适当的统计示意图将 1985 年至 2005 年城市男生肥胖发化率的变化情况表示出来。

(4)为了进一步获得课题研究资料，课题组决定由你对一位相关人员进行采访，请设计一个较为详细的访谈方案。

推荐阅读

1. 张华，安桂清. 论综合实践活动课程开发的自然维度. 教育发展研究，2007(12B).

2. 郭元祥，沈旎. 小学综合实践活动. 上海：华东师范大学出版社，2008.

3. 钟启泉，安桂清. 研究性学习理论基础. 上海：上海教育出版社，2003.

4. 李森. 综合实践活动课程实施案例. 重庆：西南师范大学出版社，2005.

5. 钟启泉，张华等. 为了中华民族的复兴 为了每位学生的发展《基础教育课程改革纲要(试行)》解读. 上海：华东师范大学出版社，2001.

第七章 小学综合实践活动领域(二)
——社区服务与社会实践

本章重点
- 社区服务与社会实践的意义
- 社区服务与社会实践的目标与内容领域及主题的选择
- 小学生社区服务与社会实践活动的实施原则、活动设计及组织步骤
- 小学社区服务与社会实践教学设计与案例

第一节 社区服务与社会实践概述

对于这个领域,大家应该比较熟悉。中小学经常组织如少先队活动、班团队活动等,但进入课程领域后,社区服务与社会实践的意义有了提升,有了新的价值追求。

一、社区服务与社会实践的意义

(一)社区服务与社会实践的独特价值

美国的著名教育家杜威说:走出教室一步,就意味着对学科的超越。要获得个体的自由和解放,学校课程绝对不能局限于系统化的书本知识,而要关照个体作为具体的活生生的存在的生活经验。

1. 改变学习方式,拓展学习空间

学校不等同于教育,听课不等同于学习。社区服务与社会实践的目的就在于把学生的发展置于比课堂、比学校生活更广大的社会背景中,把学生的学习场所从学校拓展到社区乃至整个社会,改变学生单一的学习方式,使课堂知识学习和社会体验学习结合起来。这对于提高学生的社会实践能力,帮助学生形成积极向上的情感体验和健康充实的生活态度,增强学生对社会的使命感、责任感,具有重要的意义。

2. 走入社会生活，获得生存体验

我国的伟大的教育家陶行知提出"生活即学习，社会即学校"。

学生需要认知为主的学习，也需要体验为主的学习。有效实施社区服务与社会实践的关键，是让学生自主而创造性地走入社会，参与实践活动并由此获得深刻的生存体验，加强学校与社会、教学与生活的联系，发掘学生学习和成长的资源，使学生的学习生活更充实、更有趣、更有意义和富有创造性。

(二)社区服务与社会实践的定义

社区服务与社会实践是指学生在教师指导下，走出教室，进入实际的社会情境，直接参与并亲历各种社会生活领域，参与社区和社会实践活动，开展各种力所能及的社区服务性、公益性、体验性的学习，以获得直接经验、发展实践能力、增强社会责任感为主旨的学习活动。

二、了解社区、走进社区

"社区"是我国社会学者从外文翻译过来的一个名词。英译为 Community。Community 有公社、团体、共同体等含义，后来，美国社会学家又赋予了它地域性的含义。1933 年，燕京大学一批青年学生首次将 Community 译成中文"社区"。在现代社会学中，社区的定义尽管有上百种，但基本上可以这样来概括：社区是指地区性的生活共同体。一般来讲，人们在社会生活中，不仅结成一定的社会关系，而且总离不开一定的地域条件。人们会在一定的地域内形成一个个区域性的生活共同体，整个社会就是由这些大大小小的地区性生活共同体结合而成的。这种聚居在一定地域范围内的人们所组成的社会生活共同体，在社会学上称为"社区"。

构成一个社区，应包括 5 个基本要素。即：

一定数量的社区人口；

一定范围的地域空间；

一定类型的社区活动；

一定规模的社区设施；

一定特征的社区文化。

社区服务学习活动主要包括为社区成员进行的生活服务；学校或社区管理服务，学生参与学校或社区的管理活动，成为学校管理者或社区管理者，直接参与学校管理或社区管理；集体参加社区或地方的各种公益劳动、各种义务劳动等。所以，社区服务和社会实践活动具有实践性、社会性、服务性和体验性的特点。并且不管是哪一种社区服务和社会实践活动，其最根本的特点就是必

须在社区或社会情景中学习，是融研究性学习、劳动技术教育等于一体的学习活动。

虽然社区服务和社会实践活动，对于提高学生的社会实践能力，帮助学生形成积极向上的情感体验等方面，有独特的教育价值。但是在我国，社区在教育中的地位和作用没有得到充分的重视和利用，而国外却比较注重对社区的教育性研究。因此在开展社区服务与社会实践活动的过程中，教师和学生感到头痛的首要问题主要是两个：一是大家对社区的了解不够，不知道社区的含义；二是社区自身教育的价值没有得到人们的普遍认同，学校开展的社区性教育活动得不到社区的大力支持。

为此，我们在开展社区服务与社会实践活动时，可以将"走进社区"作为第一次活动，让学生对社区有个全面的了解，促进社区自身所具有的潜在的教育功效得到发掘。

走进社区
（广西柳州市飞鹅路逸夫小学）

活动目标

在活动中学会关注自己的生活，关注身边的人、身边的事，做一个社会人。

通过调查、采访，知道社区的有关知识，引发学生积极的思考。

进一步学会社会实践调查的方法，提高发现问题、分析问题、解决问题的能力，并能撰写社区调查报告。

学会交往与合作，培养动手、创新等多方面的能力，促进每一个学生个性健康发展。

活动实施

活动准备

明确什么是社区；自由组合成调查小组，设计调查表，为实施调查作准备。

走入社区，实地调查

活动一：深入社区，展开调查

活动二：交流展示调查内容，全面了解社区，发现社区存在的问题，规划心中的社区。

活动三：指导学生上网查资料，收集其他地方的社区发展情况；比较现实社区与规范社区，发现"问题"，就问题展开研究。

再次深入社区调查

任务：了解社区存在的问题，撰写社区调查报告。

(1)写倡议书、建议书、画宣传画、规划图、制作社区立体模型

(2)撰写递交学校、社区、区政府的社区调查报告

(3)把社区调查报告呈交有关部门

上面是一个中国学校走进社区、进行社区服务与社会实践的活动案例。下面我们从国外社区服务和社会实践的开展中，去体会社区服务与社会实践活动的开展和实施。

社会宣传(美国)

一、活动目标

学习有关公民权利与义务的法律知识，考察了社区的环境保护状况后，组织学生举行一次社会宣传活动，从而加深他们对有关法律知识的理解，认识到环境保护的重要性，以及每个公民应尽的环境保护责任，并且培养学生进行此类活动的实际能力。经过师生的讨论协商，决定进行以环境保护为主题的社会宣传活动。然后按照有关法律条文的规定和程序，学生自己准备并实施活动。

二、活动步骤

(1)在学习有关公民宣传表达自己主张的权利和义务后，教师在讲解的基础上组织学习讨论，并且提出进行一次真正、合法的社会宣传活动。

(2)通过对社区的环境污染和环境保护状况进行实地考察，组织学生讨论，提出关于环境保护的社会宣传活动主题，抗议污染环境的种种行为。

(3)教师引导学生参照有关法律条文，考虑社会宣传的具体实施方案。例如，应当提前多久向有关部门提出进行社会宣传的申请？申请中应当说明哪些内容？包括活动主题、活动时间、进行宣传活动的线路、宣传的口号等。

(4)学生自己讨论、决定如何撰写、提交申请。为此，要根据本地区地图，画出路线图，并考虑到什么地方应该避开？比如交通要道，避免妨碍交通，比如医院，以免影响病人休息。什么地方应该多作停留？比如商业区附近的空地、居民区等，以利于更多的人受到宣传的积极教育。

(5)学生自己讨论如何宣传自己的主张，考虑使用什么样的宣传品。例如宣传单、倡议书、标语、环境保护演讲稿等。

(6)学生分工。宣传小组中的每个人承担不同的任务，并分别完成。

(7)在活动批准后，按照申请所规定的时间和路线，携带宣传品，师生一同走出校门，进行关于环境保护法和环境保护行为的宣传活动。

(8)活动结束后，安排时间进行总结，相互交流，提高认识，总结经验。

三、社区服务与社会实践的目标与内容

(一)总目标

(1)拓展经验,增强社会适应能力与创新精神。

(2)融入生活,形成健康、进取的生活态度。

(3)参与实践,增强公民意识和社会责任感。

(4)服务社会,对他人富有爱心。

(5)亲近自然,懂得与自然和谐相处。

(6)促进自我了解,肯定自我价值,发展兴趣与专长。

(二)小学阶段社区服务与社会实践的目标

(1)开阔眼界,初步获得社会经验与能力。

(2)学会交往与合作,遵守社会规范与公德。

(3)热心公益活动,关心他人与社会。

(4)关爱自然,逐步形成环境保护的意识和能力。

(5)珍视生命,陶冶性情,热爱生活。

(6)初步了解自我,发展兴趣,展示才能。

(三)内容领域和具体目标

内容领域包括:服务社区→走进社会→珍惜环境→关爱他人→善待自己

1. 服务社区

(1)逐步熟悉社区中的公共场所、基础设施和组织机构。

(2)对社区的地理环境、人文环境、物产特色、民间风俗和传统节日有所了解,并萌发对家乡的关爱之情。

(3)关心社区中的重大活动和社区存在的主要问题,并尝试运用自己所学知识分析和解决具体问题,从中获得积极的感受。

(4)愿意为社区建设和发展服务,有较强的服务意识和责任心,体验服务的充实与愉悦。

(5)自觉维护社区形象。逐步形成建设良好生活环境的情感和态度。

2. 走进社会

(1)初步了解社会的基本活动。

(2)乐于参加力所能及的劳动,体验劳动的可贵与创造的喜悦。

(3)逐步学会合理消费,形成保护自己正当权益的意识,做明智的消费者。

(4)遵守社会公德,形成法治观念,增进民主意识。

(5)感受科学技术与日常生活、社会发展的关系，逐步形成正确的科学观。

(6)了解与尊重多元文化。例如：不同国家、不同民族的文化。

3. 珍惜环境

(1)通过和自然的接触，感受到自然的神奇与博大，初步懂得欣赏自然的美，对自然充满热爱之情。

(2)留心观察身边的环境，初步领悟环境对人的影响以及人与自然相互依存的关系。

(3)了解人们的生活和生产活动对环境的影响以及我国人口、资源和生态环境的基本状况，增强环境保护的紧迫感。

(4)具备初步的环境保护常识与技能，能尝试运用所学知识解决环保中的一些实际问题。

(5)逐步学会从身边的生活小事做起，养成保护与珍惜环境的习惯。

4. 关爱他人

(1)体验个人与群体的互动关系，对他人的帮助心存感激并随时乐意帮助他人。

(2)愿意与他人交往，初步形成与他人友好相处、共同成长的意识与能力。

(3)理解他人的生活习惯、个性特点，懂得尊重人、宽容人。

(4)积极参与志愿活动，关心残疾人、老年人等弱势群体，乐于为他们做一些力所能及的事情。

5. 善待自己

(1)初步了解自己的成长过程，感受到生命的奥妙与价值。

(2)逐步发现自己身心的特点，知道自己的兴趣、爱好与能力，乐于表达自己、表现自己、发展自己。

(3)初步认识和适应不同社会角色，能对自己所做的事情负责。

(4)具有良好的生活习惯，掌握安全生活的常识，学会在危难中自助与求助。

(5)积极面对生活中遇到的困难与挫折，具有开朗、乐观、坚强的个性，形成对自己的生命高度负责的态度。

(6)开始懂得自己的权利与义务。

(四)内容选择的方法

1. 内容选择首先有助于学生形成正确的社区意识

例如：重庆北碚朝阳小学通过《花语缤纷》《走进"退耕还林"》《美味北泉面》等主题活动的开展，帮助学生更直接地了解、感受自己所生活的家乡——北碴，一系列主题从自然环境、生活水平、生产状况、风俗习惯、制度特征等方面，向学生展示着这座中国西部唯一的国家级园林城区，得天独厚的生态环境资源、独特的历史人文资源、丰厚的文化底蕴等特点，增进学生爱家乡的情感，促使其进一步地关心社区的现状，思考有关改善和发展社区的问题，增强服务社区的意识，培养关注社区发展的责任感。

再如：在"关于肺结核的研究"主题活动中，学生通过对所在社区的人们日常生活习惯的观察，针对自己对社区的理解来确定进一步的活动内容。

2. 选择的内容应该具有服务社区的意义与价值

即通过活动能为社区的存在与发展提供一定的帮助。如开展社区环境保护方面的活动，就是希望通过活动在一定程度上改善学生学习和生活所在的社区环境，提高社区内人们的环保意识，促进学生对社区功能与运作的了解。

"关于肺结核的研究"是一个很典型的来源社区并服务于社区的活动案例。下面选摘其中很有特点的"社区探究与社区服务"方面的活动内容呈现给大家。

社区探究

(1)社区实践与资料收集、整理

我收集到四条信息。其中的一条是我有十四个地方可以做调查。但还需要调查一些无家可归的人，问他们是否做了免费体检。我还要去向医生咨询有关肺结核是如何破坏肺组织的。我给肺及其组织设计了一个模型。

(2)社区调查

我已向少年和成人进行了问卷调查，共有42个人填写。六年级及以上就有了有关疾病的学习。看他们学习了多少有关结核病的知识，及了解程度。

(3)困难

我站在那儿时海报还在，等我回来时就被撕毁了。

社区服务

(1)宣传肺结核知识——"结核病知多少"宣传小册子

(2)通过海报宣传结核病的防治

通告

结核病在蔓延！

每年有近29000人染上肺结核，为安全起见，请速看医生，做一次皮肤测试和X光胸透。保护你自己。不要让这些害了你。

(3)口头宣传与提醒

(4)寻求解决社区问题的方法与社会支持

我向"美国之肺"求助，以弄清我怎样才能筹集资金支持肺结核的研究和开发研制新的治疗药物和方法。他们告诉我，我需要为他们的一些特殊研究寻找帮助。我必须做更多的调查和宣传肺结核的危害。

在"关于肺结核的研究"活动中，学生通过调查社区、访问社区成员等活动后，提出了许多远离肺结核、服务社区的方案，既有相关资料宣传，也有相应知识调查，还有一些提醒与呼吁，这都是很实用的服务社区的内容，充分展示出社区实践活动的意义与价值。

3. 内容的选择从小处着手，让学生走出教室，参与实践活动

根据学生的身心水平和知识经验背景，与社会实际和社会发展密切联系。学生年龄越小，选择的内容越应具体，对于首次开展社区服务与实践活动的学生而言，选择与其日常生活联系紧密的活动内容更易于活动的开展，也有利于学生的社区意识的培养与形成。

4. 选择的内容应与学生生活息息相关，注重本土性，尽量就地取材

根据社区实际，体现活动的地方特色，并可以与地方课程结合起来考虑内容。在课程目标的导引下，可从其他学科领域中选取有利于实现目标的内容加以重组、综合与拓展。

5. 选择内容时教师或指导者应预先实地考察

社区服务于社会实践需要充分考虑实施的可行性，确保活动安全而有效开展。

四、社区服务与社会实践活动主题的选择

（一）活动主题的选择方法

确定社区服务与社会实践活动主题的方法是灵活多样的，归纳起来，主要可以从以下五个维度来挑选。

1. 从人类的基本生活方式和社会的基本运作方式维度选择活动主题

如人们的交往方式、娱乐方式、居家生活方式；社会的生产、交换和消费方式；社区各种机构的职能等，政治机构的政治功能、经济机构的经济功能、家庭功能等。

2. 从人类社会面临的共同问题和所发生的重要事件入手选择活动主题

如环境污染、能源危机（汽油多次提价、降价）、人口增长、战争与和平等。这方面的主题选择有助于培养学生关注当前的社会发展现实，关注人们在社会生活中普遍关心的大问题，甚至直接关系到全球发展与人类生存的大问题，培养学生的社会责任意识。

3. 从社区群众共同关心的问题入手选择活动主题

如耕地减少、水电消费问题、交通问题、住房问题、就业问题、少年儿童活动场地少等。这些是与人们的具体现实生活密切相关的生活问题。

4. 从自己所担任的各种社会角色入手选择活动主题

如作为一名公民、生产者、消费者，作为家庭成员、社团成员，作为别人的朋友和自己等。担任的社会角色不同所承担的社会职责也不同，在社会中的地位也不尽相同，心情自然也不会相同，因而需要体会不同的社会角色所面临的各种问题。

5. 从不断扩大的社区活动范围来选择活动主题

如从自家开始至邻里—社区—乡镇—县市，也可以来自省市、国家到全球。社区活动的范围是非常广的，既可以是生活着的小区、村组，也可以是整个地球，信息技术愈来愈发达，跨地域式的社区研究成为可能，人们共同生活在"地球村"中，需要解决的共同问题很多，这为挑选活动主题提供了足够自由的空间。

(二) 社区服务与社会实践的基本活动方式

中国的国情决定了社区差异突出，尽管如此，但小学生的社区服务和社会实践依然有相似的活动方式，表现在：

1. 了解社区或社会的活动

包括：社会参观活动。深入实际的社区情境、社会机构或部门，对有关的社会运作进行参观，促进对社会的认识。

还有社会考察活动。社会考察的内容一般涉及本地区的历史和文化遗产、现实的社会生活和生产方式，如考察某一社区的历史、文化传统、生活方式、经济发展状况、地理、建筑和人文景观、商业设施，以及文化古迹和文化遗产、国家或地方政府机构、政府官员、特殊人物、特殊阶层等。

社会调查活动。就学生自主提出的社会问题，在现实的社区情境中进行调查研究。社会调查活动应与研究性学习相结合。

2. 社区服务活动

包括：为他人进行的生活服务、家政服务。如导盲服务活动、其他残疾人的家政服务活动等。为社区孤寡老人的生活服务活动一般以小组活动的形式展开，每学年确定服务对象，定期进行。

还有学校或社区的管理服务。小学生参与学校或社区的管理活动，成为学校管理者或社区管理者，直接参与学校管理或社区管理。如很多学校学生组成的清洁值周队。社区管理涉及的部门比较复杂，各学校的社区管理服务涉及的机构包括社区图书馆、社区健身场所、公园、养老院、绿化机构等。如北碚区梨园小学参与的北碚区交警管理队等。

3. 社会实践活动

包括：公益活动、经济活动、政治活动等。

公益活动。有计划地组织学生集体参加社区或地方的各种公益活动。比如清洁大扫除、公益劳动、各种义务活动。

经济活动。学生直接参加商业活动如学生卖报小组、学生银行、学生用品商店，使丰富学生的生活积案和经验，增强实践能力。如北碚水土中心校老师设计的《学做小商人》。

政治活动。开展国家政策宣传、政策调研等活动，如通过创办社区墙报或宣传栏、组建宣传队等方式来进行宣传活动；学生组织的建立与自我管理。

五、社区服务与社会实践的实施

(一)基本原则

1. 亲历性原则

教师应利用各种物质条件、精神条件，通过多种途径为学生提供实践情境，改变学生单一的学习方式，拓宽学习的空间，让学生走出课堂，置身于广阔的大自然和丰富的社会生活中去亲自接触和感知各种人和事，使他们通过亲身经历、实际操作与活动来获得探究问题、与人交往的能力以及正确的情感、态度与价值观。

2. 自主性原则

学校应根据本课程的目标和特点自主选择教学内容和活动场所，自创组织形式和教学方法，学校既是课程的执行者，更是课程的开发者和设计者。学校要关注学生的主体意识，让学生有更多机会自己去活动，体验乃至创造，使其享受探究的乐趣、活动的愉悦、服务的充实，获得并增强使命感、责任感和生存体验。

3. 协同性原则

由于社会实践和社区服务的开放性，课程实施既要求学校各学科教师共同协作，又要求学校教师与社会各界人员(如家长、社会有关机构的工作人员等)相互配合，学校、家庭和社会形成合力、协同完成教学任务。学校应善于协调各方人员的关系，调动各方积极性，共同发挥作用。

4. 整合性原则

教师要注重帮助学生形成对自然、社会、自我之内在联系的整体认识，发展学生对所学知识的综合运用能力。

（二）活动设计与课程实施的具体要求

（1）设计与实施社区服务与社会实践时，应考虑提供充分的活动自由和活动空间，以及各种有利于学生自主参与活动的条件，充分发挥学生的自主性，鼓励学生参与设计并互相交流、评价设计方案。

（2）根据小学生的年龄和心理特点等实际情况来设计相应的活动。

（3）根据课程内容主题、课程资源的不同特点与学校现有的条件选择适当的活动方式，尽量采用参观、访问、调查、实验、测量、采访、宣传、郊游、野营、义务劳动、公益服务等方式。设计出来的活动应力求生动活泼、丰富多样，以引起学生的兴趣，丰富学生的感性经验。

（4）活动的组织形式可以是个人活动、小组活动、班级活动、学校活动等，教师应根据活动内容和实际需要灵活安排，随时调整，不必过分拘泥于形式，而应注意活动的实效。可综合采用多种组织形式，既培养学生的独立意识，又培养学生的团队观念、合作精神。

（5）特别注意活动过程中的安全问题，保障学生的身心健康与安全，防止有害于学生身心及易引起诉讼的事件发生。

（6）社区服务与社会实践活动在实际操作中，每次活动的时间和活动量应根据学生的具体情况予以调节，课时可以分散使用，也可以集中使用，可以在学习日里使用，也可以适当地在节假日里使用，可以单独使用，也可以与地方和学校课时结合起来使用，讲求实效。

（7）教师注意协调多方人员的关系，与之互相配合，共同发挥作用。

（三）设计要点

（1）设计社区服务与社会实践活动时，兼顾知识与技能、过程与方法，特别强调情感态度与价值观，尤其是个体相对于以前所发生的变化，注重学生生存体验的获得与增进，而不是急于展示某种成果。

（2）为学生提供尽可能多的走出课堂、参与和体验社会生活的机会，社会实践活动尽量与社区服务结合起来。

（3）鼓励学生自己参与设计、自己选择主题、自己组织实施、自己进行评价，尽可能让学生自己去观察、感知、判断、分析、反思和创造，将活动的实施过程作为学生改变学习方式、学会学习的过程。

（4）在活动中应多给学生提供并指导学生充分利用相互交流、分享成果的机会，培养学生的交往能力和合作精神。

（5）活动设计应考虑课程资源的特点、学校现有师资、设备、场所以及当地社区的其他条件，要充分利用或调动社会各界的力量。

(6)可直接从社区服务与社会实践这一领域切入，但要注意把它与研究性学习等其他指定领域的内容融合起来加以设计，体现综合实践活动的宗旨。

(四)社区服务和社会实践的基本流程

1. 社区服务的一般过程

(1)明确社区服务的活动项目。

(2)确定社区服务的目的和活动对象。

(3)与社区服务对象或机构取得联系，制订具体的活动时间和活动方案。

(4)实施社区服务。

(5)社区服务活动的总结。

2. 社会考察、参观和访问的基本过程

(1)提出或选择社会考察、参观、访问的主题，提出活动目标，确定社会考察、参观、访问的地点、对象、时间，并由学生自主地制订考察、参观、访问的活动方案。

(2)与考察、参观、访问的对象(人或机构)取得联系，通过交流和磋商，确定活动的具体时间表。

(3)准备必要的活动设备。

(4)进入实际社会情境，展开实质性的考察、参观、访问活动，收集资料。

(5)撰写考察、参观、访问的活动报告。

(6)相互交流考察、参观的体会，分享不同的感悟，进行活动总结。

(五)社区服务与社会实践中教师的指导任务

主题确定阶段：提醒学生主题确立要围绕科学性、可行性、有价值、切入口小的原则。然后引导学生对活动主题进行论证，以便确定合理可行的活动主题。综合实践活动有"题好一半功"的作用，这一阶段教师的指导很重要，选择了切实可行的主题，才能进行有效的活动和探究。

实施阶段：指导学生搜集与主题有关的资料，同时强调资料要有针对性，明确注重点的挖掘，才能将主题研究引向深入。在实践中，指导学生有目的地做好资料的积累、活动的记载工作。尝试引导学生自己设计表格，不仅能比较全面准确地记录相关信息，注意到有价值的资料的科学性，而且能激发学生的自主性和创造性。比如在记载表中，引导学生设计"我的想法"一栏，目的是让学生记录下活动时点点滴滴的感受。因为社区服务与社会实践所注重的不是结果，而是过程，注重学习过程中学生的感受和体验。记载表作为最有价值的原始资料，取得了较好的学习效果。

总结阶段：指导学生对活动过程中的资料进行筛选、归纳、整理形成结论，指导学生撰写活动报告，并进行不同方式的表达和交流。引导学生对活动过程中的体验、认识和收获进行总结和反思。与传授知识相比，学习方法的获得和寻求知识的态度更为重要，鼓励学生在实践中掌握自主探究的方法，为其终身发展服务。

总之，社区服务与社会实践过程中，虽然服务与实践活动的主体是学生，但是老师的恰当、适时指导任务很重要，而且还很多，这也是活动得以顺利实施的关键和保障。

六、社区服务与社会实践存在的问题及对策

(一)问题

1. 思想顾虑

首先是教师思想上的畏难情绪。客观上讲，组织一堂活动教学要比组织一节常规课堂教学复杂得多，往往要花去大量的时间和精力。于是，有一部分教师知难而退，不愿操心费神。

其次是教师行动上的瞻前顾后。社区服务与社会实践专题教学，特别是校外活动，存在着许多的不确定因素，如学生的安全如何保障，活动时间如何保证，活动必要的经费如何落实，活动场所怎样选择，如何争取有关部门的协调和支持，家长是否放心，等等。这一系列问题都需要教师周密思考，科学安排，而这往往也使部分教师顾虑重重，行动上瞻前顾后。完善的课程评价体系尚未构建起来，机制上还不能很好地调动教师的主观能动性。

2. 活动安全

由于本课程的实践性，活动的风险自然比其他在校内的课程大得多。最大的安全隐患存在于社区服务与社会实践中学生的分散活动、个体活动时间。而且很多小学班额偏大，也给老师带领学生进行社区服务与社会实践带来了管理上的空白。

3. 内容整合

社区服务与社会实践实施的原则之一是整合性。我们把社区服务和社会实践作为主要内容和载体，把研究性学习作为主要方法，把信息技术和劳动技术作为必要的手段。但是，怎样按《综合实践活动课程指导纲要》的要求，结合本地课程资源把内容系统地组织起来，还需要更多的人花更多的时间来探索。

4. 评价难度

评价是本课程较为薄弱的环节，短时间内转变观念、拿出科学合理、切实

可行的评价方案,确有难度。具体实践中出现了一些新的问题,如社区服务与社会实践主要是关注过程的学习活动,评价量规难以制定;再者很多学校班额偏大,如何既保证评价能针对学生的特点,提高评价的激励功能和实效性,不因为学生过多带来评价操作困难减弱评价的功效,又不致使教师负担过重。另外,由于学校与家庭的沟通合作还不够,对社区服务与社会实践课缺乏评价的导向,家长对该课程的认识不够,存在许多顾虑:担心学生参加综合实践活动会影响学生的考试成绩等问题。这些问题造成社区服务与社会实践课的推行与制度支持不成正比,在一定程度上影响着课程的"常态"进行和深层次开展,也影响着教师尝试社区服务与社会实践课的积极性。

5. 社会配合

学生进行社会调查涉及调查、采访、实地拍摄等活动,有关部门或人员不支持甚至阻挠,使调查任务不能如期完成。如在课题"我身边的'白色污染'"中,学生到社区餐馆调查一次性塑料餐具每天的使用数量时,就遭到老板的拒绝和"白眼"。

(二)对策

1. 推进机制,提供制度保障

在新课程改革中,社区服务与社会实践的持续开展是一个难点。一方面,其在学业评价中相对"软性";另一方面,学校师资等条件相对"疲弱",现实的功利文化会"侵蚀"国家课程政策的执行力。所以,必须尽早重视课程持续推进的机制问题。具体来说,要重视在学生学业评价方案中体现对社区服务与社会实践的导向,尽快出台学生综合素质评价方案并落实;加强教学督导,规范课程教学计划的切实执行,以保证课程的持续推进;教研督导部门应切实、尽快提高自己的专业引领水平,充分、有效发挥教研和督导的作用,及时给予一线教师专业化的指导,推进新课程迅速发展;建立激励机制,为教师提供和谐、轻松的新课改环境;督促学校建立"家长学校",定期举行座谈会,加大新课程宣传的力度,消除家长的顾虑,营造社区服务与社会实践"常态"实施的良好社会氛围。

2. 建设基地,为学生提供社区服务与社会实践的学习环境

基地建设是社区服务与社会实践课程实施的软硬件建设的综合条件,是社区服务与社会实践课程实施的基础性工作。在课程实施中,如果有较为完善的实践活动基地,诸如活动安全、社区服务与社会实践课的"常态"实施等问题就会相应得到解决。因此,各级政府部门可以整合各方面的资源,建立形式多样的学生社会实践活动的基地,如爱国主义教育基地、科普教育基地、素质教育

基地、社会综合实践活动基地等，充分发挥社区、企业、青少年宫、博物馆、科技馆等的教育功能，加强学校教育资源、社会教育资源和网络教育资源的同步建设，充分利用各种教育资源，形成多渠道的学习环境，丰富学生学习的经历和经验，为培养学生的创新精神和实践能力创造有利条件。

3. 根据学校、教师和各年级段的实际，灵活组织实践活动

一是把学校的艺术节、体育节、科技节、迎新会、夏令营、军训等常规性大型活动，将社区服务与社会实践课的主题性实践活动统筹起来，使传统教育与主题教育相结合，形成校科(学校整体教育与学科单项教育)互动、科科互动的态势。

二是把不同年级的任课教师有计划地统筹起来，使教师形成教学上的合力；把不同年级段类似的教学主题统筹起来，使不同年级段的学生在同一主题研究中有侧重点地进行实践活动，形成循序渐进的知识体系。

三是利用和依靠家庭、社区的教育资源组织实践活动，扩展社区服务与社会实践课的内涵，形成家校互动、区(社区)校互动的全方位开放的教育大环境。这样做既减轻了教师的负担，还可使学校的大型活动更富有特色。

人的成长是实实在在地"体验"和"沉淀"的过程。以活动为载体，与生活直接对话，与资源贴近交流，建立社区服务与社会实践的平台，为学生营造实践的舞台、体验的空间。没有任何的教育比学生的眼睛看到的东西更直接、更有效；没有任何的情感体验比学生最真实走过的更刻骨铭心！

第二节　小学社区服务与社会实践教学设计与案例

社区服务与社会实践作为一门崭新的课程走到了教师与学生的中间，要开好这门课，还有许多值得探索和研究的地方。首先我们来看看当前社区服务与社会实践活动的一些做法和意识：

(1)不注重学生个体的发展兴趣，关注的主要是 8 小时以外的生活的兴趣。

(2)社区服务与社会实践就是玩，上课就是在固定的位置、有固定的课程。

(3)诚信体制没有建立，明明没有参与社区服务与社会实践，家长还帮着孩子证明学生参与了相关假期活动，甚至还到相关单位盖章留据。

(4)社会实践是"被动的，走过场式的"，社区服务是"被服务"。

以上说明人们对社区服务和社会实践还存在非常多的不理解，课程实施的

现状任重而道远!

知识不是教会的而是学会的。"你看了,你忘了。你听了,你知道了。你做了,你记住了。"这是新课改推行后教育界流行的三句名言。亲身实践对学生的影响是终身的。如案例《我身边的"白色污染"》,学生从看到了有关"白色污染"严重性的资料后,向老师求助,产生了主动探究的动机。老师引导学生以此为主题,自己去寻找事情的原因,自己去调查问题的现状,自己去探究解决问题的方法。通过这些活动,学生的积极性、创造性调动起来了,学生的主体地位也得到充分体现,使学生在探究中认识到生态环境保护的重要性以及与自身利益的关联性。学生再以小组为单位,应用问卷调查法了解家庭、社区、学校对一次性塑料制品的认识、使用和回收情况,运用实验法了解塑料制品的详细情况和对生态环境的巨大破坏,在实实在在的探究活动中,学生自然而然地形成珍爱环境的意识,并且一定程度上掌握了搜集、处理信息的技术,培养了团队合作精神,以及对自身实践活动的分析和反思能力等。

一、选择一项社区服务和社会实践活动

社区服务与社会实践开展要以学生的现实生活和社会实践为基础,挖掘课程资源。作为活动的组织者,教师首先应该对社区服务和社会实践活动的课程目标、时间以及场所提出一些要求。其次,帮助学生选择一项可实施的活动。由于教师、学生和活动内容的不同,因此选择一项社区服务和社会实践活动的方法也不同。通常,教师可以采用三种方法来帮助学生选择一项社区服务和社会实践活动。

方法一:根据社区需要或问题来确定一项社区服务和社会实践活动。

在班上开展一项头脑风暴活动。让学生提出自己发现的社区需要或问题,鼓励学生大胆地、创造性地想出尽可能多的观点;也可以让学生们课前通过访问邻居、进行一项社区调查或与当地社区机构联系来收集社区居民都比较关注的社区问题。例如,在上海一所小学四年级的综合实践活动课上,老师让学生们说说社区中大家遇到的主要问题。一位同学说道:"有一天,他收到小区居委会发给他家的宣传单,内容是关于小区垃圾分类处理的,而且还通知居民小区设立了两个彩色的垃圾箱……"这一消息立马引来了班上孩子们各种各样的问题:那人们会按照这宣传纸上的要求做吗?垃圾到底是怎样分类处理的?……随后,老师决定利用综合实践活动课的时间来组织学生展开对这一问题的调查。

方法二:根据一门课程目标来选择相应的社区服务和社会实践活动。

目前采用这种方式的学校和教师居多。有人把它称为学科综合实践活动课

程。目前在中小学，语文、数学等学科教师为了加深学生对所学学科内容的理解，他们组织学生参加了与本学科有关的社区服务和社会实践活动。自然地，学科教学与社区服务和社会实践活动在目标、内容方面紧密地结合在一起。在这类活动前，教师们常常把活动目标呈现给学生，并提出一些问题，来引发学生对活动的思考，如"通过服务于我们的学校和社区，我们如何来达到学科教学的某一目标？"

石景山京源学校刘巍老师在她的政治课教学中非常重视实践活动这一环节。一次，在政治课上，她向学生提出：在鲁谷小区投资开花店是否可行？我们如何运用我们所学知识来回答这一问题？然后，她结合自己学科的教学安排了校内外的一系列鲜花营销实践活动。她想通过活动，不仅能够帮助社区（如证明了在鲁谷小区投资开花店是可行的），同时也使学生对市场经济的主要特点 —— 竞争性、处理内部竞争关系的原则、鲜花营销的策略以及成本和节余有更为深刻的理解。

方法三：根据一个具体的生活或社会事件来确定社区服务和社会实践活动。

这一事件通常是突发的。如某一地区受到自然灾害（地震、洪水等）的影响或学校的某位同学生病而发起的活动。

无论社区服务和社会实践活动的选择是围绕一个社区问题、一个课程目标还是一种突发事件，学生、教师还需要提出与之相关的许多子项目，每个小组的学生在组内再对那些可行的子项目做选择。在小组讨论中，参与者要充分讨论支持者和反对者对于每个子项目的想法，选择一个最好的，既能使社区发生变化，又能促进学生的学习。

一般来说，对于中学生，教师可以给予较大的选择权；对于小学生，教师要帮助他们来进行选择，有时，小学生会更多地受个人兴趣影响，忽视了思考活动所需要的各种条件支持。

二、社区服务与社会实践活动的设计步骤

(1)设置问题情境，提出活动主题或研究问题。

(2)学生自愿组合成立活动或研究小组，选好组长，分好工。

(3)讨论活动方案或设计研究方案。

(4)审批活动方案。

(5)按活动方案做好准备：笔记本、笔、记录表格、访问提纲、录音机等工具，如果要采访，还要做好采访预约。

(6)开展活动,记录活动过程和收集到的资料。资料尽可能地全面,要来自不同的地方和不同的渠道;材料要真实,尽可能地用第一手资料。

(7)对搜集到的资料进行分析整理,写出自己在活动前后的心得体会。

(8)提出对问题的解决办法,完成一项针对主题活动的设计。

(9)在教师指导下在班内展示活动成果。

(10)活动评价。

三、社区服务与社会实践活动实施的一般程序

(1)提前准备。全面考察、了解活动所需要的人力、物力等条件,确定参观、访问、服务、实践等活动的对象、时间和地点,与参观、访问的对象(人或机构)取得联系,共同商议活动如何进行。

(2)拟订方案。由师生及其他有关人员共同拟订实施方案或计划。方案内容包括:主题、时间、地点、参加人员、具体步骤、组织形式、活动方式和必要的活动设备以及活动的评价形式等。

(3)实施活动。师生共同进行实践活动,教师既要充分发挥学生的主体性,又要及时了解学生活动的进展情况,做好组织和引导工作,还要注意与家庭、社区保持密切联系,活动如果没有家长、社区的大力支持,是很难取得预期成效的。

(4)交流总结。学生把自己或小组在活动中的收获汇集、整理成各种形式的成果,并通过多种方式表达、交流和评价。教师则关注每个学生在已有水平上的发展,及时准确地给予肯定和鼓励。

四、案例呈现

案例7-1:清除"都市牛皮癣"

一、活动背景

一段时期以来,非法小广告在北京的大街小巷泛滥成灾,被人们形容为"都市牛皮癣"。它的存在既破坏了人们的生活环境又有损于北京作为世界大都市的城市形象,人们非常憎恨它。小广告之所以被称为"都市牛皮癣",就在于它的顽固:一方面,难以找到理想的清除方法。不仅水洗难以清除,即使用去污粉、洗涤剂乃至刀刮的方法,依然会留下顽固、难看的黑斑。另一方面,在于它的屡禁不止。尽管人们想了很多方法清除小广告,可是很快就有新的小广告出现。

此时,我学区综合实践活动课题组正在开展"社区服务与社会实践"教育资源开发的研究,我们决定以此社会热点问题为切入口,整合社区资源开展一系

列的清除"都市牛皮癣"的主题实践活动。

二、活动目的

(1)通过活动培养学生关心市容市貌、维护社区环境的公民意识；通过参与社会公益劳动培养他们的奉献精神；在与"非法小广告"的不懈斗争中锻炼学生的耐心与毅力；增强学生的主人翁意识和社会的责任感。

(2)通过调查、实验、对比、实地清除等活动培养学生的合作、交往能力，组织、策划能力，搜集信息处理信息能力，表达能力和运用已有知识经验解决问题的能力。

(3)使学生体会到美化环境需要每个人的努力，并能从现在做起，从自己做起为美化环境做贡献。

三、活动特色

本次系列实践活动综合了自然、数学、品德、劳动、社会等课程的内容，将多学科融合在了一起；整合任课教师、少先队、劲松街道办事处团工委、社区辅导员的指导和组织力量，形成教育合力；从课前的实地调查，到课堂上的实验研究，再到课下的亲自实践，撰写体验日记，在学校的广播、电视中宣传，拓展了学生的活动空间，开发了新的社区教育基地，将课堂教学与社会实践整合在一起。活动包含了调查、实验、搜集信息、处理信息、社会实践、出墙报、写日记、办展览、做广播等丰富多彩的形式，改变了传统的学习方式。

四、教育资源的开发与整合

(1)热点问题、课堂教学、社区教育基地的实践、校内宣传等资源的整合；

(2)参加此次活动的人员有：

活动策划：劲松四小综合实践活动教师：庄重老师

　　　　　劲松街道团工委：张卫红主任

　　　　　劲松四小德育处：罗利君主任

　　　　　"癣克星"的发明人：阎连生经理

活动参与者：劲松四小学生、教师、家长、社区居民

活动报道者：《北京晚报》、《劳动午报》等。

五、活动过程

1. 紧跟热点，构思方案

近些年，非法小广告在我市的大街小巷逐渐泛滥成灾，并有愈演愈烈的趋势。2003年暑期结束后不久，市政府号召全体市民开展了擦亮北京城，清除小广告的环保行动。这是一个非常好的对学生进行环保教育的契机！如果能带领学生、动员社会各界人士共同参与这样的社会公益活动，教育效果肯定要比

在课堂上说那些大道理强多了。可是作为一名普通的科任教师，我们目前还缺乏组织学生参与校外实践活动的各种保障，我们还没有足够的力量独立组织和实施这样大型的社会公益活动。于是我想到了整合其他教育资源，利用其他教育力量。恰巧劲松街道团工委张卫红主任找到学校，她们打算开展一次"小手拉大手美化社区"的活动，主要就是联合学校、家长、社区居民以及小广告清除材料"癣克星"的发明人、晚报媒体等一起清除劲松社区的小广告，而她们的苦衷是拥有可供清除小广告的社区基地而缺少参加的人员。我们的目的是一致的，通过协商，双方(学校与街道办事处)决定共同开展这次活动。学校与社区教育资源的整合，互相弥补了对方的缺憾，从而达到了双赢的目的，这正是我们学区开展"社区服务与社会实践"活动思路优势的良好体现。

2. 开展调查，课堂实验

学生利用假日小队活动的时间对劲松地区小广告张贴的情况进行了实地调查，并在综合实践活动课上进行了汇报。通过调查同学们认为：经过一段时期的治理整顿后，非法小广告泛滥的情况有所改观(我们与城管队员提供的最早期小广告的张贴情况做了对比)，但要彻底杜绝并非是一朝一夕的事。同学们意识到清除小广告是一场艰苦的、长期的"斗争"。面对摆在眼前的数字同学们的反应是惊讶，而更多的同学则是愤怒与指责。在随后的课堂活动中，同学们将清除小广告的最佳方法进行了对比实验，并围绕这一主题开展了研究性学习。在最后的汇报中，大多数学生发现"癣克星"这一专业清除材料的效果是最好的；我们把"癣克星"的发明人也请到了课堂，他就像活的教材一样为同学们树立了学好文化服务于社会的榜样，不少同学纷纷表示长大以后要像他那样做一个热心于社会公益事业的人。

3. 参加实践，服务社区

在一个周六的上午，我校部分师生参加了由北京晚报发起的、劲松街道团工委与学校共同组织的"擦亮北京、擦亮社区"的活动。在此次活动中，劲松街道把劲松西口过街天桥命名为劲松四小的红领巾环保桥，同时这也意味着我校第一个社区教育基地由此诞生。在随后的活动中，广大同学与家长、教师、社区居民一起用"癣克星"把过街天桥擦得干干净净，恢复了它的本来面目，为劲松地区、为首都北京的环境美化贡献了自己的一份力量。

4. 交流反馈，加大宣传

回到学校后，同学们纷纷撰写了体验日记并送交学校的红领巾广播站及校电视台进行播报；各班同学还以此次活动为主线，召开了主题中队会，制作了手抄报、电脑小报、展板等宣传材料。在学校的支持下，全校师生利用校会的时间，集体观看了各班的展板，并做了评比；就这样，新一轮的环保教育活动在我校生机勃勃地开展了起来。

5. 活动延伸，不断深入

在此次活动即将结束的时候，京城各大媒体纷纷报道了在天安门广场以及其他重要公共场所遭到口香糖污迹污染的消息。我校的同学们在教师的指导下又投身到这一问题的调查、实验、研究当中，而学校也正在积极和街道、社区等部门进行联系、策划这一主题的活动，我们的社区服务与社会实践活动将会更加蓬勃地开展下去。

六、活动体会

同学们在此次活动中不仅接受了环保教育，还锻炼了自己的动手操作能力、调查分析的能力、研究性学习的能力，培养了公民意识和主人翁责任感。以前，我很难想象自己这样的一个科任教师能成为这样一次大型活动的策划和实施者，当然，这依赖着方方面面的支持和帮助。在活动中我深深体会到：一个现代教师，特别是综合实践活动教师，不能仅仅发挥自身有限的教育功能。我们周围可以利用的教育资源其实很多，如果把它们利用起来，将是一笔巨大的财富，如果我们不去利用，就是一种严重的浪费。

案例 7-2：寻找春天[①]

(一)活动主题：寻找春天

(二)活动设计

(1)迎春的植物调查(分 4 组)：花、草、树、庄稼；

(2)迎春的动物调查(分 2 组)：野生动物和家禽、家畜；

(3)送春的气候调查：天气与自然；

(4)庆春的节日调查：节气、节日；

(5)颂春的篇章调查：诗、词、歌、画、散文等；

(6)春天的实践：每人播一粒种子、移栽一棵花或栽一棵树。

(三)活动目标

(1)调查春天有哪些花盛开，花的特点、种类、生长等情况，哪一种花最先开放；

(2)春光明媚的季节，走向大自然，开阔视野，增长见识，激发学生热爱大自然的思想感情；

---

① 李森. 综合实践活动课程实施案例. 重庆：西南师范大学出版社，2004.

(3)培养学生收集、处理、运用信息的能力和社会交往能力。

(四)活动过程

1. 开题宣讲

(1)课题组成员

(2)选题理由

(3)成员分工

第一小组：调查草本花

第二小组：调查灌木花

第三小组：调查乔木花

第四小组：关于花的培育和实践

2. 调查过程

迎春花是欢迎春天的花，它是春天最早开放的花吗？

通过调查，了解到春天常开的花有：报春花、君子兰、兰花、郁金香、天竺葵、石竹、马蒂莲、迎春花、牡丹、紫荆、茉莉、月季等。

3. 成果展示

(1)关于草本花的调查

学生进行 CAI 展示，主要介绍了报春花、君子兰、兰花、天竺葵、石竹、马蒂莲、芍药等草本植物的生理特征。

(2)关于灌木花的调查

通过 CAI 课件展示：迎春花、吊钟花、牡丹、杜鹃、海棠、月季、紫荆等。

(3)关于乔木花的调查

杏花、桃花、苹果花、槐花、梨花、枣花、石榴、春梅、山茶花、丁香花、榆叶梅、玉兰花、樱花等。

(4)关于花的培育实践

(5)活动体会

4. 总结

案例 7-3：白色污染的调查研究

一、活动背景及意义

当你完成繁忙的学习、工作后，是否想到环境优美、空气清新的地方，放松心情、享受大自然呢？

然而，呈现在你眼前的又是什么？浑浊的空气，满地狼藉的垃圾，随风乱舞的垃圾袋，散发着腥臭味的泥土……作为一名追求幸福，希望享受生命的世界公民，你是否为这样的地球而感到不安，甚至为此担心。地球只有一个，它是全世界六十亿人民，唯一赖以生存的环境。为此，我们从白色污染的调查研究开始。

二、活动提纲

(1)白色污染的概况

(2)构成污染的物质

(3)白色污染实例

(4)解决白色污染的措施

三、活动内容

第一阶段：

(1)目的(想解决什么问题)：最近白色污染的状况

(2)形式(小组讨论，访问专家，查阅资料，调查，实地测量等)：小组讨论，查阅资料

(3)过程：

A. 教室讨论，分配各组每人任务：二人网络查寻，其余五人查阅资料，记录并整理。

B. 各行其是。

C. 展示个人研究成果：首先从全世界来讲污染状况，再从外国的白色污染及减少污染的方案到我国的情况。得到主要污染物为塑料饭盒，塑料薄膜及包装材料等。这些污染物极难分解。一些高压聚乙烯等需200～400年才能分解。

第二阶段：

(1)目的(想解决什么问题)：白色污染的原因

(2)形式(小组讨论，访问专家，查阅资料，调查，实地测量等)：小组讨论，查阅资料

(3)过程：

A. 分配本组每人任务。

B. 查阅资料后，小组讨论。

C. 白色污染随着社会的进步而产生，必然有利有弊。虽然便捷，但是引起的污染却是社会几百年乃至几万年难以解决的问题。

第三阶段：

(1)目的(想解决什么问题)：在农业上，白色污染所带来的严重问题

(2)形式(小组讨论，访问专家，查阅资料，调查，实地测量等)小组讨论，查阅资料

(3)过程：在我国，农业领域塑料制品广泛。在农村广泛采用的地膜麦田，由于每亩残留地膜碎片6公斤或9公斤，使小麦减产9/100，若继续使用5年地膜，小麦不仅不增产，反而会减产1/4。这些散碎在土地里的地膜难于清除和收集，白色革命成了令世人头痛的白色灾害。

第四阶段：

(1)目的(想解决什么问题)：构成污染的物质

(2)形成(小组讨论、访问专家、查阅资料、调查、实地测量等)：小组讨论，查阅资料

(3)过程：构成污染的物质是塑料。

乙烯塑料中包括聚乙烯、聚氯乙烯，研究这些物质的化学性质(包括优、缺点)，生成方式，及使用方式和范围。

四、活动的心得体会

叶燕强：加强环保宣传，提高公民的环保意识，在社会上形成良好的环保氛围，是解决白色污染及其他各种形式污染的前提。例如，要回收废塑料，就要实行垃圾回收分装制度，把不同类的垃圾放在不同的垃圾桶内，这就需要我们有高度自觉的环保意识。

潘德顺：加强对学生进行环保教育，目的还在于向全社会宣传环保知识，因此建议学校多方面向社会开展公益活动，如在每年4月22日地球日、6月5日世界环境日时，组织学生上街宣传环境保护的重要性等知识，只有全社会都在讲环保，才会从根本上防治白色污染。

符铭：经过查资料和实际调查采访，我感受很多，受益匪浅。保护环境，节约能源是全社会的行为，我们每个人都有责任和义务。同时，我也懂得了：

我们是社会的主人，应该自觉改善地球环境，保护我们的家园从自己做起，从身边一点一滴的小事做起。

吴卓谕：建议大家要响应"地球是我家，环境靠大家"的号召。少用一个塑料袋；少用一个饭盒；少扔一个垃圾……地球会为你而感到骄傲的！

案例7-4：嘉陵江下游观音峡段鱼类资源现状调查

重庆市北碚区王朴中学　陈渝德老师　2010年

一、课题背景及意义

嘉陵江是重庆的重要河流。其生态环境的状态，直接影响重庆的可持续发展。河中鱼类的种类、分布及生长情况，是江河流域的重要生态指标，观音峡到悦来镇河段是鱼类生长发育和繁育后代的重要场所，其中水土镇的回水湾，曾是鱼类重要的产卵区。

现在由于环境恶化，水土镇的回水湾早已不见产卵鱼的踪影。据这里打鱼为生的渔民讲，近些年来，捕捞量急剧下降，他们的收入每况愈下。为此，在相关专业人士的指导下，王朴中学课题组对嘉陵江下游水土河段进行了鱼类资源的调查活动。

二、活动过程

课题组在该河段一家渔民的协助下，在王朴中学生物、科技老师和西南大学、欧盟——中国生物多样性保护项目组的专家指导下，开展了为期一年的鱼类现状调查活动。采用定船（固定1艘渔船）、定点（在该河段选取有代表性的13个捕捞点）的作业方式，除去节假日、禁渔期外，这家渔民共出船138天，下网量为1380网，采集鱼类标本53631尾。对其每天捕获的鱼进行分类、记数，对超过50g的分尾测量其体长和体重，填表作好记载。平日这一工作交由这家渔民具体负责，周末和节假日我们与他们一道完成。对一时难以确定科属的鱼类，用福尔马林溶液（浓度为10%）浸泡保存，请教我校生物老师和鱼类专家，在他们的指导下，参照《中国动物志》《中国鱼类系统检索》和《四川鱼类志》等进行检索、排序、定名。

虽然过程很辛苦、很单调，但同时也很快乐、很丰实。我们完成了一件令人难以置信但很有意义的工作。并形成了有一定学术价值、对政府决策有重要参考价值的论文。

三、调查结果

通过历时一年的调查研究，我们采集到的鱼类多达95种，根据相关文献记载，尚有46种未采集到。在已采集到的95种鱼类中，有48种为中国特有鱼类。对照过去嘉陵江鱼类目录,参照历史资料,发现嘉陵江鱼类个体减小,有些过去的优势种群,极度衰落渐入濒危状态。学生们对产生这种变化的原因,做出了客观分析;对保护嘉陵江鱼类资源,提出了独到的、切实可行的建议。

(一)捕捞量变化分析

从渔民的捕捞总量与过去相比,变化不大。但从捕捞的个体数量上看,却是越来越多,而从个体的质量上看,却是越来越小。这直接导致渔民的收入下降。

(二)从捕捞品种上分析

从捕捞品种上看,现在增加了外来物种,新增鱼类共 1 目 2 科 3 种(鲟形目;鲟科、丽鱼科;小眼薄鳅、罗非鱼、俄罗斯鲟);这些新增鱼类对生态环境的影响,有待进一步研究。

嘉陵江是我们的母亲河。对于如何解决好鱼类资源保护与利用的矛盾,建立可持续发展的生态型河流,在师生们的共同探讨下提出如下建议:

1. 建立由渔民管理渔民的模式

我们发现嘉陵江水土段渔民的捕捞作业各自为政,对使用什么捕鱼工具,采用何种方式,捕鱼时间地点等缺乏有效的组织,对那些极端粗暴的捕捞行为和外来渔船的盗鱼行为等,缺乏有效的管理。如果把该河段的渔民组织起来,成立一个渔民捕鱼的专业协会,建立由渔民管理渔民的模式,并且参与到该河段鱼类资源多样性的保护工作中去,必将对偶发性、隐蔽性强的粗放型、掠夺式的捕鱼行为起到遏制作用,对改善该河段的水域环境,提高该河段鱼类资源的品质,起到积极的作用。

2. 加强执法管理力度

渔政部门、环保部门以及当地的政府,应加强管理力度,严格执法,对违反《水产资源管理条例》《中华人民共和国渔业法》和《中华人民共和国环境保护法》的行为,对用极端方法捕鱼,禁渔期捕鱼,在河道乱采砂石,以及乱扔垃圾等行为进行严厉处罚。相关部门制定相应的奖惩制度,对检举有功者进行保护和重奖。这对于恢复该河段鱼类资源和水域生态环境有至关重要的作用。

3. 禁渔期给渔民发放生活补贴

蒋国福等人在 2003 年《嘉陵江下游鱼类资源现状调查》一文中建议禁渔期应修订为从 3 月 1 日至 5 月 30 日。我们建议禁渔期应修订为从 2 月下旬至 6 月中旬。禁渔期延长一个月,保证各类亲鱼有充裕的繁育时间、幼鱼有充分的生长时间,对快速恢复嘉陵江下游的鱼类资源有着不可低估的作用。在禁渔期间，建议给渔民发放适当的生活补贴，使渔民在禁渔期生活无忧。

四、活动体会

王朴中学是北碚区的一个普通中学，但是学校十分重视学生创新精神和实践能力的培养，有一支素质过硬的科技辅导教师队伍，他们利用课外时间和节假日，默默无闻、无私奉献带领学生搞科研，开展综合实践活动，努力提高青少年的综合素质，使学生学到了教科书上没有的知识和技能。

活动中展示了社区服务与社会实践活动的社会影响力。为什么要设立禁渔期？禁渔期为什么不能捕鱼？其实渔民也知道，但为了追求经济利益，偷着捕捞的情况时有发生。亲历这次活动，学生不仅学到了知识，懂得了相关法规，并且还利用他们的智慧，正面导向这段河上的渔民。比如，课题组的刘媛媛同学的父亲就是那里的渔民，在她的要求下，她的父亲在禁渔期不再下河打鱼了，这样的宣传效果，比起渔政执法更好一些。同时她也因为这一探究活动获得了少年科学院"小院士"的入选答辩提名。学生的创新和实践能力得到了肯定。

复习与思考

1. 主动参与社区志愿服务和社会实践活动。

2. 请为你所在的学校和地区，设计一个具体的社区服务和社会实践活动方案。

3. 读下列的案例和材料回答问题。

案例：美国的高中生获得毕业证书，除了学分、成绩等要求外，还要求无偿地为社会服务数十个小时。美国是一个崇尚个人主义的国家，但美国社会又特别重视个人为社区作出的无偿贡献。社会上有很多组织和基金会为申请大学的高中生提供各种各样在社区服务上有突出贡献的奖学金。

问题：你认为这是否矛盾？如果你是那里的高中生，你准备进行哪些社会服务？试试了解美国为高中生提供的社区服务有哪些？

推荐阅读

1. 李森. 综合实践活动课程实施案例. 重庆：西南师范大学出版社，2005.

2. 郭元祥，沈旎. 小学综合实践活动. 上海：华东师范大学出版社，2008.

3. 钟启泉，安桂清. 研究性学习理论基础. 上海：上海教育出版社，2003.

4. 崔允漷．综合实践活动案例专家点评：小学卷．沈阳：辽海出版社，2003.

5. 柏云霞，陈旭远，熊梅．小学综合实践活动指导．长春：东北师范大学出版社，2003.

6. 李臣之．综合实践活动课程开发．北京：人民教育出版社，2003.

7. 郭元祥．综合实践活动：设计与实施．北京：首都师范大学出版社，2001.

第八章　小学综合实践活动领域(三)
——劳动与技术教育

本章重点
- 劳动与技术教育的性质、特征和课程理念
- 小学阶段劳动与技术教育、信息技术教育的课程目标、内容、设计方法和实施步骤
- 小学阶段劳动与技术教育的教学设计与案例

第一节　劳动与技术教育概述

劳动技术(工具)是人类走出动物界的关键,是人类创造本质的发端。它作为第一生产力,也是推动社会文明、进步的火车头。教育的本质功能在于传承人类文化(包括技术文化),开发人的创造潜能。

一、劳动与技术教育的性质

(一)概念

劳动与技术教育是以学生获得积极的劳动体验,形成良好技术素养为基本目标,以操作性学习为基本特征的教育。

劳动与技术教育是一个综合性强,与学生生活实际和当地的生产实际、社会实际联系紧密,且以实践为主体的基础性学习领域。

劳动与技术教育的内容呈现出一种动态的和结构性的发展和变化,与此同时也形成了课程内容上的选择性。在劳动与技术教育中,劳动教育是我国基础教育的优秀传统,是素质教育中一个极其重要的方面,对培养学生劳动观念、磨炼意志品质、树立艰苦创业的精神以及促进学生多方面的发展具有重要作用。在加强劳动教育、注重劳动教育的多学科渗透和多渠道实施的同时,加强劳动与技术、家政、职业了解之间的有机联系和有序整合,是时代发展的需要,也是深入进行课程改革、促进学生健康成长和终身发展的需要。

总之，劳动与技术教育是以学生获得积极的劳动体验，形成良好技术素养为基本目标，以操作性学习为基本特征的教育。劳动与技术教育是跨学科的学习领域，一般以当地的经济、社会和技术环境为背景，在现实生活中选择那些对学生发展有益，对未来生活有用、与科技发展有关的内容，综合运用已有的语文、数学、科学、社会、艺术等学科的基本知识，同时融合经济、环境、法律、伦理、心理与健康等方面的教育视野，以学生的亲历实践、手脑并用为特征，设计和实施劳动与技术教育活动。

劳动与技术教育强调学生动手与动脑结合，并倡导以活动项目为载体从事学习活动。该领域要加强信息技术教育，培养学生具有利用信息技术的意识和能力。要使学生了解必要的通用技术和职业分工，形成初步的技术意识和技术实践能力。

对学生开展劳动与技术教育，是现代社会生产和生活方式变革的客观要求。劳动与技术教育要与一般的工农业生产和社会生活相联系，综合运用所学知识和能力，通过操作一定的设备和工具，发展劳动技能，掌握一般的现代技术，它包括劳动实践、技术实践学习(包括信息技术的学习和运用)等方面。

(二)"劳动技术"和劳动与技术教育

劳动技术课是以前就有的，在 20 世纪 80 年代初开始纳入我国基础教育领域，小学劳动课、中学劳动技术课，以学科课程的身份出现在基础教育的课程结构之中，被赋予"向学生有计划地进行劳动技术教育的重要(主要)途径"的历史重任。劳技课经历了启动、发展、退坡和萎缩的过程。其中最重要、最深层的原因是应试教育体制。"德育空对空，智育死用功，体育抓得松，美育列(课)表中，劳技学'雷锋'"，就是对"五育并举"现状的写照。

此次课程改革将劳动技术课纳入综合实践活动中，从小学三年级起开设劳动与技术教育。表面上似乎没有多大变化，但实际上"劳动与技术"和"劳动技术"这两个名词所表达的重点有较大不同。

1. 两者的强调和侧重不同

"劳动技术"既可以是并列式也可以是偏正式，但在实际应用中主要用作偏正式，即理解为"劳动方面的技术"。而"劳动与技术"这个词很明显是并列结构，充分表明了"劳动的过程"与"技术的获得"是同样重要的，而且正因为二者的结合，使其从整体上成为了综合课程的一部分，呈现出综合型的课程形态，这与以前的分科课程"劳动技术"也是不同的。

当然，他们之间有联系。直接从名称上就可以看出来，都与劳动与技术有关，意味着都主张学生参加劳动并获得一定的技能。

正确理解"劳动与技术"教育课程与"劳动技术"课之间的关系，有助于正确认识和有效实施作为我国基础教育优秀传统的劳动教育与日益为世人青睐的技术教育。

2. 如何把握二者的关系

(1)在开展劳动与技术教育活动时，避免只劳动不学技术、只重劳动对人的改造作用而忽视它的育人价值。应注重在劳动教育中为学生提供各种情感体验的机会，促进学生树立正确的劳动观念、劳动态度和勤于劳动的习惯。

(2)增强劳动过程中的技术含量。

使将成为未来社会的劳动者的学生能掌握基本的劳动技能，广泛接触简易的技术设计、技术产品说明书、技术产品等。

(3)与传统意义上的"职业技术"教育和教研部门的专业技术教育要区别开来。

小学生在劳动与技术教研中学到的是最基本的技术，是为更职业化或专业化的技术教育打基础，所以要求不应过高。

改革开放之前，由于闭关锁国，中国与发达国家相比，在经济上至少落后50～100年，即使现在也要落后几十年。那么在文化教育上当然也要"后知后觉"。日本和德国在第二次世界大战后经济十分衰败的情形下却能迅速崛起，人们在惊异之余开始思索其中的缘由，结果不约而同地发现了教育的支持；在教育的支持中进一步又发现：原来与职业教育结合最为紧密的技术教育已经渗透了他们的基础教育(日本甚至早就提出"技术立国"的战略方针)。当时的两个超级大国美国和苏联的教育更是引人注目，他们的教育改革在相当长的时间内，始终是此起彼伏轮番走在世界的前列。从劳动技术教育来讲，苏联从20世纪20年代开始基础教育中就始终开设以综合技术为核心的劳动课程，并在20世纪中叶形成了以有着精湛木工手艺的农民父亲的大教育家苏霍姆林斯基学说为代表的卓有成效的劳动教育理论，而美国一直注重实用的教育传统则给技术教育的多样化发展提供了肥沃的土壤。

在我国，有相当长一段时间错误地认为只有社会主义才谈教育与生产劳动相结合，而资本主义不谈两者的结合。

(三)国内外劳技教育课程发展概况

许多国家都非常重视基础教育中的劳技教育，这些国家中的大多数还及时调整劳技教育课程的目标、内容、实施与评价，目的是使其随着现代社会科学、技术、经济与生活的不断发展变化而及时发展变化。国际上中小学劳技教育课程发展的总趋势是：课程目标向以基本技术教育为主线转移，课程内容提高现代科学技术含量,很多国家已把信息技术作为劳技课程的必学项目;教学过程中注重培养学生的设计能力、创新意识和技术实践能力。例如:

英国:从 1990 年开始,从小学一年级至初中开设"设计与技术"必修课;

法国:从 1985 年开始在中小学开设"科学与技术"必修课;

俄罗斯:在苏联解体后从小学起至中学开设"工艺"必修课,1999 年开始,在教学计划中又增加了"劳动培训"和"制图课"。

我国香港地区:在基础教育课程改革中,也已把"技术"纳入中小学的主要学习范畴。

(四)劳动与技术教育课程发展的现实需要

1. 社会发展需要

联合国教科文组织教育丛书《从现在到 2000 年教育内容发展的全球展望》中指出:未来社会人口增长、科技飞速发展并日益深入到个人和社会生活的各个领域,现代经济发展和社会进步都要求教育与生产劳动更紧密地结合起来;终身教育时代的学习期与劳动期将更经常地同时交替进行:几乎所有国家都开始将技术和生产劳动结合进整个校内外活动之中,并成为课程整体设计中的内容。

另外,终身教育时代已经到来。终生发展需要的能力是多方面的,包括学习能力、职业能力、生存能力、实践能力和创新能力等。21 世纪的文盲已不再是目不识丁的人,而是不会使用计算机、不懂技术、跟不上科学飞速发展和技术不断更新的人。由于以上发展和变化,作为基础教育的基础内容也应有所发展和变化。因此,包含技术、劳动和多方面综合科学知识在内,以培养学生态度和技能为主,可以有效培养学生技术创新意识和创造性动手实践能力的劳动技术教育课程,是社会发展需要的课程。

2. 学生发展需要

现代社会在信息传递、知识增长、技术创新、经济发展、职业流动等方面的变化速度越来越快。这些变化使学生将来的求职、生存和发展也将发生相应的变化,即学生的发展需要具有择业、竞争、创业和应变的意识与能力,要具有适应社会快速变化的足够的生存能力。

在学生亲身参与的与社会一般职业密切联系的劳动实践中,可使他们每一个人都能找到适合自己天资和才能发挥的劳动项目及职业种类,从而从小培养他们的职业兴趣、职业道德、敬业精神和个性特长。这些兴趣、特长和精神有助于他们将来的择业和创业。

另外,根据现代脑科学的有关研究成果,劳技教育课程与人脑功能开发也存在着密切关系。人的双手是"脑的器官",手的操作要在脑的指挥下进行。少年儿童在生长发育期间,动手操作是其思维和感知觉形式的主要来源之一。用手操作的技术性劳动,可促使他们变得注意力集中、反应机敏、记忆增强和思维精确。多方面的研究已证明,少年儿童在物化自己劳动产品的精细操作中,有利于其抽象思维与形象思维的灵活而有机的结合,能够促进其创造性思维和创新能力的形成与发展,因而能有效地锻炼、提高和开发脑功能。由此可见,中小学开设劳技教育课程是学生发展的需要。

3. 知识发展需要

知识和技术的重要作用与地位,随着生产发展和技术水平的提高日益显现出来。知识经济时代的知识已经突破认识和经验的范畴,进入实践和创造的领域。知识不仅是人类认识世界的过程和结晶,更是从事实践与创造的思想、工具与手段。知识的内涵已包含人类对客观世界的全面反映。正是从这种意义上,西方学者提出了对知识"再概化"的观点和知识走向"世俗化"的理念。

以发达国家为主要成员国的国际经济合作与发展组织,已把人类迄今创造的所有知识分为四大类,即:事实知识、原理知识、技术知识、人力知识。上述前两类知识一般通过学习、传授就可以获得。而后两类则属于隐含性经验知识,蕴含着操作与管理的知识与能力,而且更强调其中的能力部分。它们需要在劳动实践中通过个体思维、行动、综合体验和内化才能真正获得。

随着知识的这种发展趋势,学生"学习最有用知识"的学校课程,自然也要随之变革和调整。只有这样,才能使课程内容跟上知识的发展,使学校课程跟上时代的发展,使课程加速对教育和学习进程进行改造;最终目的是培养出知识结构和人才素质结构都符合未来社会发展需要的创新型人才。

劳动技术教育课程使中小学课程体系增加了实践环节,把劳动、技术和文化有机结合起来,打破了以书本知识为中心的学术理性课程体系;有利于培养学生获得上述第三类、第四类难以在书本文化课中获得的知识,还可促使学生在现实生活世界去理解、探究、创造和发展知识,显然,开设劳技教育课程,是知识发展的需要。

二、劳动与技术教育的特征和课程理念

劳动与技术教育的课程实施和开发中,应把握并遵循以下特征和基本理念:

(一)注重在动手与动脑的紧密结合中促进学生技术素养的形成,即在操作活动中进行技术探究和技术学习

劳动与技术教育以学生的操作性学习为主要特征,也就是我们常说的"做中学"和"学中做"。但劳动与技术教育的主旨并不仅仅停留在一般的"操作"层面,它强调学生通过人与物的作用、人与人的互动来从事操作性学习,强调学生技术操作过程中技术意识的形成、技术思维的培养、技术能力与态度等方面的发展,强调规范操作与技术创新意识的统一。学生的操作学习过程是富有生机、充满探究的学习过程,是手脑并用的过程。

(二)以项目为载体组织劳动与技术教育活动

小学3～6年级学生的思维活动以形象思维为主。顺应这一年龄阶段学生的生理和心理特征,提倡用可感而形象的技术作品来引导、组织学生的劳动与技术学习活动。技术作品的表现形式多种多样,可以是一个模型、一件工艺品,也可以是一盘菜、一个生长着的作物等。通过作品的制作,学生可以获得材料认识、工具运用、操作程序、技术要领等方面的知识和技能,还可以通过作品引导学生的设计、评价以及作品宣传等活动。

(三)立足学生所处的现实世界,逐步增加劳动与技术教育中的技术含量

注重教育内容的生活取向,选择那些对学生发展有意义、对未来生活有用、与科技发展趋势有关的内容,作为核心组织来设计活动。同时劳动与技术教育既要符合学生的认知发展规律,又要反映技术发展的内在机理,还要体现一定的时代特征。小学3～6年级劳动与技术教育,在强调学生劳动观念和劳动习惯形成的同时,应注重通过具有一定技术含量的教育内容的学习,对学生进行技术启蒙。应根据学生的不同年龄阶段特点,逐步增加劳动与技术教育中的技术含量,充实具有现代意义的教育内容,以增强劳动与技术教育的现代性和对学生的吸引力。

当然还要注意体现农村和城市的不同特点,体现多样性和选择性。农村有农村的特色,要充分利用农村在劳动与技术教育中培养学生的创新精神和实践能力的优势。

(1)农村有多种多样的创新教育基地。如家庭养殖场、种植田、果树园。

(2)农村有种类繁多的创新教育材料。如鱼、鸡、猪等;塑料日光温室、农用机械;野生的山菜、栽培的蘑菇;花草、药材等。

(3)农村有丰富多彩的创新教育活动。如参加田间管理,维修使用农业机械,去市场出售自家产品等。

(4)农村还有频繁的创新教育实践活动机会。绝大多数的农村中小学生,

课余时间、节假日在家要参加一定力所能及的生产劳动；这些劳动实践为提高劳技教学质量，搞好创新教育，创造了良好的条件，教育教学中可恰当运用。

(5)有许多技术人才。农村有许多在某一方面是行家里手的技术人才。在劳技教学和创新教育中，他们可以成为教师的益友，学生的良师。

(四)拓展学生的劳动与技术学习经历，追求工具价值与发展价值的统一

通过劳动与技术教育内涵的深化和外延的拓展来丰富学生的学习内容和改变传统的学习方式，实现劳动与技术教育工具价值与发展价值的统一。如工艺制作的学习对象应从单纯的作品制作向作品设计、作品评价两方面拓展，农业技术的学习对象应从单纯的作物栽培和动物饲养向品种改良、产品贮存与加工、市场营销等方面拓展。这样，既能顺应社会主义市场经济的发展需要，又能拓展学生的劳动与技术学习经历，发展学生的共通能力。

(五)可感的操作对象和多学科的视野

劳动与技术学习的过程伴有与工具、与材料、与物体的接触过程，同时综合运用各学科的基本知识，融合心理、伦理、法律等教育视野，从而加深对材料、工具、物体和技术过程的认识和理解，加深价值观、审美观、道德观等正确的认识。

(六)强调开放的学习领域

主要包括劳动、技术、家政、职业指导等学习领域。

三、小学阶段劳动与技术教育、信息技术教育的课程目标

小学阶段该领域总的目标：通过常用工具使用的学习，培养学生学习技术的兴趣，为继续学习技术知识和技能打下良好的基础。应以学会基本工具使用方法，认识常见材料，初步了解生产工艺与农艺，学习生活服务技能，以及了解实际生产为主要教学内容，使学生掌握一定的劳动技能和生活技能，从而达到养成学生的劳动观点和良好的劳动者的个性心理品质，激发学生的创新意识的目的。

(1)了解劳动世界，理解劳动的意义，形成正确的劳动观点和热爱劳动的思想感情。

(2)注重生活中的技能学习，学会生活自理，形成积极的生活态度。

(3)积极参与技术实践，掌握基本的技术知识与技能。

(4)激发技术学习兴趣，初步形成从事简单技术活动和进行简单技术学习的基本能力。

(5)关注职业领域，增进职业了解，形成初步的职业认识。

四、劳动与技术教育、信息技术教育的基本内容

(一)内容的结构和范围

小学 3～6 年级劳动与技术教育内容主要包括劳动实践、技术实践、家政实践、职业了解四大方面。

由于各地学校的差异太大,因此劳动与技术教育的内容包括基础性内容和拓展性内容。基础性内容是学生进行劳动与技术教育的基础,是许多学校都能够开展和实施的必修内容。拓展性内容在广度和深度上均有一定的发展,同时对实施条件也有相对较高的要求,因此是部分地区、学校和学生在实现基本目标的基础上达到较高要求而提供的选择性内容。

(二)基本内容与目标要求

1. 技术实践

(1)通过调查、比较、试验等活动,认识各种常用材料及其不同用途,体会材料世界对技术、对人类的意义。

收集和观察生活中的自然材料,讨论和分析材料的特性,能用不同的标准对材料进行分类。

学会正确处理一些日常生活中的废旧材料。

知道纸质类、木质类、金属类、塑料类等材料中一些常见易加工材料的性状和用途,会使用一些黏合材料和连接材料进行部件连接。

能够根据材料的用途和性能价格比,进行材料的比较和选择。

(2)通过测量、绘图、材料加工等活动,学习使用一些常用工具。

知道常见的简单工具的名称及用途,会根据不同的材料、不同的目的选择工具,会使用一些常用量具。

会使用常见的农用工具,能识别常见农用机械。

会使用一些常用工具对纸质类、塑料类易加工材料进行画线、折叠、剪切、挖孔,或对易加工木质材料进行打孔、锯割、整形和磨光,或对金属丝、金属薄片等易加工金属材料进行展直、剪切、弯折等。

(3)认识一些简单图样,并用图样进行简单的作品设计,发展想象力和创造力。

能看懂加工图样中的剪切线、折叠线、粘贴面等符号,能理解简单的外观图、实物图、操作示意图,会看简单实物图。

能在教师指导下确定设计与制作的作品主题,并通过合理的构想进行作品结构及其制作过程的具体设计。

能用草图或语言来表现作品的构造、制作过程和设计思路，能在讨论的基础上改进设计思路、制作计划。

（4）进行简易作品的制作，并作必要调试，培养严谨、负责的科学态度。

能根据说明书进行简单玩具的拼装与制作，或根据制作要求和操作示意图进行纸、木模型的制作。

能根据自己的设计计划选择材料和工具，制作成作品，必要时进行相应的调试。

能利用当地的自然材料设计并制作工艺品、旅游工艺品，收集并利用生活中的废旧材料进行工艺品的安全制作。

能根据制作要求和操作示意图进行简单机械模型、橡皮筋动力模型的制作与调试。

（5）通过观赏、讨论、测试等活动，对作品进行简单评价，形成初步的技术作品鉴赏能力。

就作品设计与制作中的合理性、独特性和创造性作出简单评价。

能对作品的制作过程、工作环境作出简单评估。

就作品经济、质量、环保、审美、安全、耐用等方面作出简单评价。

能设计和制作简单的作品说明书和宣传材料

（6）通过简单的纸塑、手缝、泥塑等作品的设计、制作及评价活动，了解简易手工制作的一般过程，掌握相应的制作方法，体验劳动的可贵和创造的愉悦。

知道纸塑作品的基本材料和日常应用，掌握刻纸、剪纸的基本方法，能设计和制作几种纸质工艺品和纸塑作品，并作出评价与说明。

能使用一些常用针法缝制简单的布艺品，能设计和制作手缝工艺品，并作出评价与说明。

知道泥塑工艺基本材料的特性以及基本工具的使用方法，掌握一些泥塑加工的基本技法，能设计和制作简单的泥塑工艺品，并作出评价与说明。

（7）通过种植、饲养及农副产品的市场调查等活动，学会简单种植、饲养的一般方法，了解农副产品的一般生产和销售过程，获得积极的劳动与技术的感受。

种植1～2种常见作物、果树、花卉，记录生长和栽培过程，知道栽培作物的水、土、光、肥的一般管理方法；学习1～2种作物、果树、花卉的繁殖方法，进行一项改良作物、果树、花卉品种的小实验。

饲养1～2种常见小动物，记录饲养和生长过程，知道养殖动物的饲料配制及管理要求,对所饲养的小动物进行简单的训练试验,了解训练方法。

了解 1～2 种农副产品的一般生产、储藏、保鲜和销售过程。

了解一些现代农业技术(生物治虫、无土栽培、节水灌溉、人工温室等)。

2. 家政实践

(1)学习简单菜肴制作,并作简单评价,体验生活学习所带来的快乐。

能说出常见食品的种类,能分辨食物的生熟和鉴别变质食品。

在家长的指导下,亲身经历买菜(采菜)、摘菜、洗菜的过程,学习使用常用炊具做简单的饭菜。

能制作 2～3 道简单的菜肴,并作简单的评价。

(2)了解物品洗涤的基本常识,学会清洗衣物器皿,形成良好的习惯。

能使用常用洗涤用品进行一些器具和小物件的清洗,并注意洗涤安全。能辨认常见纺织品的标识,能在家长指导下进行一般衣物的洗涤、晾晒和折叠。具有水资源保护的意识,形成节约用水的良好习惯。

(3)学会使用家用电器,增强安全意识。

了解安全用电的基本常识,养成节约用电的习惯。

会阅读简单的家用电器说明书,掌握录音机、洗衣机、电冰箱、空调等家用电器的一般使用方法。

(4)通过调查、讨论、购物等活动,形成初步的消费与理财意识

初步认识货币的意义,学会管理和合理使用零花钱。

参与家庭的购物活动,懂得"货比三家"。

了解家庭的收支项目,形成初步的消费与理财意识。

3. 职业了解

(1)通过参观访问、查阅资料等活动,初步了解职业。

关心日常生活中成人的职业角色,能说出职业的简单分类,能识别一些不同的工作岗位,了解其工作流程。

知道职业与技术、与社会、与人的成长发展的联系。

(2)通过讨论和思考等活动,产生初步的职业意识和创业意识。

知道学业与职业的联系。

能说出 1～2 个创业案例,萌发初步的创业意识。

(三)活动设计及其组织

(1)作为综合实践活动中的一个指定领域,劳动与技术教育的实施以学生参与典型经历活动为主要形式。

(2)活动设计时要从小学生的特点出发,注意激发学生的技术学习兴趣。

在保证劳动与技术的基本知识、基本技能、基本态度的教育目标实现的基础上，提供更多自主探索的机会。同时，要把积极的劳动与技术态度和正确的劳动与技术价值观的形成渗透到整个活动中去。

（3）活动设计时需要注意正确处理教师指导和学生学习之间的关系，正确处理学生的基础理论学习与实际操作的关系，正确处理操作过程中的规范意识和创新意识的关系。

（4）活动设计时要注意活动类型的选择。劳动与技术教育的活动类型主要有：手工制作、模型装配、作品评价、产品推介；信息搜集、实地考察、参观访问、讨论与辩论、见习与模拟；技术设计、技术试验、技术幻想、技术作品鉴赏等。

（5）可以采用集中课时或分散课时，以及课内与课外相结合的方式安排劳动与技术教育活动。

（6）注意劳动与技术活动的整体规划。可以以一节课为时间单位来安排，也可以几节课、甚至更多节课来安排一个活动单元。

（7）提倡因地制宜，师生共同收集和利用当地一些材料，自行制作教具、学具。

（8）基地和设备的建设——劳动与技术教育的专用教室或场所。

（9）教育资源的利用与开发。

①学校是公共教育的主要机构，蕴藏着丰富的劳动与技术教育资源。如可能拥有的工厂、农场、田地，是得天独厚的劳动与技术教育场所，应当有效规划和利用；学校的树木花草、建筑、橱窗以及教室的墙面、园地等的布置与维护，可以使学生获得劳动与技术教育的体验；此外，学校日常生活中的清洁卫生工作，教学教具的收拾和整理，课桌椅的修理都是实施劳动与技术教育的有益资源。

②家庭是学生生活的主要场所。在小学生的自我服务劳动、家务劳动、家政常识以及最初的职业了解等方面的学习中，家庭具有重要的使命。家庭生活中的洗涤、整理、小物品采购等都是富有劳动与技术教育意义的活动，老师和家长注意有意识地引导孩子认真地参与，并使孩子逐步养成良好的习惯；家庭生活中发生的管道泄漏、器具损坏、家禽家畜栏破损等现象，也是实施劳动与技术教育的良好时机。

③社区是学生赖以生存的环境，是促进学生社会化的重要场所。当地社区所拥有的科技文化场馆、企事业单位、政府机构、社区组织、知名人士、名胜古迹、广播电视网络等都是劳动与技术教育的资源。在农村，果园、农场、花

木基地等都是天然的劳动与技术教育资源,其教育价值应当得到充分挖掘;在城市,科研机构、高校、大中型企业的技术人员及先进设备更是劳动与技术教育的一支力量,应当通过多方面的工作和丰富多彩的活动使其劳动与技术教育的潜在功能得到充分发挥。

第二节 劳动与技术教育教学设计与案例

案例 8-1:风筝的制作

一、活动背景及意义

风筝又叫纸鸢,是我国传统民间手工艺品,也是我国古老民间玩具,已有两千多年的历史。风筝不仅本身是一种很好的装饰品,而且放风筝也是一项很有趣的活动,所以受到人民的喜爱。

学生制作和放飞风筝,是有利于学生身心发展的春季户外体育活动,也是一项运用数学、物理、美工等知识进行动手、动脑的科技活动。学生通过研究风筝,了解风筝的放飞原理、风筝的制作的一般程序、了解风筝的种类,在此基础上再让学生设计风筝、制作风筝、并完成制作新风筝的基本任务。

本课是以制作风筝为主线,在手工技能上让学生学会画线、折叠、定位,学会扎线、剪纸、粘贴等基本操作技能;培养学生自主合作、积极探索的学习态度。学生在设计风筝、制作风筝、放风筝的过程中获得相应的情感体验,感受到自我劳动带给生活的美好、快乐、情趣。

二、教学目标

(1)使学生了解风筝悠久的历史及这一民间手工艺品演变过程。

(2)使学生了解风筝的放飞原理和风筝制作的一般程序。

(3)学生能基本学会定骨架、扎线、粘纸等基本操作技能。

(4)学生在与同伴一起合作的过程中,能相互帮助,体会合作的重要性。

(5)开展风筝放飞活动,使学生体验劳动的喜悦,感受到劳动是一种创造。

三、教学重点、难点

本课的重点:风筝的制作

本课的难点:风筝骨架的扎系、线的定位

四、教学设计

(1)引发动机、激发兴趣,收集资料。

收集风筝的历史,风筝的发展变化等信息,展示和交流有关风筝的资料和图片。

(2)放飞已经做好的风筝，并开展竞赛。

(3)认识一个风筝。

①你们在玩时发现风筝有什么特点？引导学生观察(形状多样、风筝对称等)

②提出任务：制作一个风筝。

③提出要求：两人或者三人组成小组合作做风筝。

材料：配套风筝材料。如果有小组能够自己制作风筝，材料自带。

④学生制作风筝，教师巡回指导。

⑤各组把做完的风筝进行试飞，试飞成功的教师给以奖励。试飞成功的可以当小老师帮助其他同学。失败的原因找不出的请求老师的帮助。(重心不对、风筝纸捅破、尾巴太轻、尾巴太重。线角度不符合要求。)

⑥学生一边调试一边修改。各组分别汇报试飞结果。

新课程要求劳动技术课人人动手，个个参与。尽可能多地给学生以开放时空来自主地展现才能。在教学中充分信任并放手让学生去做，使其在反复训练中，甚至经历失败的教训后，真正体会到成功的喜悦。

⑦教师小结，归纳建议。

风筝骨架要对称、风筝面料应完整粘牢、要找准重心。

(4)课堂综评，抛砖引玉。

风筝作品在不断创新，具有鲜明的时代特色。风筝品种繁多，你能设计出与众不同的风筝吗？

五、反思与评析

(1)借助生活经验，培养创新能力。一切科学知识都来自生活，受生活的启迪。本课教学的内容是学生共同确定的课题，与学生的实际生活密切结合，充分考虑学生的年龄特点及生活空间，内容"近、小、实"，学生明确了选题后，各小组展示了风筝制作的原材料，风筝的种类，并通过现场了解风筝的放飞原理，生动地介绍了他们的研究成果。同时还现场帮助其他组的同学制作风筝。这样的设计，不仅生动活泼，还充分体现了劳动与技术教育的学科特点，突出了技术含量。另外，与学生生活有着密切联系的内容，在一定程度上影响着学习的效果。在风筝的制作过程中，学生能联系自己的生活经验多角度地考虑：我要制作出哪一种类的风筝？我要如何设计出现实生活中还没有出现过的风筝……这样形成解决问题的基本策略，不能不说是一种创新，是学生具有良好技术意识的体现。整节课学生的学习情绪高涨，让他们在实际生活中尝试到学习的乐趣。

(2)改变传统的教学模式和课堂结构,充分发挥学生的主体性,让课堂活起来。劳技课的一大特点就是精讲多练,学生在课堂上动手练习的机会很多。在传统的教学模式中教师先讲,学生再跟着做,学生只是单纯的模仿,这只是低级劳动。记得赛格纳斯曾经说过"避免愚蠢和枯燥的劳作和没有意义的不需要思想的劳作",我很赞同他的观点,在劳技课上学生的劳动是有思想的,有创造性的劳动。这就需要提供充分的自由空间让他们来思考、来发挥。摆脱了手把手的教学方式,让学生充分的玩风筝、看风筝、想风筝、研究风筝、制作风筝,让他们在实践中积累经验,通过实践改进自己想法欠缺的地方;此时学生成功了,那不是老师教的,而是通过他们自己的脑力劳动获得的,那一份成功的喜悦和在老师那儿拷贝到知识的感觉真的不一样。通过这次活动,学生确实感受到自己是学习的主人,课堂气氛活了起来,学生学的愉快,收获也很多。

(3)反思整个活动,还存在不少问题。

①如何使活动真正贴近学生的生活。活动中学生获得的资料更多是关于风筝的历史等网络资料,而生成性的、生活化的资料较少。

②如何在活动中引导学生作好反思。学生只有学会反思、自觉反思,随时调整小组计划,才能使活动开展得有声有色。所以,教师如何采取相应的策略来调控并引导学生的反思就至关重要。

③如何使评价达到内化。

案例 8-2：手工剪纸活动

一、活动目的

(1)通过对剪纸艺术的研究,使学生了解并掌握剪纸的有关知识和技能,获得亲身参与实践的积极体验。加深对中华传统文化的了解,知道传统文化的博大精深。增强对身边生活和社会的了解。

(2)增强小学生对民间剪纸艺术的热爱,培养小学生对手工剪纸活动的兴趣。

(3)引导小学生尝试学会对折技能的同时,按轮廓线剪纸,保持边缘光滑、不毛躁,学习剪曲直线相结合的作品。

(4)引导小学生初步学会看剪纸示意图,初步学习自画剪纸样稿。

二、活动时间

每周星期二下午第二节课后

三、活动步骤

(一)宣传发动,激发兴趣

教师布置"剪纸知识介绍"和剪纸作品,学生参观。激发出学生研究剪纸艺术的浓厚兴趣。

(二)学习剪纸方法并尝试各类剪纸形式

(1)想一想 做一做。Flash欣赏,教师演示剪纸制作方法,了解剪纸基本装饰纹样的变化,师生共同探讨剪纸的方法步骤。

(2)实践创作。学生进行实践创作,教师巡视指导,适时点拨并播放剪纸图片。重点帮助学生了解并掌握剪制方法。难点是剪纸形象的构思设计。

(3)找一找。走进社区,寻找剪纸高手和艺人,了解他们的生活和学习情况。

(4)议一议。生活中有哪些废旧材料可以进行剪纸创作。

(三)总结提高阶段

(1)参观展览,交流分享。

①学生以展版的形式展示自己的手工剪纸作品,布置"剪纸艺术展"。

②学生参观"剪纸艺术展"。相互交流资料的内容、来源,介绍作品的意境和制作过程,畅谈研究实践中的感受、体会。

③参观后,学生认真反思,谈学习收获及困惑,对他人的作品提出建议。学生通过交流、研讨与同学们分享成果,这是研究性学习不可缺少的一个环节,学生在参观和交流中,培养了合作、交流、分享的良好态度和能力。

(2)拓宽延伸,畅谈设想。

①为了让更多的人来了解手工剪纸,欣赏剪纸作品,分享大家的研究成果,我们的"剪纸艺术展"可以面向学校其他班级,面向社会开放。(学生畅谈设想)

②同学们可以分工合作,积极筹备,使"剪纸艺术展"获得圆满成功。激发学生勇于创新的热情,促使学生进一步参与社会实践,学生的综合实践能力可以得到更大的提高。

四、内容安排

十月份:

(1)制订活动方案和计划。

(2)了解剪纸的发展历史。

十一至十二月份：

(1)掌握手工剪纸的一般方法与技巧，学会欣赏剪纸作品的一般方法。

(2)传授剪纸的基础知识，如剪子的使用，阴刻(剪)，阳刻(阳剪)等理论，教学生如何订稿。学生以寻求上进，追求精品的剪纸艺人的身份了解更多的剪纸创作方法，掌握更多的剪纸技法、技巧。

一月份：

(1)搜集学生的优秀手工剪纸作品，布置优秀作品展览。

(2)总结活动情况，评选优秀活动队员。

(3)反思活动中取得的成绩和经验并撰写总结。

五、专家点评

活动设计很好，学生得到了真正的锻炼，学习能力大大提高。同时还可以以提问的方式，引导学生深化和拓展课程内容，如为什么中国出现最早的剪纸后来变成了日本的国粹。这样就为后面或者说下一节活动内容埋下了伏笔，新的课程目标和活动内容就生成了。这实际上体现的就是综合实践活动课程的生成性特点。

案例 8-3：花盆里的迷你小花园

一、活动背景和意义

随着人们对盆栽观赏植物认知程度的深入、欣赏需求的增加，一个新的艺术形式被引进来，这就是组合盆栽。把几盆单株植物，如蝴蝶兰、凤梨等组合在一个容器中，使整盆植物看起来更加丰满、漂亮、气派。组合盆栽的应用，可以将植物的优点很好地表现出来，掩盖了缺点，创造出优美的植物造型，增强了艺术观赏价值。据业内人士介绍，目前组合盆栽在我国还处于市场导入期，因此是很有发展潜力的产业。

二、活动目标

(1)认识和欣赏盆栽艺术，掌握盆栽艺术的基本方法。

(2)培养学生收集信息和创新的能力。

(3)增强学生美化生活的意识和能力以及热爱自然和家乡的情感。

三、资源准备：联系农艺场，做好相关准备

四、活动过程

(一)认识盆栽艺术

组合盆栽，从字面上简单理解就是组合起来混合培植在一起的盆栽植物，在国外也被称作"迷你小花园"。"迷你小花园"这个名称，将组合盆栽更具体化、形象化了，它所要达到的观赏效果就是一个摆放在室内的漂亮的袖珍花园。它不仅是一件活的艺术品，具有插花花艺作品的装饰效果，美化了家庭居室，增添了活跃气氛、令人赏心悦目；而且，植物具有旺盛的生命力，具有吸收有害气体、净化空气、制造氧气的作用，还可以展现植物成长的过程，延长观赏寿命期限，这一点比插花作品更具有吸引力。

组合盆栽作品是创作者本着对植物生命和对美的理解，将同种或数种一株以上的盆栽植物，采取搭配、衬托、互显、韵律变化、对比、均衡等技术手法，巧妙地发挥植物的培植技术，集中种植在同一容器中，把植物旺盛的生命力通过设计变成美妙的景观展现出来。创作组合盆栽作品可以营造出丰富的内涵，抒发情怀，又充满了园艺栽培的乐趣。

组合盆栽也是一门艺术，就像插花作品一样，创作者巧妙运用植物所特有的色彩、线条、韵律，经过艺术的构思加工成型，展现植物形态、色泽的美感。线条层次的变化以及和谐、自由、蓬勃的生机活力，将大自然中的美景浓缩于我们的面前，装饰我们的生活空间。如果说，插花艺术侧重表现的是植物生命片段的辉煌，那么，透过组合盆栽，人们可以欣赏到的是艺术构图中植物生长的过程，这是组合盆栽区别于插花的魅力所在。也正因为如此，组合盆栽作品还需要细心的养护和照顾，在观赏之余，也平添了许多乐趣。

组合盆栽，可以改变一棵不出众或者有残缺植物的命运。由于十多棵植物组合在一起栽植，利用植物间的高低错落或前后排序，将植物的株型不良、叶片受损或其他缺陷遮掩起来，尽量展现其美好的一面，创造了植物由"丑小鸭"变成"白天鹅"的机会。

（二）参观农艺场，学习创作组合盆花的要点

（1）选择日照和通风良好的场所。

（2）选择开花期长、皮实、易于培育的花卉。

（3）对开花期一致、生长发育习性相似的植物进行组合。

（4）使用健壮、生长势强、株型良好的植株。

（5）选择适宜的花盆。

（6）在色彩的搭配、花的形状和大小的配合上下工夫。

（三）迷你小花园尝试

指导学生多渠道认识植物的习性。比如都怕热，或者都怕冷的。

选择两种以上的植物尝试制作小盆栽。比如七彩千年木、黄金卷柏与迷你椰子都很耐旱，很适合组合在一起。迷你椰子衬着贝壳沙，像极了南太平洋的夏日沙滩。

到花市或花圃买几株绿色小盆栽，把花盆当作小庭院布置，来学习组合盆

栽。组合盆栽可以放在室内，更可以拿来送礼。

(四)总结提升

如今组合盆栽的流行趋势还有以下几种：

用架构种花。架构运用于组合盆栽，除了好看和起到固定作用外，还可以当作花的装饰品。

水草替代土。一般组合盆栽的盆几乎都没有排水孔，而很多容器又比较深，这样就必须先垫一些东西才能开始种植植物。为了让植物能够长久生长，在镂空的架构中放入水草，这将是组合盆栽介质的一大发展趋势。

适当的植物组合。目前比较流行的是使用线条性强而且是多年生的植物组合，如各种形状的凤梨、下垂性的多肉植物以及花朵优美的蝴蝶兰等。

单一品种的盆栽花卉因为传统及色彩单调，已经满足不了市场的需求，而组合盆栽因其色彩组合较为丰富，有望成为今后花卉业的主流产品。因此培养学生组合盆栽花卉非常具有现实意义，学生的创新和实践能力也得到了锻炼。

案例8-4：植物工艺画的制作

一、活动背景及意义

目前，用植物作画的方法很多，有用单一植物的，如树皮画、软木画、芯草画、麦秆画等；也有用多种植物的。取材广泛，制作工艺相对好学。并且植物工艺画不仅是中国传统文化的重要组成部分，而且也是学生非常喜爱的一项手工劳动。学生学会用植物的根、茎、叶、花、果、皮、壳等制作工艺画的方法，不仅丰富了其课余生活，而且有助于提高学生的生活本领，对培养学生的实践能力和创新意识也有很大帮助。

二、植物工艺画的制作方法

(一)材料用品

不同形态大小颜色的菊花、胶水、卡纸或者工艺纸、绘图铅笔、小剪刀、小镊子、小标本夹、吸水纸、硫酸铜、冰醋酸、天平、量筒等。

(二)主要操作步骤

1.采集材料

根据需要在晴天无露水时采集不同的植物材料。采集时应该注意植物材料的艺术特点，如菊花枝条是否有曲度、美观；菊花颜色是否艳丽等。

2.学习材料的处理方法

将采集来的植物材料分类进行保色处理。

绿色枝叶的保色处理：

(1)保色液配方：硫酸铜6克、冰醋酸50毫升、水450毫升。

（2）保色处理：先将保色液在搪瓷盆中加热至 $60℃\sim70℃$，然后将绿色枝叶放入其中继续加热，在继续加热过程中要注意观察绿色枝叶颜色变化，即：绿色→黄色→绿色。当颜色黄色→绿色时，立即从保色液中取出枝叶，并放入清水中洗去枝叶表面的药液。最后将保色的枝叶夹入标本夹压干备用。

花的保色处理：先将采集来的花夹入小标本夹内，然后放进烘箱中，在恒温 $40℃\sim45℃$ 温度条件下烘干备用。

3. 准备台纸

根据需要将卡纸裁成 8 开或者 16 开，按图案设计要求着好底色。着底色时，要注意颜色均匀。如果用工艺纸可以省去着底色这一步。

4. 粘贴

粘贴是按照自己设计的图案，采用一定技巧，将保色处理的菊花材料粘贴组合起来，制作成一幅幅优美作品的过程。

在粘贴过程中要注意布局合理、色彩搭配得当、画面清洁、整体平衡美观。

5. 装裱

将制作的好作品用框条、玻片等材料装裱。装裱可以自己完成，也可以委托美术工艺装裱店完成。

6. 保存

将制作装裱好的作品挂到墙上或者展示柜中展示。

案例 8-5：食用菌的培育

一、活动背景及意义

食用菌具有丰富的营养成分、广泛的药理作用和重大的开发价值，发展前景十分广阔。

目前食用菌产业已成为各省市"菜篮子工程""创汇农业""星火计划""扶贫计划"等一系列重大举措中的首选项目。因此，种菇业发达地区的农民说："四条腿不如两条腿，两条腿不如一条腿"（即养猪不如养鸡，养鸡不如种蘑菇），在"要致富，种蘑菇"的口号鼓励下，食用菌产业得到了迅猛发展。

世界食用菌的发展速度相当惊人，1950 年世界食用菌总产量只有 7 万吨，到 2009 年总产量已达 3000 多万吨。我国食用菌年产量占世界年总产量的 2/3。我市食用菌年总产量达 15000 吨，创产值 4000 万元以上。因此食用菌的培育是一个非常好的致富门路，引导学生了解本地的相关行业和制作技艺，对学生的成长和发展有积极意义。同时随着人们生活水平的提高，越来越多的人爱上了这种食物，但是却因为了解甚少，出现了一个又一个中毒的悲剧事件。

二、活动目的

(1)了解食用菌的历史、种类、特征和培育条件等。

(2)学会培育食用菌的方法和技艺，能够分辨有毒和无毒菌类的区别。

(3)通过走进社区和大自然，培养学生观察和交往的能力、动手操作的能力以及热爱自然、热爱家乡的情感。

(4)增进老师和学生之间以及与社区的交流、合作能力。

三、活动过程

(一)有关食用菌的资料搜集、统计和展示

1.食用菌的分类及地位

生物界系统包括植物界、动物界、原核生物界、原生生物界、真菌界和非细胞结构的病毒。食用菌和其他生物一样也是按界、门、纲、目、科、属、种的等次依次排列的。种是基本单位。食用菌是真菌界中可以食用的不同种类的菌群体。

在自然界中可以食用的真菌种类繁多，千姿百态，大小不一。不同种类的食用菌以及不同的环境中生长的食用菌都有其独特的形态特征。掌握食用菌形态和分类知识，是指导生产，获得栽培成功的前提和保证。

2.食用菌有多少种

全世界目前已发现大约 25 万种真菌，其中有 1 万多种大型真菌，可食用的种类大约有 2000 多种，有毒的约有 200 多种，其中能致死人有 30 多种。目前能人工栽培的有 70 多种。有 20 多种在世界范围被广泛栽培生产。

我国的地理位置和自然条件十分优越，蕴藏着极为丰富的食用菌资源。到目前为止，在我国已经发现 720 多种食用菌，它们分别隶属于 144 个属、46个科。

下表展示了常见食用菌种类的成分：

食用菌营养成分测定结果

名称	香菇	平菇	金针菇	双孢菇	阿魏菇	杏鲍菇	茶树菇	黑木耳
水分	936.1	923.1	903.5	915.7	908.9	888.0	928.2	132.2
灰分	5.7	6.4	9.4	12.8	6.6	6.8	7.4	68.8
蛋白质	83.9	194.3	113.3	83.7	108.8	144.8	248.0	122.0
粗脂肪	22.4	17.1	19.6	20.5	10.8	21.3	18.5	11.1
总糖	206.0	222.5	286.1	242.0	359.5	416.1	313.5	218.0

续表

名称	香菇	平菇	金针菇	双孢菇	阿魏菇	杏鲍菇	茶树菇	黑木耳
还原糖	51.0	34.6	15.1	20.1	85.5	26.3	52.0	15.1
粗纤维	81.4	82.1	137.2	61.0	59.6	77.6	51.8	60.7
钙 Ca	292.4	49.6	144.7	306.2	96.8	104.7	115.8	207.9
铁 Fe	761.3	80.7	704.6	685.8	887.2	162.4	866.4	685.5
锌 Zn	302.6	89.2	146.5	286.3	189.6	97.2	168.2	461.2

注：①水分为鲜菇中的含量（黑木耳除外），其余成分均为干重含量。

②前 7 项单位（g/kg），后 3 项单位（mg/kg）

3. 这些成分的功能

蛋白质和氨基酸

蛋白质和氨基酸是构成食用菌营养成分中重要的部分。食用菌中氨基酸含量达 18 种之多，蛋白质因品种不同而不同，以茶树菇蛋白质含量最高，为 248.2 g/kg；平菇、金针菇、双孢菇、阿魏菇、杏鲍菇、茶树菇中，人体必需的 8 种氨基酸是氨基酸总量的 40 % 以上，其中金针菇游离氨基酸含量高达 202.3 g/kg，特别是赖氨酸、精氨酸等人体必需氨基酸的含量明显高于其他食用菌中的含量。因此，金针菇能促进儿童的身体健康和智力发育，日本人称金针菇为"增智菇"。此外，从上表中可见，金针菇、茶树菇、杏鲍菇、香菇、双孢菇中的谷氨酸、天冬氨酸等呈鲜味氨基酸含量较高，因而口味更加鲜美、爽口。

灰分

灰分含量反映了食用菌中矿物质的含量。矿物质元素是很多酶的辅助因子，还具有构成骨骼、血红蛋白、细胞色素、维持体内的渗透压和酸碱平衡的作用。在 8 个样品中，黑木耳的灰分高达 68.8 g/kg，其所含 Ca、Zn 元素也非常高，而且脂肪含量低，因此黑木耳特别适用于老年人和正在成长发育的儿童食用。此外，双孢菇中 Fe 元素含量很高，适于贫血或低血糖人群食用。

多糖

食用菌中多糖体具有抗癌作用。如：香菇多糖不仅能抑制小鼠肉瘤生长，而且还能预防化学性和病毒性瘤的致癌作用，同时又能降低血浆胆固醇和提高机体的免疫能力。测定结果表明，食用菌中含有较多的多糖物质，其含量均在 200 g/kg 以上，其中杏鲍菇、阿魏菇、茶树菇含量达 300 g/kg 以上，是一类很有开发前景的珍稀食(药)用菌。

粗纤维

上表显示，8种食用菌的粗纤维含量亦较多，其中尤以金针菇中含量为最高，达137.2 g/kg。粗纤维是膳食纤维的一种重要形式，膳食纤维素有"肠道清道夫"之称。因此，多摄入富含粗纤维的食用菌，符合当前国内外普遍提倡的改变膳食结构的要求。

4. 特殊菌类——冬虫夏草

又称冬虫草、虫草，它是麦角菌科真菌。冬虫夏草，是寄生在幼虫蛾科昆虫幼虫上的子座及幼虫尸体的复合体。冬虫夏草主要生长在高海拔的森林草甸或草坪上；由于土质的缘故，生长在森林草甸的上冬虫夏草颜色以暗黄棕色为主，生长在草原上的冬虫夏草则以黄棕色为主；前者以四川、云南、甘肃产为多，后者以西藏、青海产为多。

冬虫夏草是一种传统的名贵滋补中药材，与天然人参、鹿茸并列为三大滋补品。它药性温和，一年四季均可食用，老、少、病、弱、虚者皆宜，比其他种类的滋补品有更广泛的药用价值。

(二)请相关专家介绍食用菌的培育技艺

1. 食用菌培育基本知识

(1)培养材料。

食用菌的营养方式是腐生或者寄生，因此培养材料十分广泛。

(2)培养温度。

菌丝生长的温度范围：5℃～33℃，最适温度20℃～30℃。

子实体生长的温度范围：比菌丝生长的温度要稍低一点。

食用菌的培养温度可以分为三种类型：

低温性：子实体分化最高在24℃以下，最适温度20℃以下。如，冬菇、香菇。

中温性：子实体分化最高在28℃以下，最适温度20℃～24℃以下。如，牛肝菌、银耳、木耳。

高温性：子实体分化最高在30℃以下，最适温度24℃以下。如，草菇、长根菇。

(3)培养湿度。

子实体发育环境湿度达80℃～95％。

(4)对PH的要求。

PH值在3～8，最适合在5～5.5。

2. 食用菌培养技术

(1)母种的分离及过程。

母种培养基(PDA)包括:马铃薯200g,蔗糖20g,琼脂8~16g,加水至1000mL

母种的分离过程:

(2)原种的制作。

原种培养基1:棉籽800g,蔗糖1g,米糠18g,石膏1g,加水适量。

原种培养基2:麦麸200g,蔗糖5g,米糠18g,碳酸钙6g,加水适量。

原种培养基3:谷粒,碳酸钙或者石膏1‰,加水适量。

(3)栽培种的制作。

与原种的制作相同,在实验室进行相关操作

(4)食用菌栽培的参观。

学生代表参观采访重庆永川区仙龙镇村民自办的采菇节。

(三)总结交流:食用菌的开发利用

(1)以食用菌为原料,加入相应的辅料,经过发酵制成保健酒:猴头酒、灵芝酒、金针菇酒等保健酒。灵芝保健食品,已广泛使用治疗糖尿病患者。

(2)以面粉为原料,加入相应的食用菌为辅料辅料,加工制成各种食用菌面包、糕点等风味食品。

(3)可以用食用菌提取物生产醋、酱油、其他调味品和营养液。

(4)在医药工业中的应用。食用菌中有100多种具有药用价值,已经逐步应用于医药工业。如:香菇多糖制剂治疗恶性胸腔积液;树舌分离——菇烯化合物治疗肿瘤疾病;猴头菌中的多糖的多肽类物质治疗消化道癌变、溃疡、胃炎等多种疾病;灵芝孢子粉治疗癌症等。

(5)在化妆工业中的应用。食用菌中银耳具有独特的"去除雀斑、黄褐斑"的功能,并有"润泽肌肤,容颜悦泽"的作用,可以促进机体新陈代谢,改善肌肤组织功能。现在已经开发出灵芝抗皱奶、茯苓润肤霜、银耳奶液等系列的美容佳品。

复习与思考

1. 思考你生活的地区适合小学生参与的劳动与技术教育内容有哪些?试着为你所在地区的一所学校开发一学年的劳动与技术教育内容。

2. 联系生活,设计一个手工制作的活动方案。

3. 劳动与技术教育与传统的劳动课有什么不同,与现在高中的通用技术课有什么区别和联系。

4. 试一试，你自己能独立完成哪些手工制作品？

推荐阅读

1. 郭元祥. 综合实践活动课程国内外案例分享. 北京：高等教育出版社，2003.

2. 郭元祥，沈旎. 小学综合实践活动. 上海：华东师范大学出版社，2008.

3. 李森. 综合实践活动课程实施案例. 重庆：西南师范大学出版社，2005.

4. 崔允漷. 综合实践活动案例专家点评：小学卷. 沈阳：辽海出版社，2003.

5. 肖成全. 综合实践活动课程教学实施指南. 武汉：华中师范大学出版社.2003.

6. 李臣之. 综合实践活动课程开发. 北京：人民教育出版社，2003.

7. 郭元祥. 综合实践活动：设计与实施. 北京：首都师范大学出版社，2001.

8. 柏云霞，陈旭远，熊梅. 小学综合实践活动指导. 长春：东北师范大学出版社，2003.

第九章　小学综合实践活动领域(四)

——课程内容的开发与整合

本章重点

- 综合实践活动课程内容开发的三大方向
- 综合实践活动三种课堂的整合模式
- 综合实践活动领域整合的方式

第一节　综合实践活动课程内容的开发

一、课程内容开发的三大方向

(一)人与自然方向

大自然与人类生活息息相关,大自然中的花草树木、飞禽走兽、气象变化等是孩子们最喜爱和好奇的对象,亲近大自然、尊重大自然、热爱大自然也是课程的基本目标之一。"人与自然"方向就是把各种和学生生活直接相关的自然现象或问题,开发为课程内容,让学生通过课题研究、实践活动,初步形成对人与自然的正确认识,关注个人行为对于自然和社会环境的影响,初步形成关注社会进步的意识。由此激发学生研究身边自然事物的兴趣和爱好,可以作为综合实践活动课程内容开发的一大方向。在与大自然亲近的过程中,发展学生对自然、对社会的观察能力,培养其热爱生活的积极个性品质。同时通过初步了解和运用课题探究的基本操作方法,使学生能够模仿这些研究方法的基本程序,展开研究过程。从而使学生逐步学会像科学家那样去研究自然事物,增强学生崇尚真理,尊重科学的意识,逐步形成对待自然事物的科学态度和实践探究的科学道理,培养孩子们的创新精神。

对于小学生来说,人与自然方向的课程内容,从反映人与自然的角度可以分为这样三个由浅入深的方向,即从认识自然、尊重自然到利用自然三类。具体实践目标可以从三个维度来把握:

1. 知识与技能

①认识形形色色的动物、植物，知道动物、植物的名称、形态、特点、生长规律等。

②走近动植物，特别是校园内及周边的植物。增进对其的了解与认识，理解人与动植物的内在联系。

③掌握制作植物叶书签、标本和保存植物叶的基本方法。

2. 过程与方法

①初步学会查找、收集、整理资料的能力与方法。

②发展实践能力，发展对知识的综合运用和创新能力。

③掌握制作植物叶书签、标本，保存植物叶等基本技能方法。

3. 情感态度

①通过课题研究、实践活动等获得亲身参与实践的积极体验和丰富经验。

②通过对动植物的认识与研究，激发学生爱护动植物的情感，培养其环保意识。

③在成果汇报、展示过程中，让学生体验实践出成果的喜悦感和成就感，培养其自信心。

④培养学生认真、细心、不怕困难、持之以恒的品质。

具体实施过程可以按照如下要点进行开发：

1. 选择学生感兴趣，贴近学生生活的自然内容

由于年龄因素，小学生对自然类课题相对陌生，而其本身的科学性决定了开发和选择的课题内容应该是他们一听见就喜欢，然后乐于参与的，还要有一定研究价值并由此产生研究的动力的内容，如，"呼吸探秘""雾都成因""拥抱春天""饮食与健康——蔬菜的营养"等这些课题就比较受学生欢迎。

2. 创造一定悬念性的课题研究背景

要使学生积极主动地参与到课题研究中，就需要提供一定的悬念性的课题研究背景。例如在重庆北碚梅花山小学的"特色农业土壤研究"中，老师就特别设置了这几个问题背景：知道北碚有哪些特产吗？其分别产于哪些地方？北碚最具特色的农业有哪些？农作物的生长与土壤有什么关系等？

3. 做好广泛收集资料等准备工作

人与自然方向类的课题更多是认识自然、利用自然，有许多学生没有掌握过的技术性的知识，这需要老师指导下，有计划、有系统地收集各方资料，尤其是要专访相关的科普工作者，学习相关的技术。例如在"特色农业土壤研究"中，梅花山小学就利用了西南大学资源环境学院图书馆查阅资料，还聘请了西

南大学赖守悌教授做相关技术指导。

4. 制定相关的表格，做好课题研究的资料整合

人与自然方向类的课题中有许多是属于需要有观察笔记或者调查笔记的课题，这需要学生制作相应的表格。开始时，可以在老师指导下完成表格的制作，待学生熟悉之后，完全可以让学生自己设计对应的表格，例如各种动植物观察记录表。不同的设计，体现出不同学生的个人或小组创作意识和行为，这实际也是培养学生的创新和实践能力的过程。

5. 在自然实践研究过程中，注意个人人身安全

人与自然方向类的课题中有许多是属于要和植物、动物接触的课题，特别是涉及许多危险用品和动植物，因此老师需要做好相应安全辅导的工作。

（二）人与社会方向

人是社会之人，人的生活、事业都离不开社会，在竞争越来越激烈的社会里，培养学生——未来社会人的社会实践能力显得尤为重要。"实践出真知"，社会实践是青少年成长的重要途径。在社会教育活动中，引导学生主动地参与社会实践，走出小课堂，走向大社会，去体验生活、经受锻炼，丰富他们各方面的知识，才能适应社会发展的需要。社区服务与社会实践作为综合实践活动课程的有机组成部分，是学生进行社会实践性学习、接触社会、认识社会和了解社会、增强社会实践能力和社会责任感的重要学习活动。

对于小学生来说，开发人与社会方向的课程内容，可以从历史探究、经济探究、政治探究、文化探究和社会探究等五个方面进行，具体实践目标同样可以从三个维度来把握：

1. 知识与技能

①通过"人与社会"方向类课题的研究使学生掌握一定热点知识和地方史知识。

②通过"人与社会"方向类课题的研究使学生进一步加深对社会热点问题的理解和认识。

2. 过程与方法

①培养学生与他人交往的社会交际能力，养成合作品质，融入集体。

②学会交往和合作，培养动手、创新等多方面的能力，促进每一个学生个性健康发展。

③乐于参加力所能及的劳动，体验劳动的可贵与创造的喜悦。

④体验个人与群体的互动关系，对他人的帮助心存感激并乐意帮助他人。

⑤愿意为社区建设和发展服务，有较强的服务意识和责任心，体验服务的

充实与愉悦。

⑥积极参与志愿活动，关心残疾人、老年人等弱势群体，乐于为他们做力所能及的事情。

⑦进一步学会社会实践调查的方法，提高发现问题、分析问题、解决问题的能力，并撰写活动感受及想法。

3. 情感态度

①通过学生在集体活动中的相互交流帮助，培养学生的团体意识，让他们感受到与他人合作交流的快乐。

②在活动中学会关注自己的生活，关注身边的人、关注身边的事，做一个社会的人。

③关注热点，使学生确立符合社会的健康的价值观。

④培养学生科学地对待问题、解决问题，养成初步的服务社会的意识和对社会负责的态度。

"人与社会"方向类课程内容开发的要点：

1. 选择符合热点性和地域性的社会内容

这类课题更多涉及的是当时或者当地社会中的问题，因此，地域性和热点性的课题对学生而言就更具有吸引力。例如"美味北泉面""税费改革后农民生活变化的调查""我是小小消防员""山城棒棒军""走进回族"等。

2. 指导学生进行"破题"

"破题"是该类课题研究的关键。因为课题内容的涉及面非常广泛，凭学生现有知识和认识水平，很难对这一课题进行拓展性的研究，这需要教师进行指导，做好"破题"序列。例如在"秋天我们穿什么"课题研究中，学生在老师指导下把题目破解为：服装与季节的关系、服装与年龄的关系、服装与职业的关系，服装与时代的关系，服装与民族的关系等方面，使整个课题研究很有结构性和层次性。

3. 注重社会实践的目的性和有效性

①祭扫烈士墓。了解家乡革命历史，接受红色革命传统教育，增强民族责任感。

②走进敬老院。为老人做好事，表演文艺节目，并进行采访调查，向社会发出倡议，号召人们关心老人，尊重老人。

③走进综合素质拓展基地。学会与同学和谐相处，培养健康良好的生活习惯和团队精神。拓宽视野、增长知识、亲近自然、感受生活，培养爱家乡、爱祖国的情感。

④走进广告的世界。收集广告语，使学生认识其特点、分类和作用，并尝试设计广告语，培养创新精神。

⑤社区错别字大搜捕。通过对社区错别字的调查，并帮助纠正，为树立家乡旅游城市的文明形象贡献力量，培养主人翁意识，同时提高语文能力。

⑥了解社会。丰富课外生活，开阔视野，增长见识，提高学生的欣赏能力，扩大学生的知识面。

⑦家乡的土特产。通过调查，知道家乡有哪些土特产，培养学生了解家乡、热爱家乡的感情。

⑧旅游资源调查。调查并推介家乡的旅游景点，树立主人翁意识，增强爱家乡的情感。

4. 学会制作、整理和分析调查问卷

这一类课程内容涉及许多社会性的热点问题，普通大众都比较了解，这为课题的研究提供了重要的资料来源，但如何获取准确的信息，就需要学生能学会制作、整理和分析调查问卷，为研究提供坚实的论据。

5. 学会有效整合出自己的观点

鉴于小学生的认知水平，不要求学生太高的原创水平，但学生需要在已有资料和观点的基础上，学会整合出自己的观点。

(三)人与自我方向

学生对自我的认识和了解是其健康成长的前提，对自我的完善和发展，更是其走向社会的基础。因此人与自我方向课程内容的开发包括三大方面：了解自我、塑造自我和展示自我。

1. 了解自我

了解自我是指个体对自身以及自身所具有特征所持的一种积极的态度。一个人如果不了解自己，自己的问题都不能正视，那他怎么能引导自己向上？更何况，在生活中，不了解自己的人通常会把很多能量用在自我否定和排斥上，带着那么多对自己的不满、失望，甚至否认和拒绝，又怎么可能健康成长？对自我的认知和自身潜能的了解是构成自信的两大基石。所以，从了解自我出发，引导学生早一天走向自信。

2. 塑造自我

塑造自我就是对自我人格的塑造。包括人的性格、气质、能力等特征的综合塑造，个人思想、道德品质的塑造，作为权利、义务主体的资格的塑造。一个人乐观自信，不怕失败，活跃而有创造力，我们会说："这个人具有健康人格。"若一个人常常自卑，或常常主动攻击他人，我们会说："这个人可能有人格障碍。"一个健全人格的学生,各个方面可以得到平衡发展。身心的健康发展,更能有效地适应变化着的社会环境,顺利地进行人际交往以及准确处理人际关系,最终走向成功。而这就需要在课程内容上开发相应的内容,锤炼学生健全人格,甚至可以考虑通过心理咨询室和心理健康课在这方面做一番探索。

3.展示自我

所谓展示自我,从心理学上讲是自我认知的外化过程。学生处于性格与能力的逐步形成时期,世界观与人生价值观在逐渐完善的过程中。通过各种活动形式,培养他们乐于向外在世界展示自我的认知,这无疑对其心理结构的完善起着正面的导向作用。可以开发艺体节等一系列外化的展示活动,使学生充分地展示自我,达到对其心理正面积极调控的效果。

"人与自我"方向类课程内容开发的要点:

(1)选择适应小学生学习与生活的自我内容。

"人与自我"课题涉及的是小学生自我领域的内容,需要在课题选择中注重关注小学生真实生活和学习,提供贴近小学生学习生活的课题。例如"小学生花费知多少""网络交流你我他""秋天全面穿什么"等。

(2)资料的收集要集中在小学生、老师和家长几个相互联系的群体身上。

(3)尽量获取小学生的真实想法和意见。

很多问题都涉及小学生的生活、学习的敏感环节,很多小学生的意见可能不够真实,这需要我们制订相应的调查问卷,尽量获取小学生的真实想法和意见。

(4)课题研究过程中要有升华环节。

这些课题都与小学生息息相关,当学生们进行了细致和有效的实践研究后,就可以策划相关针对"存在问题"的升华活动。如在"小学生花费知多少"中,就可以策划一场"节约,从我做起""创业,从我做起"的主题班会。

(5)学会采访调查。

在此类课程内容中,许多课题研究需要单独采访相关人,来获取系统的、详细的信息,如一个小学生一个月的相关花费。这就需要我们的采访调查,这也要求我们能进行有效、合理的采访。

总之,当我们开发综合实践活动课程内容时,可以沿着小学生身边生活的三大方向,即与自然、与社会和与自我去思考和选择课程内容。突出课程内容的地方性、生活性和时代性,体现出三者之间是一个内在联系的整体。

二、课程内容的整合

综合实践活动的开发与实施以学生为核心,围绕三大方向进行内容的选择和组织，实现三个方向的均衡与整合，最终指向于学生个性健全发展。

1. 由身边的自然生活整合课程的内容

自然界本身就是一本神秘又生动的"活"教材，只有让孩子走出课堂，更多地到大自然中去开展活动，去学习科学知识，培养勇于探究、勇于创新的理想素质，才能使学生得到更多的锻炼，获得更丰富的知识。

比如一个学校在研究"动物与环境"这个问题时，把学生分成若干个实验小组，到田野中去挖蚯蚓。他们在挖的过程中，发现在潮湿的泥土中能找到大量蚯蚓。然后组织学生把蚯蚓放置在干、湿两堆不同的泥土中间，通过观察蚯蚓爬动的方向，以及比较干土与湿土中蚯蚓的数量，分析出蚯蚓最适宜的生活环境。课程内容打破年级，横跨学科，吸纳最新科技成果和地方文化。在大自然中他们不但认识了许许多多农作物的生长特点和规律，提出许多感兴趣的问题，从而认识到大自然中蕴涵无穷的科学知识，而且他们分清了种植业、林业、牧业、渔业等社会职业的不同，认识了自然与社会、自然与自我的紧密联系。学生在大自然中参与对自然科学的探究活动，经历科学探究过程，充分体现了学生自我的主体精神，更好的激发学生的学习兴趣、愿望和潜能。

2. 由身边的社会生活整合课程的内容

社会是个大舞台，更是一本取之不尽，用之不完的活教材，它为我们的教学提供了活生生的现实，也为孩子们的活动贡献出了比教科书更详尽、更感性、更生动、更富有人情味的环境。社会课程反映的是社会事物和社会现象，当然也包括自然现象。因此，只有把社会还给学生，让学生真正在社会中学习"社会"和"自然"，才能提高学生认识社会和自然的能力，使课本的知识变得"活"起来，在社会中得到拓宽、发展、延伸。

在《家乡的变化》主题活动中，五年级的学生到区政府办公室里，采访区政府官员，了解区政府的功能。同学们俨然是一个个小记者，提出了不少问题。通过一个个的实地调查、参观访问、摄像、摄影、查阅资料，孩子们了解自己的生活环境，知道了家乡近几年来的巨大变化，激发起对家乡的无限热爱之情。这样的活动，既让孩子们更熟练地掌握了社会考察的活动方式，也使孩子们的内心不由自主地形成作为社会小公民，要为社会尽责任的崇高使命感。

根据当地的社会资源和自然资源，整合社会课中的实践性内容，增删改补适合学生实践活动的丰富多样的内容，这些内容可以涉及社会的方方面面，深入到各行各业。活动中不求让孩子对某一项内容，某一点知识有非常精深的了解，只求让孩子们在实践活动中有充分的感性认识，最主要的是培养孩子们对社会的态度，对社会的责任感以及团结、合作、交往、创新的能力和精神。

3. 由学生的家庭生活整合学校课程的内容

家庭是儿童来到这个世界之后迈进的"第一所学校",家庭生活是五彩缤纷的,饮食起居、休闲娱乐、护理保健、消费理财等都是家庭生活的内容,以充满情感的家庭生活为着眼点,不断生成有意义的活动主题是综合实践活动课程内容生活化的拓展策略之一。在学生家长中,很大一部分人都有一技之长,如种植、养殖、修理、加工等。充分利用这种家庭中潜在的教育资源,让学生体验生产劳动,使某些隐性的教育力量充分发挥功用。具体办法可以通过"请进来"的方式,通过聘请单位与聘请个人相结合的方法拓宽师资的渠道。比如,聘请领导、专家、家长定期到学校指导,聘请社会上有特殊才能的人来学校任教,多方有机结合,形成开放的多层面的教育人才资源。

如主题《爱农学农》,老师把劳动、科技、自然教材中凡是相关的内容进行整合,然后把学生带到附近农村去上课,让学生认识常用的小农具,分析其与地方自然环境的关系,然后每人选择一部分农具进行实际操作,在学生家长的指导下,孩子们开始学习种葱,面对这些几乎天天在饭桌上能遇见却又显得那么陌生的"葱",孩子们拿在手上看了又看。这一次,他们不仅认识了农具,学会了种葱,而且还认识了许多农作物。

4. 由学生个人生活整合课程的内容

现代生活教育不仅要培养学生应有的生活能力,更要注重培养学生终身学习的人生观念,使学习时间由青少年延伸到人的整个一生,使学习场所由学校发展为整个社会,使学习成为学生维持生计和创造新生活的手段。因此以学生熟悉的活动和环境为背景,从学生熟悉的生活世界、文化生活和社会实际中选取学生关注的问题,强化学科课程中所缺乏的生活教育、人口教育、环境教育、科技与社会教育、心理与健康教育等领域。使现代生活课程内容贴近学生的年龄和心理特点,符合学生发展需求。

在主题《为我们服务的人》中,为了让学生了解人们对社会所做的贡献,我们组织学生开展调查活动,使学生在感性上认识和了解日常生活中人们所做的服务。再重点选取清洁工这个最普通的职业,让学生了解我们的生活时时离不开这些平凡人的服务。活动中学生走近清洁工人,进行现场采访,通过互动的交流,加深学生对服务人员的崇敬之情。把清洁工请进教室,谈他们一天的辛勤劳动。最后,每一个学生自己设计一张精美的感谢卡,分别送给一位为我们服务的人。在设计感谢卡的过程中,学生的道德情感和动手能力、创造能力均获得发展。

生活教育要求我们把现实生活作为教育的源泉,带学生融进去。通过学生自己观察、交流、调查、访问等多种体现主体精神的学习方式，获得对生活中许多问题的正确认识。

5. 由学生今后的生活整合课程的内容

当前，根据小学知识结构体系的发展规律与小学生的认识发展规律及其正迁移规律，在教学过程中通过教师的启发引导，学生运用已有的知识与经验，经过自己的探索研究，发现获得新的知识的教学方法，成为现代教育思想的一个最显著的特点，让小学生在研究中学会研究。

如可以每个班级成立"研究所"。在确定研究内容时，发动全校同学进行了研究选题申报，然后将各班学生报的选题进行归纳，再把选题下发给全校同学，让学生寻找自己的研究合作伙伴，从而使不同年级的同学组成一组，共同研究同一课题。内容涉及动物、植物、环境、天文等许多方面。每个研究组设立了组长，聘请老师或父母亲、亲戚朋友担任研究辅导员，利用综合实践活动时间，就如何收集、整理信息，如何做观察记录，如何撰写研究报告等问题，对孩子们进行辅导。学生在老师和家长的指导下，开始他们最早的科学研究。

总之，选择课程内容是实施综合实践活动课非常重要的环节，学校课程最终必须通过"课堂"去实现课程目标和完成课程内容，综合实践活动课如何去完成三大方向课程内容的整合，如何实现地方和学校的合作，如何在活动中有效实现综合实践活动课程的价值追求？重庆一中创设的三种课堂的整合模式有借鉴意义。

三、三种课堂的整合模式

(一) 班级小课堂的整合

班级小课堂包括综合实践活动课堂和学科课堂整合。把科技课堂、活动课堂与课题课堂作为综合实践活动课堂的三大形式。科技课堂，是指以自然、科技知识为内容的课堂形态；活动课堂专指供各学科的实践性和能力性的活动课开展的课堂形态；课题课堂专指供研究性学习等指定性内容领域的课题准备、课题探究和课题分析开设的课堂形态。三种课堂结合起来，构成了综合实践的专门的活动课题。

1. 综合实践活动课堂

科技课堂是该校自主开发多年的较成熟的课堂形态。"坡度仪的测量""水火箭的制作"等课深受学生欢迎。为使综合实践活动课堂以常规课形式继续开展下去，他们将科技课堂、活动课堂和课题课堂纳入了课表体系，固定授课教师，开辟定时综合实践活动的专用场地，以必修课和选修课两种形式，给予学生充分的选择空间。

2. 学科课堂与综合实践活动整合

首先，梳理教材，寻找学科整合的切入点；利用本学科知识的整合，纵向挖掘知识的深度；跨学科知识的整合，横向扩展知识的广度。

其次，师生共同备课。学生以小组合作的形式对相关主题进行探究学习，参与教师备课。其目的不单是使学生参与备课成为课堂主体，还要让学生从多种学科角度出发，宏观地了解所学知识。

最后，师生共同上课。课堂教学中充分运用信息技术手段，切合实际地进行学科知识的整合，展示学生在相关活动中的收获或者困惑，培养学生综合已有知识解决问题的能力。此阶段教师适当退到幕后，把课堂交给学生。

(二)学校中课堂

学校中课堂是指对校园资源的充分利用，总体说来，包括以下三个部分：校园环境，即自然景观和文化景观；校园活动，如以艺术节、科技节、体育节和读书节四大节日为主体的校园活动；校园管理，即该校的社团管理和志愿者管理。

结合实践活动通过学校中课堂主要要达到如下目标：通过了解学校历史沿革，了解学校平面布局，了解学校富有文化内涵的建筑物与绿色设施等。培养学生参与社团活动的能力、组织管理能力、空间想象能力和培养学生的综合素养，特别是艺术素养，包括学生的爱校情结，激发学生的领袖情怀和生命情感。

1. 校园环境

自然景观。在打造校园自然景观方面，主要是引导学生对学校的绿化出谋划策。如，学校应多栽种什么树种，既能装饰校园，又可凸显校园文化；为使校园更为舒适人性化，可在校园的什么位置摆放长椅、圆桌等。

文化景观。班级文化是校园文化景观中最显特色、最为重要的一道风景线。班级文化包括教室的布置、班旗和班徽的制作、班训的选择、主题黑板报的竞赛、班级博客的开通等，这一系列的班级文化，既要有整体设计，但同时又要不失个性。

北碚区中山路小学对班级文化的打造很有特色。全校首先开展"给每个班级一个形象生动的取名"活动，然后评选班级之星并将其照片和最喜欢的一句话代表班级悬挂张贴于教室之外等活动，既提升了班级的凝聚力，也彰显了班级的文化品位。

2. 校园活动

每年 4 月是重庆一中的科技月。在这一月中，以教室和操场周围活动场地，陆续开展航模/汽模比赛、计算机输入法竞赛、机器人总动员、智力快车、科技小达人竞选、科技大游园等活动。其中，以科技游园活动参加人数最多。游园活动以操场为舞台，分设为多个展台。为鼓励学生踊跃参与、积极体验，学生每参加一项活动就可获得一张礼品卡，集够一定数量之后，就可到活动主席台处领取相应的小礼品。在智力快车活动中，以年级为单位，每班推选一位学生代表参加，其他学生以"亲友团"的身份亮出本班的参赛口号和加油方式。在舞台上的学生代表，通过抢答、必答、选择班级同学共同合作答题三种方式，回答主持人所准备的涵盖了各个学科的问题。经过三轮角逐，以计分淘汰制，最终选出本年级的前三名。这些活动不仅引起了学生的极大兴趣，还引起了社会的广泛关注。

3. 校园管理

为使学校的常规管理更为完善，该校以综合实践活动课程的形式，将学校的常规管理引入到学生活动中。例如，开展"我为寝室制订作息时间"活动，一方面充分体现了学生的意愿，另一方面又引导学生合理充分地分配时间。

(三)社会大课堂

社会大课堂包括社会实践和家庭活动两大类。其中家庭活动中把家务活动、家庭理财和亲情互动纳入综合实践活动课程的范畴。随着人们生活水平的日益提高，当今学生的口袋也日益鼓起了。学会当家理财、理智消费、养成良好的理财习惯对学生个人、对家庭、对社会都是很有必要的。因此确立"当家理财"这一综合实践课堂主题。

该校社会大课堂包括开放式学习法和自主式学习法两种。开放学习法即开放学习地点，彻底让学生走出课堂，走进社会实践中去。为学生提供参观、实践场所，也可让学生自己选择，学生不分性别按各自的兴趣和需要进行分组。然后采用不同的学习方式、进度和内容。自主式学习法即自主学习，让学生有更多的机会自己去活动、体验乃至创造、使其享受探究的乐趣、活动的愉悦、服务的充实，获得并增强使命感、责任感和生存体验。

(四)三种课堂实施的基本程序与原则

学生在传统课堂上对知识进行融会贯通，在学校课堂中获得充分的发展能力的机会，在社会大课堂中了解学校、社区、社会的现状与发展趋势，认识周围的生活环境，并在活动中学会与人交往，锻炼自己勇于参与、大胆实践的品质。通过三种课堂增强学生的竞争意识、合作意识，培养同学们创新能力及社会综合实践能力，培养学生养成收集、分析、整理信息、交流思想和发现、安排和组织资源、与他人共同工作和从事集体工作、解决问题的能力。

1. 三种课堂活动充分体现学习的探究性

学校尝试先试后导，先学后教，充分体现自主、合作、探究的学习方式，培养学生随时吸取信息、整理信息和选择信息的能力。在三种课堂背景下，学生在探究中改变原有的设想，对新生成的问题进行探究，学会学习。

2. 三种课堂充分体现学习的开放性

①建立便于学生交流和活动的新型课堂。在具体的排列方式上，采取"圆桌式""散点式"等。研究的场所有专门建造的综合实践活动教室，也有植物园，大自然等。

②以小组合作学习为主要学习形式。充分考虑小组成员中男女生的比例以及能力、智力的互补，形成"学习型小组"。

③三种课堂的人员组成空间极大拓展。在三种课堂社会实践活动中，聘请了交警、法官等专家参与学生的实践活动，丰富和开放了教学。

(五)搭建三个平台来提升三个课堂

三个平台即讲台、展台和舞台。讲台包括讲座、演讲、论坛、答辩四种讲台形式，侧重于学科知识的互动与拓展；展台指为学生搭建创新作业、过程资料、发明制作、论文汇编等才华和艺术结晶的展示平台；舞台包括特长表演和创新表演两类舞台。

①学生成为平台展示的主人。学校在班级小课堂中经常组织讲座、演讲、论坛、答辩，在学校中课堂和社会大课堂中搭建各种展示平台，让学生踊跃参与、主动参与，并最终由学生社团组织和管理各类平台的展示，充分体现学生为主体的教育理念。

②成立专门机构，为学生展示做好后勤服务工作。保证各类展台的正常运行，拨专款和专人负责每次活动的运行，保证各项活动安全、有序地进行。

③调动一切可以调动的力量，扩充平台展示的多样性。例如利用丰富的校外资源，高校、科研机构、机关、企事业单位、图书馆、青少年活动中心等，作为学生展示才华的平台。

第二节 活动领域的整合

一、活动领域的整合

(一)我国小学综合实践活动课程的研究领域

综合实践活动采用的是国家设置、地方和学校开发实施的三级课程管理模式。三级部门和主体承担着不同的任务和作用。一级即国家着眼于宏观指导，编制综合实践活动指导纲要，对内容的基本范围作出规定，即课程实施围绕研究性学习、社区服务与社会实践、劳动与技术教育和信息技术教育四大内容领域进行。二级即地方政府负责引导、督导和评价。三级即学校和老师负责综合实践活动的开发与具体实施和评价。

案例:《人类的朋友——狗》内容摘要
深圳市留仙小学四(2)班

①了解狗的种类和特征;

②调查狗的作用;

③调查人们对养狗的态度;

④调查为什么不同的地区，不同的需要，养着不同的狗;

⑤了解养狗要注意哪些问题;

⑥调查养狗怎样预防传染病。

活动主题《人类的朋友——狗》以小学生的兴趣和爱好为核心，围绕三大方向和四大领域进行内容的选择和组织，实现了三大方向和四大领域的均衡与整合，最终指向学生个性健全发展。在案例中，"了解狗的种类和特征""调查狗的作用"等属于人与自然方向，还属于研究性学习内容领域，但是又必须与信息技术教育联系起来，才能比较全面和深入地了解狗的种类和特征及作用。"调查狗的作用"和"调查人们对养狗的态度"属于人与社会的方向，还属于社区服务与社会实践内容领域。"了解养狗要注意哪些问题""调查养狗怎样预防传染病"等属于人与自我方向，又属于劳动与技术教育内容领域等。这样，通过教师的有效开发和设计，一个活动主题《人类的朋友——狗》就把三大方向和四大内容领域有机地融合在了一起。通过活动，孩子们也直观地加深了对生活是一个有机整体的认识。

综合实践活动课程的追求和理念决定了，任何一个活动主题的设计和实施都不可能是完全独立的活动领域、也不可能和其他活动领域完全割裂开来。所以，四大领域在逻辑上不是并列的关系，也不是相互割裂的关系。研究性学习作为综合实践活动的基础，倡导探究的学习方式，这一方式渗透于综合实践活动的全部内容之中；另一方面，社区服务与社会实践、劳动与技术教育则是研究性学习探究的重要内容。所以，在实践过程中，四大领域是以融合的形态呈现的。

(二)活动领域的整合

1. 四大指定领域的整合

社区服务与社会实践，从严格意义上来说，他们属于同一范畴；"研究性学习"与另三大指定领域分属于两种不同范畴，"研究性学习"作为探究学习方式，存在于任何课程领域的实施过程中；信息技术作为课程实施的重要手段，渗透于全部教育教学过程之中；就课程性质而言，劳动与技术教育同综合实践活动有差异，但在学生的创新和实践能力培养上有共同的模式。而以上问题解决的办法就是"整合"。

立足学校和地方实际，确立适当的活动领域是重要途径。

2. 指定领域与非指定领域的互补、整合

非指定领域，包括：班团队活动、校传统活动(科技节、体育节、艺术节)、学生同伴间的交往活动、学生个人或群体的心理健康活动等。他们与指定领域之间可以整合开发和设计活动内容。

如与少先队活动的整合。综合实践活动与少先队活动有着共同的特点，其课程目标指向是一致的，都强调以人为本、培养道德品质、提高综合素质的共同目标。在内容和实际活动过程中，也有许多共通之处。如课题的选择上，都服从于寻找学生感兴趣的话题来开展。如主题《男女比例失调调查》就源于小学生对学校现象的探究。

再如与班团队活动的整合。当美国"9·11"事件发生当天，深圳市育才一小五年级的学生就此展开了一场辩论会，"感受时代，见证历史"的综合实践活动由此开始。

因此，我们学会从班团队活动、地方课程开发与校本课程开发的结合点寻找活动领域。非指定领域与指定领域可以单独开设，也可以整合、互补。

以案例《我们的校园》为例：铜梁龙都小学是一所新建立的学校，生源和师源都很复杂，这是学校当前的现实。学校的发展是老师和学生都非常关心的事。联系生活，走进社会，开展社会实践和探究性学习，从校本课程入手，研究学校的过去、现在并设计未来，在活动中，学生设计广告语、设计心中的学校。既发挥了学生的主人翁意识，也能充分利用学校的有利资源，比如学校资料室的录像，校长的支持，其他老师的配合等。劳动技术教育方面，如栽种花木的工艺、泥塑的工艺等。

再如北碚区龙凤桥小学，他们把综合实践活动与学校的德育活动结合起来，共同发挥育人的作用。

北碚区龙凤桥小学 2005～2006 学年度上期综合实践活动

主题活动：勤俭节约　和谐发展

目的：为建设节约型校园，提高节约意识，环保意识，决定开展"勤俭节约　和谐发展"为主题的系列综合实践活动。

步骤：在开学典礼上，少先队大队部以"勤俭节约　和谐发展"综合实践活动发出倡议，号召全体同学倡导节约风尚，养成勤俭节约的习惯，承担节约资源、杜绝浪费的责任，做节约的执行者，做节约的宣传者。

接下来每学月围绕这一主题开展的活动。

9月　综合实践活动之"我为节约献一策"；

10月　综合实践活动之"变废为宝"作品展；

11月　综合实践活动之"节约我宣传""挺进小报"设计赛；

12月　综合实践活动之"主题班会大展现"。

3. 整合指定领域与学科领域

在某些情况下，综合实践活动可和某些学科教学打通进行。学科领域的知识可以在综合实践活动中延伸、综合、重组与提升；综合实践活动中所发现的问题、所获得的知识技能可以在各学科领域的教学中拓展和加深。

主题《美味北泉面》，就是把语文、数学、自然与社会、体育、艺术等学科与综合实践活动整合起来，语文课撰写北泉面广告词，美术课绘制北泉面宣传画，品德与社会课体验"合作真愉快""市场真丰富"，劳动与生活课进行挂面制作并且自己烹饪最好吃的面。各学科在活动中达到了最大的合作，各科老师和学生成为了活动的开发和设计者。

主题《游乐场里的数学问题》，就是通过学生排队集合等活动，把数学学科中的数数、读数、基数、序数、位置与方向等方面的知识都渗透进去，学生通过用眼观察、动口交流、动脑思考的学习，完成"我排第几？谁排第一？我后面有多少个同学？我前面是谁？"等问题，提高了学生提出问题和解决问题的能力。这就是综合实践活动课与学科课程的重组，学科课程也在这个过程中得到了延伸。

(三)整合的方式

综合实践活动课程围绕三大方向、四大内容领域进行设计和组织。因此，在综合实践活动实施过程中，教师要把握各指定领域之间的内在联系，注意各领域之间的渗透和延伸。在进行综合实践活动内容的组织时，开发不同维度、不同领域之间交叉、整合的课程内容。综合实践活动课程内容整合的方法是多样的，可采取下列几种方式。

(1)指定领域，全面贯通。教师可引导学生设计跨领域的综合主题，全班学生共同参与该主题的研究。要求将该主题分解为研究性学习活动环节、社区服务与社会实践活动环节、劳动与技术教育活动环节，将信息技术教育贯穿其中。

如《臭豆腐之谜》主题活动中，第一个环节主要通过访问、资料查询的方法探究臭豆腐的历史、了解臭豆腐制作的工艺流程，是研究性学习的环节；在第二个环节中，学生试制臭豆腐，经历试制卤水、制作豆干、油炸等流程，是劳动与技术教育的环节；宣传臭豆腐的活动，是社区服务与社会实践活动环节，在整个活动过程中，参观学习活动、请教专家活动作为以信息收集为主的信息技术教育贯穿其中，是典型的跨领域的综合主题活动。

(2)两两结合，互相渗透。将研究性学习、社区服务与社会实践、劳动与技术教育三个指定领域进行两两结合，整体设计，将信息技术教育渗透其中，构成研究性学习、社区服务与社会实践，社区服务与社会实践和劳动与技术教育、研究性学习与劳动与技术三种整体设计的方式。例如，《垃圾的调查与防治》，采取的就是研究性学习与社会服务和社会实践两种指定领域的结合。而"高粱种植活动"，又是将劳动技术教育与研究性学习两个指定领域进行整合。从劳动技术领域看，学生可通过进行农作物种植活动，了解农作物的一般生长过程，掌握了种植技术，体会到了劳动的艰辛；从研究性学习领域看，学生不仅仅是单纯的种植活动，而是活动中伴随着信息收集、观察研究等研究活动，将劳动与技术教育、信息技术教育很好地结合在一起。

(3)核心主题，拖带兼顾。以四大领域的某一个领域为主，构成核心主题，在实施过程中，关照其他领域的要求和活动方式来设计。

如"走近自行车"主题活动，以劳动技术教育为切入点，学生在实践活动中，从掌握一般自行车故障排除方法开始，到了解自行车各部件功能，对自行车防雨、防盗等功能的创新，再到帮助他人修理自行车的社区服务，以及对人们骑自行车的情况调查和多种新型自行车的信息资料收集，使劳动技术教育、研究性学习、信息技术教育、社区服务与社会实践四个指定内容要素在活动中获得自然融合

（4）组织线索，充分挖掘。综合实践活动围绕人与自然、人与社会、人与自我三大方向全面展开，师生开发设计的主题活动就涉及自然问题、社会问题、自我问题三个方面。在综合实践活动内容组织过程中，不管是哪个方面的主题，教师都从课程开发的三大方向（自然、社会、自我）切入，充分挖掘主题活动中所蕴涵的自然因素、社会因素、自我因素。如"保护水资源"这一主题活动中，学生从调查社区的居民、学校、公共场所用水情况和进行浪费水的现象开始，到对附近水域水污染情况进行调查，并就有关问题请教专家，再到将自己收集的资料整理，并分小队深入街道、单位、居民家中、公共场所宣传节约用水、防止水污染的宣传活动，以及为节约用水，对抽水马桶进行技术改造的图纸设计，将研究性学习、社区服务与社会实践、劳动技术教育、信息技术教育四者很好地整合在一个整体中。

（5）活动方式，多样运用。基于综合实践活动的实施，倡导学习活动方式的多样化，在综合实践活动过程中，要尽可能地采取多种多样的活动方式的理念。在内容组织或活动实施过程中，要求每一个主题尽可能采取考察调查活动、观察活动、设计活动、实验活动，从而通过多样化的活动方式，达到各领域之间的整合。以"走近嘉陵江"主题活动为例，可设计调查活动：如嘉陵江的环境、历史文化调查；可设计观察活动，如观察嘉陵江生态；可开展设计活动，如嘉陵江风光带的规划、绿化、设施配套、雕塑设计；可设计实验活动，如嘉陵江的水质检测实验等。

（6）学科领域，多方渗透。综合实践活动各内容领域的整合还可以采用向学科渗透式的方法进行，即对每一个活动主题，都尽可能向学科延伸，从中挖掘出活动的内容与切入点主题。如主题活动"走近湘绣"向学科渗透：《语文》——写计划、产品说明书、合同、协议书、标书等一般公文；《数学》——统计分析制表制作；《艺术》——湘绣画稿设计、制版、刺绣、装裱、验收有关知识，精于其中一门技能，能自主完成湘绣某一工序的任务；《历史》——了解探索湘绣的历史，工艺流程，欣赏鉴别和市场营销。

总之，综合实践活动课程是课程学习中的重要领域，综合实践活动的整合方式多种多样。在活动开展之初，缺乏经验的情况下，可以从单一活动领域的综合实践开始，分别地进行实践性学习。但不能永远停留在完全将各领域割裂开来实施的水平上，或者长期进行个别领域的综合实践活动。综合实践活动的

内容丰富多彩,我们的任务是不断挖掘、开发、利用无限的课程资源,给儿童创造广阔的、自由生长的空间,使我们的课程适合儿童。

复习与思考

1. 综合实践活动的内容领域有哪些?如何整合这些领域开发设计综合实践活动?

2. 为当地的一所学校,试着设计一个学年的综合实践活动内容,再就其中的一个活动主题设计一个活动方案,力求体现三大方向、四大内容领域以及非指定性内容领域的整合。

推荐阅读

1. 张华,安桂清. 论综合实践活动课程开发的自然维度. 教育发展研究,2007(12B).

2. 郭元祥. 综合实践活动课程的理念与实践. 北京:首都师范大学出版社,2001.

3. 钟启泉,安桂清. 研究性学习理论基础. 上海:上海教育出版社,2003.

4. 管国良. 小课题研究——教师专业成长新载体. 上海:浙江大学出版社,2012.

5. 李臣之. 综合实践活动课程开发. 北京:人民教育出版社,2003.

6. 顾建军. 小学综合实践活动设计. 北京:高等教育出版社,2005.

7. 钟启泉,张华等. 为了中华民族的复兴为了每位学生的发展《基础教育课程改革纲要(试行)》解读. 上海:华东师范大学出版社,2001.

8. 鲁善坤.《三三模式》课程结构. 重庆:重庆出版社,2010.

第十章 小学综合实践活动的师资与管理

本章重点

● 小学综合实践活动的师资
● 小学综合实践活动的管理

第一节 小学综合实践活动的师资

综合实践活动课程是学生最为自主、最为自由的课程,然而在课程的实施过程中,教师仍然起着非常重要的作用。因为对于小学生而言,不仅是在知识结构方面,还是在人生阅历方面,他们都还不够成熟,教师的指导是不可或缺的部分。可以说,没有教师的指导,学生的学习就会困难重重,甚至会走很多弯路。

综合实践活动课程的师资来源非常广泛,可以是学校的教师、社会的相关人士,也可以是学生家长代表。需要特别说明的是,学校的各门学科的教师也都可以是综合实践活动课程的指导教师。虽然综合实践活动课程不像学科课程一样,需要有专业的科任老师,且课程本身具有较强的综合性,但单靠一两个教师也是无法完成的,原则上需要各科教师的配合。因此,可以说学校里的任何一个学科教师(包括语文、数学、科学、音乐、美术、体育等)都是综合实践活动课程的指导教师,都有着指导综合实践活动课程实施的责任。《综合实践活动指导纲要》指出:"在教师指导方式上,综合实践活动倡导团体指导与协作教学。不能把综合实践活动的指导只赋予某一学科的教师、班主任或专门从事综合实践活动课程的教师,而应通过有效的方式将所有教师的智慧集中起来,对综合实践活动进行协调指导。"这种教师指导体制,不局限于班级、学年、学科的组织形式,可以是几个教师"教一门课程",也可以是寻求不同学年、不同学科之间的相互协作。总之,需要调动学校全体教师的积极性,鼓励大家共同参与综合实践活动课程的指导。

同时,学校还要广泛吸收社会上各行各业的知名人士、专家、教授及有兴趣者参加，形成"人人了解综合实践活动课程，个个指导综合实践活动课程，大家积极服务于综合实践活动课程"的现象。当然，学校教师才是综合实践活动课程中师资群体的主体，活动主题的选择、设计、实施、评价、总结等，都是由学校指导教师完成的。而社会人士也可以就方案的可行性，特别是对活动的某一环节进行重点指导。

小学综合实践活动课程对指导教师的师资提出了更高的素质要求，超越了在课堂内和以书本知识教学为主的学科教师的素质要求，其具体表现在以下几个方面。

一、高尚的教师职业道德

虽说综合实践活动课程的实施为教师的发展提供了良好的机遇，但它更是一种对教师的严峻挑战。可以说，没有高度的敬业精神和强烈的开拓意识的教师不可能有效地实施综合实践活动课程。综合实践活动课程指导教师应具备的职业道德素养主要有：

（一）乐于奉献，与时俱进，不断探索教育的规律

综合实践活动课程的开设难度大、要求高、责任重。大到学生的发展目标，小到一次活动的安全措施都要反复考虑，不能有任何疏忽，这就要求指导教师必须具有高度的事业心和责任感，有较强的敬业精神和吃苦精神，不怕困难、不怕失败，以科学严谨的态度来对待工作。另外，综合实践活动课程的设置和实施本身就是对教师的挑战，一个缺乏进取精神、不着眼于教育发展的未来，对教育事业不热爱的教师是不会主动参与、也是不能胜任综合实践活动课程的指导工作的。

（二）确立全新的教育理念，致力于每一个学生的发展，对学生的发展负责

综合实践活动课程强调实践的课程观，要求从"科学世界"走向"生活世界"，关注学生的现实生活，面向学生的未来可能生活，注重学生的可持续发展。因此，指导教师要确立全新的教育理念，平等对待所有的学生，并相信所有学生都能有所发展；要意识到教育对象的差异性，因材施教；要帮助学生设计未来，全面提高学生的综合素质，使学生获得包括认知在内的多方面的发展。

（三）树立"以人为本"的思想

综合实践活动课程要求教师尊重人的价值和尊严，注意发挥自身作为活动主体的作用。同时，以人道原则协调自己与他人的关系，从而调动受教育者以及活动过程中其他参与者的积极性，共同合作，实现课程目标。

(四)具有终身学习的理念

综合实践活动课程所涉学科领域多、范围广，而且没有现成的经验和固定的模式，需要教师不断学习，从现代课程论、学习论中寻找课程开发与实施的新途径、新模式；向书本学习、向同事学习、向学生家长和社会有关人士学习，甚至向学生学习。只有拓宽知识获得的渠道，丰富自己的知识面，才能真正具备整合学科知识的本领。

二、合理的知识结构

要实施综合实践活动课程，教师不仅要更新教育观念、具备高尚的职业道德，还需进一步完善自己的知识结构。综合实践活动课程的指导教师应具备以下三个方面的知识。

(一)综合的学科知识

综合实践活动课程的综合性特点要求教师具备综合的学科知识，而不是单一学科的知识。如语文教师在掌握语文学科知识的同时，还应力求具备相关的音乐、美术、历史方面的知识，数学教师在掌握数学知识的同时，还应争取掌握一些地理、生物、物理、化学等方面的知识。这样的知识结构使得教师在进行主题活动设计，活动实施时能从多学科的角度来整体考虑，从而促进学生多方面发展。可以说"一专多能"是综合实践活动课程对指导教师的要求。但是，长期以来实行的分科课程，使人们忽视了学科间的联系。各级师范院校也根据分科的要求设置了专业。师范生一旦选择了专业，就很少涉及其他学科的知识。这种单一的知识结构不利于教师对综合实践活动课程进行指导。综合实践活动课程要求教师在"专"的基础上追求"博"，做到"一专多能"，做到文理渗透、科学与人文的结合；在努力完善自身知识结构的基础上，注意发挥不同学科教师知识的优势，倡导团体指导与协作教学。

(二)系统的教育理论知识

教育理论可以使教师从深层次上理解教育思想的来龙去脉，提高教师对教育对象和教育实践活动的认识，提升教师的教育理念，促使教师从更高的角度去明了教育的真谛、价值和意义。教育理论还可以指导教师具体的教育实践，帮助教师根据教育教学的规律和特点科学施教，从而呈现出不同的教学风格。"既知教之所由兴，又知教之所由废。"一个不善于用教育科学理论武装自己、不善于理论思维的教师，即使满腹经纶，也不会有创造性的劳动。对于综合实践活动课程的指导教师来说，他们不仅要系统地学习现代教育理论，如现代课程论、教学论、学习论等，而且还要深入地研究综合实践活动课程理论。

（三）特定的地域性知识

综合实践活动课程是一门开放性极强的课程，不仅内容开放、活动区域也是开放的。综合实践活动课程的内容不像学科课程那样由国家统一规定，而是来源于学生的现实生活和社会实践，是由教师和学生自主决定的；综合实践活动课程的活动场所包括课堂、学校、家庭、社区等广阔的社会空间；课程的实施会因地方和学校实际情况的不同而各具特色。因此，作为课程开发和实施的主体，综合实践活动课程的指导教师要想指导学生的问题探究、社会调查、文化体验等活动，就必须首先对地方和社区的发展状况，对其特有的地域性知识（主要包括地方和社区的自然因素及其状况、社会因素及其历史与现实的状况、特有的民族文化和风俗习惯等）有较全面的了解。此外，还要对学校的发展史和特有的文化传统、对学生家庭的经济文化背景与生活方式和习惯等有较好的了解。只有这样，综合实践活动课程的教师才有可能充分利用本区域内可以利用的所有课程资源，以确保综合实践活动课程顺利进行。

三、全面的课程实施能力

综合实践活动课程指导教师的课程实施能力直接影响综合实践活动课程实施的效果，制约综合实践活动课程功能的发挥，并最终影响学生的发展和教师的成长。因此，要使综合实践活动课程得以顺利实施、充分体现其价值，指导教师必须具备全面的课程实施能力。

（一）课程开发能力

综合实践活动课程虽由国家统一设置，但主要还是由地方特别是学校来具体开发和实施。综合实践活动课程的指导教师要有课程意识。教师不仅是课程实施的主体，更是课程的创造者和开发者。教师要以独特的眼光去理解和体验课程，从学生出发，根据学生发展的要求，选择课程内容，变革学习方式。教师要在掌握课程理论的基础上，对综合实践活动课程目标确定的依据、内容的组织、活动方案的设计与编写、实施方式的要求和评价标准等有清晰的了解。此外，教师还要善于开发和利用课程资源，挖掘资源中的教育教学价值。

（二）教学设计能力

以往，学科教师可以完全根据教学大纲的要求和教科书的内容设计教学或编写教案。然而，综合实践活动课程并没有现成的、适合于所有学校和班级的教学参考书、教科书和教学大纲。因此，这就要求指导教师自行设计综合实践活动课程的教学方案，并根据各自的方案进行有特色的教学活动。这对指导教师来说是一种新的尝试，它要求指导教师必须具备教学设计的能力。

传统的教学设计思想以行为主义为理论基础，这种线性的教学设计思想或模式过于僵化和呆板。现代教学设计模式则注重弹性、动态和互动，强调由"教学设计"转向"学习环境设计"，学习环境必须是真实和互动的。这种教学设计模式可以用如下程序来描述：

(1)设定共同主题、制订具体的课题和画出这些课题的关联图；

(2)明确学习资源，包括人、物、设施、学习空间、资料、媒体等；

(3)为学生设计有价值的体验活动，让学生进行问题解决学习；

(4)设计个别化和协同化的学习过程；

(5)做好教师支持及学习环境的准备；

(6)准备公文包式的评价和自我评价，来记录学生在整个学习过程中的各种表现，同时制作能够探索学生长期学习轨迹的评价工具。

(三)教学预测能力

综合实践活动课程重视为学生提供有效的、高质量的问题，强调学生解决问题的过程，而不强求学习结果的统一性。因此，在确定主题时，指导教师应该对学习发展的各阶段有所预测，这就需要教师全面掌握有关问题的知识与背景材料，包括各相关领域的内容性知识、方法性知识。同时，由于综合实践活动课程具有生成性，活动中可能会出现许多意想不到的问题，如学生兴趣的转移、探索热情下降等。因此，教师也要有超前意识和较强的教学预测能力。一般而言，综合实践活动课程实施周期比较长，要能够做到十分准确的预测是比较困难的，指导教师可以在频繁的设计、实施、评价过程中进行预测。

(四)组织、管理与调节能力

综合实践活动课程的设计与实施涉及的知识面广、活动时间周期长、活动空间灵活，而且活动中生成性、突发性的干扰因素多，这些都会直接影响活动目标的实现。这就要求指导教师既要能组织学生开展自主性的活动，还要能调节活动的过程，引导学生深入开展活动。另外，自主的学生和"自由"的活动为教师的组织、管理工作带来了困难。教师既不能管得过紧，束缚学生的手脚，又不能管得过松，放任自流。因此，教师的组织、管理与调节活动的能力就显得相当重要。

(五)信息使用能力

使用信息的能力一般包括从何处收集信息、判断什么信息是重要的、信息间是什么关系、怎么样理解信息等方面。这不仅是对学生的要求，也是对教师的要求。使用信息的能力一般包括四个方面：一是对信息的判断、选择、处理的能力，对新信息的创造与传递的能力；二是对信息化社会的特性及其对人类影响的理解；三是对信息重要性的认识以及对信息的责任感；四是对信息科学的基础和信息手段的特征的理解及相关操作。如果教师具有比较过硬的信息使用能力，就可以指导学生利用信息技术，解决一系列问题。

（六）合作交往能力

综合实践活动过程是师生交往、合作、互动、发展的过程。它涉及的范围广、因素多、人员复杂，需要教师具备良好的合作能力。这里的合作不仅包括指导教师与学生之间的良好合作，以帮助学生感受、体验，受到启迪和激励；而且还包括指导教师之间的密切配合、协调，以及与校外有关人员的接触和交往，以取得社会各界的支持。

（七）研究与创新能力

综合实践活动课程没有现成的经验和模式，需要教师结合社区资源特点，从学生的兴趣出发，有针对性地选择活动主题，进行设计、指导和评价。显然，这本身就是一个研究创新的过程。与此同时，综合实践活动课程的总体目标之一是让学生学会科学研究的方法，培养学生的探究精神。要达到这个目标，教师首先要具有一定的研究创新能力。

（八）评价学生的能力

综合实践活动课程要求教师确立新的评价理念：以促进学生发展为根本，注重过程，鼓励多元，强调质性评价与量化评价结合；进行全面、综合的考虑和检查，如学生在活动中产生了什么新想法、建立什么假设、感受了什么、得到了什么、课题如何继续进行等；通过报告书、作品、学习作业、笔记、作文、绘画等方式开展评价。因此，评价学生的能力也是综合实践活动课程指导教师应具备的重要能力。

第二节　小学综合实践活动的管理

如何提高教师对综合实践活动的指导效果，关键是看教师的劳动是否得到尊重，价值如何得到体现，付出的努力如何与自己的利益和发展联系，这些正是综合实践活动课程指导教师工作管理的主要内容。所谓综合实践活动课程指导教师的工作管理，是指教育行政部门和学校领导对涉及教师在综合实践活动中的切身利益的问题进行的评价和认可活动，其目的是在最大程度上调动教师实施综合实践活动课程的积极性，鼓励教师发挥自身潜力。

一、教师的组织管理

由于综合实践活动课程对教师的职业道德、知识素养、能力等要求较高，许多教师有畏难情绪、害怕心理，加之目前班级学生人数多，教师负担重，精力不够，因此，并不是人人都能教好综合实践活动课程。要提高教师对综合实践活动的指导效果，学校必须大力宣传开展综合实践活动课程对学生发展和教师成长的意义，提高教师对开展综合实践活动课程的重视程度。学校和教育行政部门可以设置综合实践活动方面的专项奖励、荣誉、激发教师实施综合实践活动课程的热情；可以成立由常务人员和临时人员组成的专门的组织机构，常务人员负责活动的总体策划和管理，临时人员可根据每次活动的主题和教师的自身优势来聘请。此外，为了使每位教师都能适应实施综合实践活动课程的需要，学校可以通过多种途径，如加强理论学习、组织培训、撰写资料、组织交流、外出参观等形式，使教师了解课程实施的基本策略，消除畏惧心理，树立"我能行"的心态，自觉参与到综合实践活动课程的实施中来。

二、教师的工作量管理

教师工作量的管理涉及教师的切身利益，同时，还反映出学校对综合实践活动课程实施的重视程度。由于教师在开展综合实践活动课程时，往往准备时间长、实施方案复杂、过程辛苦、责任重大。学校在计算教师工作量时，必须考虑如下因素。

（一）活动场所

综合实践活动课程的场所可以在学校内部，也可以在学校外部。相对而言，在学校外部，教师花费的时间、精力可能就要多一些。因为，活动场所在学校以外，涉及的人员多，联系复杂，组织也较为困难；同时，实施过程中可能会碰到方方面面的问题，有的问题解决起来还比较困难。

（二）学生人数

综合实践活动课程是面向全体学生的，每一个学生都要参加，但不是每次活动每一个学生都要参加。有的是教师确定研究课题，学生根据兴趣、爱好分组，有的是学生自己确定研究课题和内容，因此，参加的人数会不一样。人数不同，教师的工作量也就不一样，有的需要个别指导，有的需要小组指导，有的需要全班指导。

（三）承担任务

在综合实践活动课程实施中，教师承担的任务不同，付出的时间、精力也就不一样。有的活动需要教师进行全程设计、组织与管理；有的活动仅仅需要教师对活动过程进行指导；还有的活动可能是邀请其他人员进行指导，教师只需要进行组织和联络。因此，在计算教师的工作量时，应区别对待。

（四）课时规定

不同的活动主题，其课时安排也是不同的。有的活动主题的计划可能是10课时，有的可能是20课时。不同的计划课时决定了活动主题的持续时间的长短。就像学科课程一样，是一学期60课时，还是一学期80课时，这一点在计算工作量时必须反映出来。

（五）资源开发的复杂程度

资源不同，资源的开发和利用也就存在区别。有的资源是现成的，有开发、利用的基础；有的资源是处于开发中的，教师正在摸索；还有的资源是待开发的，需要教师独立探索。此外，资源利用也有区别，例如，利用单一资源和综合资源就不一样。

（六）活动的效果

综合实践活动课程注重过程，重视学生在活动中的发展状况，如活动效果、参与的广度、深度及自觉程度；重视教师在活动中的发展，如工作的责任心、学习态度、自我提高。这些也都应纳入教师工作量的计算中，否则，就会出现活动形式很多、热热闹闹，但活动本身对学生和教师的发展作用却不明显的现象。

三、教师的职称评定

目前，我国还没有专门的综合实践活动系列职称。作为教师非常关注的问题，职称反映着社会和同行对教师劳动的认可程度，同时，它还与教师的经济利益直接挂钩。学校和教育行政部门可以把教师组织、指导、参与综合实践活动的情况及其效果作为一项硬指标，实行"一票否决"制，即其他学科教师的职称评定必须有参与指导综合实践活动这一条。同时，还要制订出相关的政策、法规，优先晋升甚至破格晋升综合实践活动教学成绩突出的教师。

四、教研成果的认定

一般情况下，教师的教研成果都是通过论文或研究报告的形式体现的，比较强调理论性、学术性、研究性。然而，综合实践活动课程本身的特点决定了综合实践活动指导教师的教研成果更应强调实践性、可操作性及发展性，更注重教学过程中的探索、研究、反思、批判与创新。因此，综合实践活动课程的指导教师的教研成果可以是论文，但也不能局限于论文，活动指导方案、学生的成长记录、活动的反思等都可以看成是教师的教研成果，学校和教育行政管理部门应当予以认可。而且，这些材料还可以反映出教师在活动设计、组织、管理、指导过程中的创新意识、创造精神以及独特的风格，因此，就更应得到学校和教育行政管理部门的认可。

复习与思考

1. 综合实践活动课程的实施对教师提出了哪些素质要求？它对促进教师专业成长有什么作用？

2. 如何选拔和培养小学综合实践活动课程实施中的教师队伍？

3. 你认为应该如何做好小学综合实践活动课程实施中教师的工作管理？

4. 请你谈谈小学综合实践活动课程实施中对师资要求和工作管理的启示？

推荐阅读

1. 丁朝蓬. 新课程评价的理念与方法. 北京：人民教育出版社，2003.

2. 顾建军，张建平. 综合实践活动课程指导法. 北京：开明出版社，2003.

3. 郭元祥. 综合实践活动课程的理念. 北京：高等教育出版社，2003.

4. 郭元祥. 综合实践活动课程：设计与实践. 北京：首都师范大学出版社，2001.

5. 刘振东，赵国义. 新课程怎样评. 北京：开明出版社，2003.

6. 钟启泉，崔允漷. 新课程的理念与创新——师范生读本. 北京：高等教育出版社，2003.

参考文献

1. 郭元祥，沈旎．综合实践活动教师指导用书(3—4 年级)．太原：山西科学技术出版社，2011．

2. 郭元祥，沈旎．综合实践活动教师指导用书(5—6 年级)．太原：山西科学技术出版社，2011．

3. 郭元祥，沈旎．小学综合实践活动．上海：华东师范大学出版社，2008．

4. 郭元祥．综合实践活动：设计与实施．北京：首都师范大学出版社，2001．

5. 郭元祥．综合实践活动课程国内外案例分享．北京：高等教育出版社，2003．

6. 郭元祥．综合实践活动课程的理念与实践．北京：首都师范大学出版社，2001．

7. 顾建军．综合实践活动设计．北京：高等教育出版社，2005．

8. 蔡永红．对多元化学生评价的理论基础的思考．教育理论与实践，2001(5)．

9. 李臣之．综合实践活动课程开发．北京：人民教育出版社，2003．

10. 李森．综合实践活动课程实施案例．重庆：西南师范大学出版社，2005．

11. 钟启泉，崔允漷，张华，有宝华．为了每一个学生的发展——新世纪中国基础教育课程改革刍议．全球教育展望，2001(2)．

12. 钟启泉，安桂清．研究性学习理论基础．上海：上海教育出版社，2003．

13. 张华．关于综合课程的若干理论问题．教育理论与实践，2001(6)．

14. 张华，安桂清．论综合实践活动课程开发的自然维度．教育发展研究，2007(24)．

15. 钟启泉，张华等．为了中华民族的复兴为了每位学生的发展《基础教育课程改革纲要(试行)》解读．上海：华东师范大学出版社，2001．

16. 崔允漷．综合实践活动案例专家点评：小学卷．沈阳：辽海出版社，2003．

17. 潘洪建，李庶泉等．小学综合实践活动指导．镇江：江苏大学出版社，2010．

18. 王晓娜．用情境开启心灵之窗——谈"人·树木·家园"综合实践活动主题的确定．小学青年教师，2005(3)．

19. 钟秀萍. 小学综合实践活动方案探究. 科技创新导报，2012(1).

20. 朱雪松. 如何进行小学综合实践活动的评价. 新课程研究（基础教育），2010(10).

21. 柏云霞，陈旭远，熊梅. 小学综合实践活动指导. 长春：东北师范大学出版社，2003.

22. 肖成全. 综合实践活动课程教学实施指南. 武汉：华中师范大学出版社，2003.

23. 管国良. 小课题研究——教师专业成长新载体. 上海：浙江大学出版社，2012.

24. 鲁善坤.《三三模式》课程结构. 重庆：重庆出版社，2010.

25. 杜建群，范蔚. 综合实践活动课程实施的方法论探析. 教育理论与实践，2012(2).

26. W. F. Pinar，W. M. Reynolds，P. Slattery，P. M. Taubmen. *Understanding Curriculum*. New York：Peter Lang Publishing，1995.